연해주 농업 진출의 전략적 접근

A Strategic Approach of Agricultural Expansion
in the Maritime Province of Siberia

연해주 농업 진출의 전략적 접근

| 강동원 지음 |

한울
아카데미

오랫동안 연해주 농업, 그리고 연해주에서의 해외농업개발은 동굴과
우상에 갇혀 있었습니다. 농업계 사람이라면 누구나가 떠올리는 자칭, 타
칭 연해주 농업 전문가들이 있습니다. 이 책의 많은 부분에서 실명으로
여러 차례 거론되는 이 사람들은 수십 년 동안 스스로 연해주 농업 전문
가를 자임하면서, 연해주 농업을 한국에 소개하고 수많은 한국 기업의 연
해주 진출을 알선하고 중개합니다.

그런데 그들 몇 사람에 의해 소개된 연해주와 연해주 농업에 대한 초기
의 기초자료들이 엉터리 정보, 왜곡된 정보, 심지어 날조된 정보들이었다
는 것입니다. 그것을 아무런 검증과 확인 과정 없이 수많은 교수와 연구
자들이 수십 년 동안 인용, 재인용, 교차인용합니다. 언론도 이것을 받아
그대로 보도하고, 마침내 농림부 등 정부기관, 국책 연구기관까지도 정책
결정의 기초자료로 활용하게 됩니다.

이제 이 엉터리 자료와 정보를 기초로 만들어진 연해주 농업은 그 누구
도 이의를 제기하거나 도전하기 어려운 괴물, 우상이 되어버렸고 우리 모

두는 동굴에 갇혀 엉터리 그 그림자를 진실이라 믿게 되었습니다. 적어도 저자가 연해주 농업에 뛰어들기 전까지는, 그리고 이 책이 나오기 전까지는 그랬다는 것입니다.

저자는 이 책의 많은 부분을 이들에 의해 소개된 연해주의 경지면적, 농지의 질, 농업기술과 제도, 농업환경 등의 기초자료들이 얼마나 부실하고 근거 없는 허위자료인가를 증명하고 바로잡는 데 할애하고 있습니다. 또한 그것이 어떤 과정을 거쳐 수많은 연구자들에게 인용, 재인용되고 정부 정책의 기초자료로까지 활용되게 되었는가를 밝혀냄으로써 연해주 농업을 어두운 동굴에서 밝은 광장으로 끌어내고 있습니다.

수많은 기업들이 수십 년 동안 이러한 엉터리 정보와 안내를 믿고 연해주 농업에 진출했습니다. 그러나 대부분 실패와 실망을 안고 철수합니다. 잘못된 정보에 기초한 계획이 실패하는 것은 당연한 결과입니다. 이 결과 연해주 농업에 대한 비관론이 확산됩니다. 이제 연해주 농업 진출의 가능성은 근거 없고 왜곡된 낙관론과 비관론 사이에서 혼란에 빠지게 됩니다.

저자는 농수산물유통공사의 감사로 재직하던 시절부터 한국의 식량문제 나아가 통일 한반도의 식량문제와 농업문제를 해결하기 위한 방안으로 연해주에 대한 해외농업 진출, 연해주에서의 남북러 농업협력의 필요성과 가능성, 그리고 전략적 중요성에 대해 깊은 믿음을 갖게 됩니다.

그러나 현실은 연해주 농업에 대한 정확한 기초자료조차 제대로 정리되지 않은 상태에서 일부 연해주 전문가를 자처하는 브로커들을 통해 진출한 수많은 기업들이 실패와 철수를 반복하고 있었습니다. 이러한 상황이 저자를 연해주 농업에 직접 뛰어들게 만들었고 또한 이 책의 출판으로 이어졌습니다.

이 책은 2008년 초 저자가 직접 연해주 우수리스크에 아로-프리모리에라는 현지 농업법인을 설립하고 현장에서 2년간 직접 농사를 지으면서 일궈낸 결과물로, 해외식량개발을 연구하는 사람들이나 연해주 해외농업 진출을 꿈꾸는 사람, 특히 정부의 해외농업정책을 담당하는 사람들을 위해 썼다고 저자는 서문에서 밝히고 있습니다.

5장으로 구성된 이 책의 내용을 간단히 정리하면 이렇습니다.

제1장 연해주와 한민족에서는 고대 발해로부터 시작되는 한민족과 연해주의 뗄 수 없는 역사적 관계를 1863년 시작된 한민족의 연해주 이주와 이후의 농장개발 과정, 연해주가 항일투쟁의 중심으로 자리 잡는 과정, 스탈린의 고려인 강제이주와 소련 붕궤 이후의 귀환까지 정리합니다. 더불어 현재 한국이 당면한 식량문제, 그리고 통일 한반도의 농업과 식량문제에서 연해주가 가지는 가능성과 전략적 중요성에 대해 설명합니다.

제2장 연해주 농업 연구, 어디까지 왔나에서는 연해주 농업 진출에 대한 선행연구들을 거의 빠짐없이 분석, 비판, 정리하면서 한편으로는 이 연구들이 인용하고 있는 초기의 근거 없고 조작된 정보들을 비판하고 바로잡습니다. 연해주의 경작지 실태, 주요 작물 등 그동안 터무니없이 잘못 알려진 정보들을 러시아 정부와 연구기관들의 공식 자료, 당국자 인터뷰를 통해 바로잡고 있습니다. 이어서 기후, 인구, 경제, 교통은 물론 연해주 농업 진출 시 기업들이 반드시 알아야 할 연해주의 각종 농업보조금제도, 농업발전 지원정책, 농업관련 세금제도와 노동제도 등을 소상하게 정리하고 있습니다.

제3장 한국농업의 연해주 진출 실상에서는 1990년 한러 수교 이후 현재까지 연해주에 진출한 50여 개 기업의 실상을 정리하고, 실패 후 철수

한 대부분 기업들의 실패 원인과 성공을 위한 핵심 과제들을 정리합니다. 여기서 저자는 1990년대 초기에 해외농업과 연해주 진출을 추진한 장덕진의 대륙종합개발과 장치혁의 고려합섬의 시도를 높이 평가하고 그 실패를 아쉬워합니다. 또한 그동안 수많은 기업들이 실패한 원인으로 기업 스스로의 준비 부족, 그리고 부실한 현지 정보와 함께 한국정부의 해외농업 정책 부재와 연해주 민간 중개알선업자들의 무책임성과 부도덕성을 지적합니다.

제4장 연해주 해외농업개발의 경제성 분석에서는 저자가 직접 설립하고 운영해서 그 첫해에 4억여 원의 흑자를 기록한 아로-프리모리에와 콤무나르 농장의 경연자료를 분석해 연해주 농업 진출의 성공 가능성과 그 핵심요소를 정리하고 있습니다.

참으로 놀랍게도 불과 1~2년 만에 콤무나르 농장은 연해주에서 노동자들의 급여가 가장 높으면서도 많은 흑자를 내는 가장 효율적인 농장이 되었습니다. 그 결과 러시아 농업부가 연해주의 농업기업 모두에게 따라 배우라고 권유하는 가장 혁신적인 모범농장으로 자리 잡게 됩니다. 이 과정에서 저자가 연해주 농업의 가능성을 증명하기 위해 보여주는 집중력과 추진력, 헌신성과 정의감, 배려심, 그리고 무엇보다도 경영 효율화를 위한 혁신성과 과감한 도전은 참으로 감동적입니다.

저자의 이러한 경험을 바탕으로 제4장의 뒷부분에서는 연해주 농업에서 경상이익을 배가시키는 방안으로 일반적인 조직운영의 혁신과 함께 종자개량, 토양개량, 농기계개량, 사일로 현대화 등을 상세하게 설명하면서 이 분야에서 한국 농자재산업의 연해주 진출 가능성에 대해서도 소상하게 그 근거를 제시하고 있습니다.

제5장 연해주에서의 남·북·러 농업협력방안에서는 다시 한 번 현재의

남북관계 개선을 위해, 그리고 통일로 나아가는 과정에서 연해주의 전략적 가치와 가능성을 분석하면서, 낮은 단계의 협력에서 높은 단계의 결합으로 나아가는 프로세스, 수행구조 및 체계, 그리고 협상방법론 등을 상세하게 제시하고 있습니다.

비록 현재의 경색된 남북관계에서는 즉시 추진될 수 없는 아쉬움이 있으나, 언젠가 남북관계가 개선되고 한반도에 통일의 기운이 높아지면 눈을 씻고 다시 챙겨보게 될 내용으로, 저자가 얼마나 민족의 통일문제에 깊이 몰입되어 있는가를 느끼기에 충분합니다.

책을 읽는 중간 중간 가슴이 벅차오름을 느꼈습니다. 마지막 책장을 덮으면서 드는 생각은 첫째, 이 책은 강동원만이 쓸 수 있는 강동원다운 책이라는 것입니다. 이 책 곳곳에서 그의 정의감과 사명감이 그의 거친 숨결로 들리는 듯합니다. 저자의 문제의식과 도전, 직접 경험한 내용과 공부한 내용에 그의 혼과 정신, 그리고 그가 추구하는 가치를 솔직하게 녹여낸 참으로 좋은 책입니다.

둘째, 이런 글들이 자칫 주관적인 오류에 빠지기 쉬운데 이 책은 선행연구에 대한 철저한 조사 분석은 물론이고, 관련자들에 대한 폭넓은 인터뷰와 기록 수집, 언론보도 내용 등 철저한 자료조사를 통해 검증된 사실과 근거를 토대로 썼다는 점입니다. 이 점에서 이 책은 사료와 자료로서도 매우 가치가 크다고 생각합니다.

마지막으로 책의 주제가 다소 무겁고 딱딱한 내용임에도 관심 있는 사람들에게는 매우 재미있다는 점입니다. 저자가 연해주 농업에 뛰어들면서 연해주 농업이 바뀌기 시작했듯이 이 책이 출판됨으로써 이제 연해주 농업에 대한 우리의 인식이 바뀌게 될 것이라고 확신합니다. 또한 해외농업에 관심이 있거나 연해주 농업에 관심이 있는 분들에게 두고두고 좋은 길잡이가 될 것으로 확신합니다.

前 서울시 농수산물공사 사장 [前 (사)통일농수산 사무총장]

이병호

책을 펴내며

이 책은 2008년부터 2년간 러시아 연해주 우수리스크에서 농사지으면서 일궈낸 결과물이다. 해외식량개발을 연구하는 사람이나 연해주 해외농업 진출을 꿈꾸는 사람, 특히 정부의 해외농업정책을 담당하는 사람들을 생각하면서 틈틈이 글을 썼다.

거짓과 왜곡된 정보가 오해의 범위를 넘어 국내 정책연구의 중심에서 혼란스럽게 뒤범벅이 되어버린 현실을 보았다. 더 이상 진실을 외면했다가는 더 큰 혼란이 올 것 같은 예감도 들었다. 연해주에 진출한 한국인들에게 정확한 현지 정보를 제공해 또다시 실패하는 사례가 없도록 해야 한다고 생각했다. 그래서 연해주 현지의 농업 실상들을 정확히 진단하고 진실을 노래해야 한다고 다짐했다.

책을 내려고 연해주에 간 것은 아니었다. 남북통일 이후 한반도 식량문제를 해결하기 위한 방안은 없을까? 국제곡물가격은 거침없이 치솟는데 한반도 식량부족의 대안은 뭘까? 왜 우리나라는 세계적인 곡물메이저가 없는 걸까? 그 가능성을 찾을 요량의 꿈과 열정이 앞섰지만 방법이 없었다. 그러던 와중에 우연한 기회에 인탑스(주) 김재경 회장님을 만나 연해주를 설명했다. 서너 달이 지난 후 회사의 공식적인 답이 왔다. 내가 현지 경영자로 나서야만 투자하겠다고 했다. 정치를 접고 새로운 영역으로 가느냐를 두고 근 한 달을 망설였다. 고심 끝에 연해주로 달려가 현지 법인을 설립하고 농장을 인수해 2년간 농사지은 체험과 정보를 정리해서 이 책을 만들었다.

1990년 한·러 수교 직후 연해주에 진출한 한국의 농업법인들은 거의 망했다. 일부 학자는 연해주 농업투자는 경제성이 없다는 주장도 했다. 그래서 연해주 농업을 반드시 성공시켜 경제성이 있다는 것을 입증하려고 했다. 이것은 사명감이자 우리 민족의 명운이 걸려 있는 일이었다. 밤낮으로 영농현장을 뛰어다니면서 흑자경영의 새로운 모델을 만들고자 온몸을 던졌다. 2년간의 연해주 생활은 시베리아 벌판에서의 독립운동과도 같은 일과의 연속이었다.

연해주는 우리에게 매우 중요하다. 두만강과 접경지역인 연해주는 남북이 함께 농사지을 수 있는 유일한 지역이다. 연해주에는 우리 민족인 고려인들이 일궈놓은 119만ha의 농지가 있다. 러시아정부는 한국인에게만 농지를 49년간 임대해준다. 남북이 협력해 연해주에서 농사를 지을 수 있다면 통일한국의 식량문제를 해결할 수 있다. 그래서 남북은 지금이라도 상호대립을 청산하고 신뢰를 바탕으로 모든 분야의 교류협력을 다시 시작해야 한다.

이 책에서는 연해주 농업개발을 둘러싼 거짓정보와 왜곡된 주장이 얼마나 위험한 일인지 조명하고 옳은 정보들로 바로잡았다. 그동안 연해주 농업에 관한 연구들은 현지 정보의 접근성과 신뢰성 문제가 매우 심각했다. 실체도 없는 허구에 찬 정보가 판을 치고 있었다. 한국정부가 발표한 연해주 현지조사보고서에 인용된 출처불명 자료들이 학자들의 선행연구에 인용되고 재인용되는 과정에서 엉뚱한 연구결과를 가져왔다. 국내 언론조차 아무런 검증 없이 보도함으로써 연해주 해외농업의 실상이 왜곡되어 있었다. 이러한 실상을 바로잡기 위해 연해주의 농업통계, 농업지표, 진출 기업의 실패사례 등을 재조명했고 선행연구의 오류를 지적해 자료출처를 명확하게 제시했다.

또한 나름의 경험을 밑바탕으로 연해주의 농업정보와 기술, 농업정책을 분석했다. 통일한국의 부족한 식량을 해결하는 방안으로 남·북·러 3국의 농업협력을 통해 연해주에서 식량생산이 가능함을 제시했다. 남한의 자본과 영농기술, 북한의 노동력, 러시아의 농지와 정책지원을 엮으면 3국의 농업협력은 가능하다. 이를 실현하기 위한 남·북 농업협력방안, 북·러 경제협력실태, 남·북·러 3국의 협력방안을 각국의 입장에서 분석하고 방안을 제시했다.

동북아의 정치안정과 경제발전 차원에서 남북통일은 핵심이다. 연해주에서 남·북·러 3국의 농업협력은 남북통일을 앞당기는 데 순기능으로 작용할 것이다. 이와 함께 연해주에서 생산된 식량을 시베리아횡단철도(TSR: Trans Siberian Railway)와 한반도종단철도(TKR: Trans-Korean Railwa)로 한반도에 운송할 수 있다. 미국에서 콩을 수입하면 운송기간이 6개월이 걸리지만 연해주에서 수입하면 단 하루 만에 한반도에 도착한다. 미국 콩의 운송기간과 물류비용, 선적과 하역비용, 인천항에 도착한 콩의 내륙운송비 등을 감안하면 연해주로부터의 콩 수입은 천문학적인 물류비용 절감효과가 있다.

그럼에도 이 책의 내용은 일정 부분 효용가치의 한계성을 내재하고 있다. 러시아는 자본주의체제로 전환한 이후 과도기를 맞고 있어 국가의 법체계와 사회의 모든 질서가 급변하고 있기 때문이다.

이 책은 해외농업은 물론 연해주 농업에 관한 최초의 기록이다. 이런 점에서 전문 연구자들의 지도편달을 받을 수 없었다는 아쉬움이 있다. 특히 국회의원들의 출판기념회에 대한 사회적 인식이 날카로운 시기에 책을 내게 되어 마음이 무겁다. 연해주 해외농업에 관심을 가진 독자들과 마음을 함께하고 싶다.

2015년 2월
국회 의원회관 525호실에서
강동원

차례

제1장

연해주와 한민족

1. 러시아 연해주와 한민족 최초 농업이민

연해주는 러시아연방 극동 지역에 위치해 있다. 한자음으로는 연해주(沿海州)라 읽고 중국어로는 옌하이저우로 발음해야 한다. 연해주는 본래 말갈 땅이었으나 고구려가 멸망한 이후 대조영이 말갈의 걸사비우(乞四比羽)와 함께 건국했던 발해의 15부 중 하나인 솔빈부(率賓府)가 위치했던 지역이다. 지금도 발해의 성터와 절터 등 많은 유적이 남아 있으며 러시아의 발굴작업이 계속되고 있다. 발해가 멸망한 이후 연해주는 여진족의 지배를 받았다.

러시아 극동 지역과 중국, 한국의 국경은 베이징조약에 의해 1860년에 확정되었다. 우리 민족이 연해주로 농업이민을 시작한 때는 조선 말기인 1863년으로 기록되어 있다. 함경도에 살고 있던 최운보, 양응범 등 13가구가 최초로 두만강을 넘어 연해주에 정착한 조선인이었다. 이들은 안중근 의사가 단지동맹을 감행했던 포시예트 군 크라스키노 근처 지신허(地新墟, Tizinkhe) 마을에 터를 잡았다.

이들의 연해주 정착은 1903년부터 시작된 미국 하와이 농업이민보다 40년이나 앞선다. 1863년 지신허 개척에 이어 1865년에는 수이푼(秋風) 구역에 100여 호에 이르는 한인촌이 성립되었다. 수이푼 구역은 우수리스크 서쪽의 수이푼 강 유역을 말한다. 따라서 우리나라 최초의 해외농업 이민사는 미국 하와이가 아니라 러시아 연해주에서 출발하는 것으로 수정되어야 마땅하다.

함경도 농민들이 연해주로 이주한 원인은 크게 두 가지로 볼 수 있다. 하나는 계속된 흉년으로 인한 기근상태에서 정부의 관료주의와 착취가 극심했기 때문이고, 또 하나는 러시아정부가 외국인에 대한 차별 없이 이민자를 우대하는 정책을 펼쳤기 때문이다. 1861년 4월 21일 러시아 황제 알렉산드르 2세는 극동 지역에 이주하는 외국인에게 20년간의 면세와 군복무 면제혜택을 주었다.

1863년은 고종이 즉위하면서 흥선대원군이 섭정을 시작한 해이다. 이 무렵 조선은 국내외적으로 엄청난 국난이 예고되어 있었다. 국내적으로는 대원군이 경복궁 중건을 위해 당백전을 발행하는 등 국가의 백성들에 대한 착취가 심했다. 국외적으로는 프랑스함대가 강화도에 상륙한 병인양요로 인해 개화의 서막이 열리고 있었다.

1860년 베이징조약에 따라 연해주가 러시아 땅으로 변했지만 함경도의 조선인들은 계속 두만강을 건너 연해주로 넘어갔다. 당시 흥선대원군은 도강을 중단시키기 위해 두만강을 봉쇄했지만 이주자가 너무 많아 이를 막지 못했다. 두만강을 건너다가 잡히면 처형을 당했음에도 이주자는 늘어났다.

연해주 고려인의 모습

    1869년에 있었던 한반도 대흉작을 계기로 1870년부터 연해주 이주자가 늘어났고, 1910년 경술국치로 일본의 강제병탄이 이뤄지자 그 수가 급격히 늘어났다. 한국동북아학회의 ≪한국동북아논총≫(2003)에 따르면 연해주로 이주한 조선인은 1882년 1만 명, 1902년 3만 2000명, 1906년 3만 4399명, 1912년 6만 명, 1914년 6만 4309명으로 증가했으며, 스탈린에 의해 조선인의 중앙러시아 강제이주가 시행된 1937년에는 17만 명에 이르렀다.* 1920년대에 연해주에 정착한 조선인들은 러시아 국적을 취득하면서 고려인(카레이스키)으로 불렸으며 연해주와 아무르 주의 농업발전에 매우 큰 역할을 수행했다.

동시베리아 사령관 올덴부르그 대령이 1864년 9월 26일 카사케비치 연해주지사에게 보낸 보고서에는 "1864년 1월 한반도에서 남녀 65명, 14가구가 두만강을 건너와 집을 짓고 야채와 곡물을 생산하며 열심히 일하는 모습을 보았다는 보고를 받고 직접 확인했습니다. 실제로 8채의 집이 아주 깨끗하게 지어져 있었고 밭에는 조, 귀리, 메밀, 옥수수가 약 1ha에 파종되어 있었습니다. 저의 생각으로는 조선인들은 가축과 농기구를 가지고 오기 때문에 별도의 농사자금이 필요 없으며, 국경지역 훈춘에서 만주 사람들에게 식량을 사서 조선인들에게 외상으로 빌려줄 수도 있습니다. 또한 밀, 귀리를 심을 수 있도록 무료로 씨앗만 주면 됩니다"라고 조선인의 적응상태를 상세히 기록하고 있다.

1860년대에 시작된 이민은 거의 50년간 진행되었는데 초기 20년간은 거의 두만강 국경지역인 포시예트 지역에 정착하는 형태였다. 1884년 조선과 러시아 간의 국교가 수립되면서 양국 정부는 연해주와 아무르 주에 정착한 고려인의 국적문제를 논의했다. 주한 러시아 대사 워벨과 조선 외교관장 김윤식은 조·러국경에 관한 협정서를 체결했는데, 이 협정서에서는 고려인 이민자들의 법적지위를 규정했다. 1884년 이전에 이주한 고려인에게는 러시아 국적을 부여하고 러시아 국민과 동등한 권한을 부여하기로 한 것이다. 이를 토대로 러시아정부는 고려인 이민자에게 거주조건을 부여했다.

1891년 7월 21일 러시아 극동전권대사 크르프가 연해주지사 운텐벨겔

---

* 채경석, 「극동 러시아에서의 남·북한 농업협력에 대한 탐색연구」, ≪한국동북아논총≫ 제29권(한국동북아학회, 2003).

에게 보낸 지령서에 따르면 러시아정부는 모든 고려인을 3등급으로 분류했다. 1884년 이전 이민자로 20년 이상 거주자는 1등급으로 분류됐으며, 이들에게는 러시아 국적 부여, 여권 발급, 러시아 농민과 동등한 의무 부여, 가구당 1ha 농지 제공, 고려인 상투 제거 조건을 부여했다. 2등급은 경작권 부여, 2년간 경작 후 여권 발급, 농지세 부과 조건을 부여했다. 3등급은 돈벌이를 위해 우수리스크 지역에 임시로 입국한 사람들로 경작권은 없지만 내국인과 동등하게 토지세와 수입세를 납부하도록 했다.

1930년대 초 소련의 농업이 집단화되면서 고려인의 농지는 국영농장으로 편입되었고 이때부터 고려인은 국영농장 또는 집단농장 소속 농부로 일하게 되었다. 급기야 스탈린에 의해 고려인은 1937년 9월 1일부터 소련이 지배하고 있던 카자흐스탄과 우즈베키스탄으로 강제이주를 당했다. 고려인의 강제이주 이후 연해주의 국영농장과 집단농장은 러시아인에 의해 경작되었다. 그러나 소련이 자랑하던 국영농장의 생산성은 아주 낮았고 벼농사마저 중단되는 등 연해주 농업은 이때부터 침체기로 접어들었다.

2004년 5월 6일, 한국재외동포재단이 독립국가연합(CIS) 지역의 고려인 독립운동가 후손들을 모국에 초청했다. 서울을 방문한 카자흐스탄 법률대학교 한구리 교수는 "1937년 8월 21일은 역사에 영원히 기록될 것이다. 이날은 소비에트 사회주의 연방공화국 지도부가 극동 지역에 거주하고 있던 고려인을 카자흐스탄과 우즈베키스탄으로 대거 강제이주하기로 결정한 날이다. 이 결정으로 소련 전체주의 체제하에 신음하던 일부 소수민족을 대규모로 강제이주시키는 메커니즘이 태동되었다"라고 말했다.*

한 박사는 당시 소련에 거주했던 고려인의 운명을 결정지은 강제이주에 대해 "일본 간첩이 연해주에 침투하는 것을 저지한다는 명분으로 고

1937년 9월, 17만 5000여 명의 고려인을 중앙아시아로 강제이주 시키는 기차가 출발했던 라즈돌리노예 역사(우스리스크와 블라디보스토크 중간 지점에 있다)와 시베리아 횡단철도

려인을 강제로 추방했다. 스탈린 서기장과 연방인민위원회 몰로토프 의장의 이름으로 발행한 강제추방명령서 한 장으로 고려인은 졸지에 일본의 스파이로 몰렸다. 강제이주 당시는 벼를 수확하려던 가을철이었지만 수확도 하지 못했다. 영문도 모른 채 옷과 신발, 식량도 없이 홀몸으로 열차에 실려 낯선 중앙아시아에 도착한 고려인들은 산등성이 토굴에서 겨울을 지냈고 병과 추위로 인해 수많은 사람이 사망했다"라고 술회했다. 고려인의 강제이주는 1937년 9월 1일부터 11월까지 이뤄졌다. 이때 강제이주를 당한 고려인은 17만 1781명(3만 6422가구)에 이르렀다.

소련이 붕괴되고 1992년 1월 카자흐스탄과 우즈베키스탄이 독립하자 그동안 소련 국적으로 거주하던 고려인은 국적 없는 유랑민 신세가 되고 말았다. 이들 독립국가로부터 무국적자의 서러움을 받고 있던 25만여 명의 고려인 2세는 러시아 이민을 선택했다. 근면성실하고 머리가 좋아 구

* http://www.korean.net(검색일 2010.8.10).

소련정부로부터 호평을 받던 고려인 2세들은 사회 각계각층에서 활동했으며 러시아연방의회에 2명의 의원이 진출하기도 했다. 강제이주를 당한 고려인 후예 중에는 언어장벽과 국적문제로 차별을 받자 1995년 이후 자신들의 고향인 연해주로 귀향하는 사람들도 늘어났다. 그들은 연해주 미하일로브카에 정착했는데 이 마을이 지금의 우정마을과 고향마을이다.

강제이주 76년이 지난 2014년 현재, 연해주에는 사할린 출신 고려인, 중국 출신 조선족, 카자흐스탄과 우즈베키스탄에서 귀향한 고려인, 북한에서 파견한 노동자, 한국 교민 등이 어우러져 함께 살고 있다. 정확히 말하자면 같은 핏줄인 단군의 후예들이 연해주에서 러시아, 중국, 북한, 한국 등 4개 국적의 제각각 다른 문화에 바탕을 두고 동질성 회복에 관심을 보이며 살고 있는 것이다.

사할린 출신 고려인의 운명도 비극적이다. 일제강점기 일본에 의해 러시아 사할린으로 강제징용 당했던 조선인은 제2차 세계대전 당시 일본의 점령지였던 만주와 연해주에서 다시 강제노역을 당했다. 그러나 일본이 제2차 세계대전에서 패해 만주와 연해주에서 철수할 때 일본인만 귀국시키고 조선인은 내팽개쳤다. 그래서 사할린 강제징용 조선인은 또다시 오갈 데 없는 신세가 되어 연해주에 정착하는 기구한 운명을 맞게 되었다.

2014년은 고려인이 러시아로 이주한 지 150주년이 되는 해이다. 그러나 지금 러시아에서 살고 있는 고려인은 생활방식이나 사고가 러시아사람과 똑같다. 함경도에서 이주한 고려인 후손은 성은 한국 성을 쓰고 있지만 이름은 러시아 이름을 사용한다. 예를 들면 김 니콜라이 페트로비치라고 부른다. 반면, 중국 출신 조선족과 사할린 출신 고려인은 성과 이름 모두 한국식을 고수하고 있다. 2009년 우수리스크에서 만났던 고려인 출신 우수리스크시의회 김 니콜라이 페트로비치 의원은 이렇게 증언했다.

"우수리스크에 거주하는 고려인은 약 3만 명 정도이다. 중앙아시아에서 되돌아온 이주자들은 러시아 국적이 아닌 관계로 통계에 잡히지 않는다. 우수리스크에서 살고 있는 고려인의 70%는 카자흐스탄과 우즈베키스탄에서 돌아온 사람들이고 우수리스크 전체 인구의 약 10%가 고려인"이라고 말했다.

2. 항일독립운동과 연해주

조선인들은 1860년대 이후 연해주의 척박한 황무지를 개간해 오늘날의 전답으로 가꿨다. 이들의 피땀이 서려 있는 연해주에는 구한말 지속적으로 전개된 항일독립운동의 유적지가 남아 있다. 연해주는 1910년대 국내외를 통틀어 우리 민족의 독립운동이 가장 활발하게 펼쳐졌던 지역이다.

1905년부터 1908년까지 4년간 두만강에 인접한 연추(크라스키노) 지역을 중심으로 의병운동이 활발히 전개되었다. 대표적인 의병장은 이범윤·최재형·홍범도·안중근이었다. 특히 안중근은 의병 출신 강순기·강창두·김기룡·김백춘·김천화·박봉석·백규삼·유치홍·정원주·조응순·황영길 등과 함께 왼손 무명지 첫 관절을 잘라 단지동맹을 맺고 태극기에 선혈로 '대한독립'이라 쓴 뒤 대한독립만세를 외쳤다. 안중근은 1909년 10월 이토 히로부미를 하얼빈 역에서 사살함으로써 국내외 동포의 민족의식을 고취시켰다. 바로 이 연추 지역이 크라스키노의 추카노보 마을에서 훈춘으로 가는 길목이다.

1905년부터 1910년까지는 블라디보스토크를 중심으로 애국계몽운동이 활발히 전개되었다. 한민학교 등 민족학교가 설립되어 동포들에게 민족교육을 실시했으며, ≪해조신문(海朝新聞)≫, ≪대동공보(大東共報)≫ 등의 신문이 발간되어 항일의식을 고취시켰다. ≪해조신문≫의 주필은 「시일야방성대곡(是日也放聲大哭)」으로 유명한 장지연 선생이었다.

1911년에는 연해주에 거주하는 한인들이 한인자치기구로 권업회를 조직해 한인들의 자치활동과 독립운동을 추진했다. 신채호·이상설·장도빈 선생이 주필로 나선 ≪권업신문(勸業新聞)≫도 간행했다. 또한 이동휘 선생이 중심이 되어 대한광복군정부를 수립해 일제에 항거하기도 했다. 그러나 제1차 세계대전이 발발하여 연해주 거주 한인들의 노력은 허사가 되고 말았다.

이후 연해주 한인들은 1919년 2월 25일 국내외 최초의 정부조직인 대한국민의회를 결성했다. 대한국민의회에서는 문창범·이동휘·최재형·김철훈 등이 중심인물로 활동했다. 이 조직은 상하이임시정부와 통합함으로써 발전적으로 해체하여 대한민국임시정부 조직의 밑거름이 되었다. 대한국민의회는 1919년 3월 17일 독립선언서를 발표한 이래 우수리스크를 시작으로 블라디보스토크, 크라스키노 등 여러 지역에서 만세운동을 전개했고, 블라디보스토크 한인촌을 중심으로 노인동맹단을 결성해 독립운동을 전개했다. 노인동맹단의 대표적인 인물이었던 강우규 의사는 1919년 9월 2일 서울 남대문 정거장에서 사이토 마코토 일본총독 일행에게 폭탄을 투척했다.

이처럼 연해주는 1905년부터 1922년까지 애국지사들이 독립운동을 활발히 전개했던 곳이다. 그러나 1922년 내선이 종결된 이후 소련의 한인정책 변화로 더 이상 독립운동을 전개할 수 없게 되자 연해주의 한인들은 일본의 간첩이라는 누명을 쓰고 17만 동포가 1937년 중앙아시아로 강제이주 당하는 비운을 겪게 되었다.

3. 우리에게 연해주는 왜 중요한가

우리나라 정부가 처음으로 해외농업개발을 시도한 것은 1968년이었다. 당시 우리나라는 남미 지역에서 농장개발을 시도했다가 실패한 바 있다. 이후 1991년부터는 민간기업이 극동러시아 연해주에 꾸준히 투자하고 있다. 연해주는 119만ha의 광활한 농경지를 갖고 있고 한반도와 인접해 있어 통일한국의 식량문제를 해결할 수 있는 가장 경쟁력 있는 지역으로 평가받고 있다.

이명박·박근혜 정부의 대북정책은 민주정부 10년의 남북교류협력과 햇볕정책, 포용정책을 전면 부정했다. 민주정부의 대북 식량지원을 통해 식량문제를 해결해나갔던 북한은 남한의 식량지원 전면 중단, 중국의 식량수출금지, 매년 계속된 대홍수의 영향으로 아사자가 급증하는 등 극심한 식량난을 겪고 있다.

식량안보 차원에서 보면 우리나라도 주곡인 쌀을 제외한 여타 곡물은 식량난에 대한 우려에서 결코 자유로울 수 없다. 2010년 국제연합식량농업기구(FAO)가 발표한 국가별 곡물자급률에 따르면 우리나라의 식량자급률은 25.3%로 OECD 30개 국가 중 26위로 나타났다. 게다가 2012년 9월 농림축산식품부의 발표에 따르면 2011년 우리나라의 식량자급률은 22.6%로 1년 사이 2.7%가 하락한 것으로 나타났다.*

2000년 김대중 대통령과 김정일 국방위원장의 6·15공동선언 이후 전개된 남북의 활발한 경제교류협력 등 국내외적인 급격한 변화는 식량의

.

---

* http://www.fao.org

75%를 수입에 의존하고 있는 우리에게 통일한국을 대비한 식량문제의 해결이라는 핵심 과제를 안겨줬다. 이를 지속적으로 해결하고자 노무현 정부는 6·15공동선언의 후속조치로 2004년 8월 남북농업협력추진협의회를 구성했으며 2005년 6월 23일 서울에서 개최된 남북장관급회담에서 남북농업협력위원회를 구성키로 합의해 그해 8월 18일 개성에서 제1차 남북농업협력위원회를 개최했다.

제1차 남북농업협력위원회 회의에서 남측은 상징성과 파급성이 큰 분야를 시범사업으로 제시하면서 남북 공동 영농단지 조성과 농업전문기술 인력의 방북을 요청했고, 북측은 우량종자의 생산과 가공, 보관시설의 현대화, 육묘공업화 지원을 요구했다. 그러나 노무현 대통령과 김정일 국방위원장의 제2차 남북정상회담이 열렸던 2007년 10월까지 협력사업을 구체화하기 위한 후속 조치나 실무접촉은 없었다.

남북농업협력위원회 회담은 북한농업의 생산성 향상을 위한 구조적 개선을 목표로 구체적인 실천사항을 합의한 성공적인 회담이었다. 그러나 당시 합의된 사항은 북한의 체제유지에 부담이 되어 제대로 시행되지 못했다. 북측은 합의사항 이행이 절실히 필요했는데도 이를 적극적으로 추진하지 못함으로써 남북 간의 농업협력은 진전을 거두지 못했다. 이 회담에 대해 통일부는 2007년 「남북농업협력위원회 회담 그 이후」라는 보고서에서 남북의 책임 있는 당국자끼리 농업협력 채널을 구축했다는 점은 긍정적으로 평가하면서도 이 회담을 실패 사례로 규정했다.

이처럼 합의사항을 성실하게 이행하기 위해 필요한 협조체계나 추진체계를 마련하지 못함으로써 남북농업협력위원회는 결국 노무현 대통령과 김정일 국방위원장의 10·4공동선언 이후 2007년 11월 16일 남북의 부총리급으로 구성된 남북경제협력공동위원회에서 그 효력이 정지되었다.

이후 남북경제협력공동위원회 제1차 회의에서 합의한 농수산 분야의 협력사업을 적극 추진하기 위해 2007년 12월 14일 개성에서 열린 남북농수산협력분과위원회 제1차 회의에서는 종자생산과 가공시설 및 유전자원 저장고 건설을 2007년 내에 착수키로 하는 등 6개 항에 합의했다. 이어 남북은 2007년 12월 18일 열린 제1차 남북농업협력실무회의에서 '남북농업협력 자재·장비 제공에 관한 합의서'를 발표했다. 그러나 2008년 2월 25일 이명박 정부가 출범하면서 남북의 모든 교류협력이 중단되었고 농업 분야에서의 협력도 더 이상 진전되지 못했다.

이제 정부가 나서야 할 때이다

학계에서는 러시아가 남북협력에 지렛대 역할을 할 수 있다는 측면에서 남·북·러 3국의 농업협력사업의 필요성이 끊임없이 제기되어왔다. 이처럼 남·북·러 3국의 농업협력사업에 대한 공감대가 형성되고 있음에도 박근혜 정부는 아무런 움직임이 없으며 해외농업에도 대단히 소극적이다. 우리 농업도 어려운 판에 해외농업이 무슨 말이냐는 식이다. 농민단체를 의식해 지극히 미온적인 태도를 보이는 것이다.

그러다 보니 정부 차원에서의 연해주 농업 관련 정보의 수집과 분석이 거의 없는 실정이다. 정부나 학계는 연해주 농업에 대한 정보를 연해주에 진출한 일부 기업이 제공하는 구전자료나 비공식자료에 의존하고 있다. 하지만 이러한 정보는 신뢰할 수 없는 의문투성이의 정보가 가득하다. 연해주 진출의 선도적인 업체로 널리 알려진 한 영농법인은 기업회계방식을 도입하지 않고 폐쇄적으로 기업을 경영한데다 관리자들의 비윤리적 도덕불감증까지 더해져 부실경영을 초래했다. 이 법인은 자신들에게 불리한 내부 정보는 외부 노출을 철저히 차단하는 한편 유리한 정보만 부풀려 제공해온 것으로 알려져 있다.

이런 분위기에 편승해서 극소수 사람이 제공하는 이른바 전문가정보마저 그야말로 엉터리 자료임이 드러났다. 지금까지 연해주 농업을 언급했던 정부나 학계의 연구자들은 연해주 농업 전문가를 자칭하는 사람들이 제공하는 정보를 확인도 하지 않고 가감 없이 인용함으로써 결정적인 학문적 오류를 초래하기도 했다. 한국인 브로커가 서울에서 투자기업을 모집하고 현지에서 농장을 알선하는 과정에서 문제가 발생해 투자기업이 브로커를 상대로 손해배상청구소송을 제기하는 사례까지 발생하기도 했다.

시행착오를 반복하지 않고 연해주에서의 해외농업을 성공시키기 위해서는 진출 기업의 실패원인을 정확히 분석해야 한다. 연해주에 진출한 한국 기업들 간의 정보교류와 영농기술의 비교분석도 중요하다. 무엇보다도 남·북·러 3국의 농업협력사업의 중요성을 인식하고 정부가 앞장서야 한다. 브로커의 횡포를 차단하고 투자의 안전성을 확보하기 위해서라도 정부가 나서야 한다. 러시아 연방정부나 연해주정부와 긴밀한 협력체계를 갖추고 한국 기업에 실질적인 도움을 주는 것도 정부의 몫이다. 무엇보다 역사와 민족 차원에서 정부가 경색된 남북문제를 풀어내야 한다.

그동안 연해주에 진출한 기업들은 대부분 사업에 실패하고 철수하는 악순환을 거듭했다. 2008년 진출한 인탑스, 서울사료, 현대중공업 등은 비교적 성공적으로 연착륙해서 지속적으로 영농을 하고 있는 반면, 2011년에 진출한 롯데의 경우 농장계약 실패로 2012년에 철수한 바 있다. 그러므로 정부는 문제의 원인을 정확히 인식하고 대책을 세워야 할 것이다.

제2장

연해주 농업 연구, 어디까지 왔나

1. 연해주 농업에 대한 선행연구 분석

1968년 우리나라 정부는 최초로 남미 지역에 직접 농장개발을 시도했으나 그 이후 해외농업개발에 대한 연구는 거의 진행되지 않았다. 냉전이 종식되고 1990년 한·러 수교를 맺은 이후 1995년부터 연해주에 농업투자가 실시되고 있지만 투자기업들의 실패와 좌절, 철수가 반복되면서 별다른 관심을 끌지 못했다. 그동안 정부는 해외 식량생산기지의 필요성을 인식하면서도 농민들의 반발을 의식해 해외농업정책을 금기시해왔다.

연해주 농업에 대한 연구는 1997년 한국농어촌공사가 자체적으로 실시한 실태조사와, 2001년과 2005년 농림부가 농촌진흥청, 한국농촌경제연구원, 한국농업기반공사, 농수산물유통공사와 합동으로 연해주 농업 실태를 현지 조사한 것이 전부이다. 2014년 현재는 블라디보스토크 주재 한국총영사관에 농림축산식품부가 파견한 농무관이 주재하고 있으며 한국농어촌공사가 연해주에 현지 사원을 파견해서 농업현장을 지원하고 있다.

또한 통일 전후 한국의 식량문제 해결방안에 대한 연구도 거의 없는 실정이다. 이는 무엇보다도 반세기 동안 남북의 대치국면이 지속되어왔고 남북대화 자체가 없었기 때문이었다. 1998년 김대중 정부가 출범하면서 남북관계는 냉각된 상황을 벗어나기 시작했다. 김대중 정부의 햇볕정책과 노무현 정부의 대북포용정책은 화해와 협력을 통해 통일을 진전시키는 계기를 마련했다.

2000년 6·15공동선언이 화해협력을 통한 남북관계의 새로운 길을 열었다면 2007년 10·4공동선언은 1차 남북정상 공동선언의 기본정신에 기초해 남북관계를 더욱 확대 발전시키는 계기가 되었다. 한반도의 평화, 남북의 공동번영, 조국통일의 새로운 국면조성을 위한 적대관계의 종식, 군사적 긴장완화와 평화보장, 민족경제의 균형적 발전, 통일문제의 자주적 해결을 선언한 것이다. 그러나 노무현 정부에서는 시기적으로 임기 말기에 남북교류협력이 시작되어 논의가 더 이상 진전될 수 없었다. 설상가상으로 정권을 인수한 이명박 정부는 '좌파정부 잃어버린 10년'간의 남북관계를 재정립한다는 이유로 남북관계를 모두 단절시키고 말았다.

남북의 농업협력방안, 연해주에서 남·북·러 3국의 농업협력방안, 해외농업개발에 대한 연구는 사실상 김대중 정부가 들어선 이후 간헐적으로 시작되었다. 따라서 이 분야에 대한 체계적인 연구는 이제 시작에 불과하다. 제한된 해외농업정보, 예측 불가능한 러시아의 정책, 남북통일을 둘러싼 남북갈등과 남남갈등은 우리가 풀어야 할 당면 과제임에 틀림없다.

나는 연해주로의 해외농업 진출 가능성을 검토하기 위해 다양한 학술정보와 현지 정보를 취합했다. 무엇보다도 국내 전문가들의 정책적 시각을 점검하기 위해 선행연구자들이 전문지에 발표한 보고서를 주로 검토했다. 다행스럽게도 단편적이기는 하지만 연해주 농업이 우리에게 왜 필요하고 중요한지를 연구한 학계와 전문가들의 자료를 찾을 수 있었다. 대부분 통일 이후 식량문제를 해결하는 방안으로 연해주 진출의 가능성을 타진하는 수준이었다. 이들 자료에서는 한반도와 연해주의 지리적 여건, 기후, 토양, 물류, 농업기술과 자본, 노동력 등을 거론하면서 궁극적으로는 남·북·러 3국의 협력방안의 필요성을 제기하고 있다.

김운근*은 김대중·노무현 정부를 거치면서 남북 간 경제교류협력이 활발해지는 등 대내외적인 급격한 변화를 겪었으므로 통일에 대한 준비가 필요하다고 지적했다. 그중에서도 통일을 대비해 식량문제 해결방안을 가장 중요하게 다뤄야 한다고 주장했다. 현재 북한이 식량난을 겪고 있는데다가 통일 이후에는 남북한 모두 식량이 부족할 것으로 예상되기 때문이다. 또한 남북은 농지자원이 한정되어 있어 사료용 곡물의 국내 생산이 불가능한 실정인데, 부족한 사료용 곡물이 남한에서만도 1000만 톤에 달하고 북한의 부족분까지 감안하면 그 이상이 될 것으로 분석했다. 이 때문에 우리와 자연조건이 유사한 연해주의 농지를 장기임대해 식량을 확보해나가는 것이 통일 이후의 장기적이고 안정적인 곡물확보 대안이라고 주장했다.

김성윤**은 주곡인 쌀을 제외한 곡물의 대부분을 해외시장에 의존하고

---

* 김운근, 「통일 후 남북한 식량수급 전망」, ≪농업경제연구≫, 제34집(한국농업경제학회, 1993).
** 김성윤, 「극동러시아와 한·러 관계 협력에 관한 연구」, ≪한국정책과학학회보≫, 제7권 제1호(한국정책과학학회, 2003).

있는 한국의 농업 여건을 고려할 때 우리 자본에 의한 해외 현지 생산은 앞으로의 식량위기에 적극적으로 대처할 수 있는 주요한 수단이 될 것이라고 내다봤다. 지리적으로 인접한 극동러시아 지역은 미국 등 여타 지역에 비해 곡물수송에 절대적으로 유리한 위치에 있으며, 특히 한반도까지의 거리는 800~2000km에 불과하다. 1인당 경지면적도 한국은 0.05ha에 불과한 반면 러시아 극동 지역은 25ha에 달해 해외시장으로서 좋은 조건을 갖추고 있다.

하지만 러시아는 산업구조상 가장 취약한 분야가 농업이고, 이 분야에 대한 외국인 투자도 미미한 실정이다. 이에 김성윤은 러시아정부의 입장에서 외국인의 투자 또는 합작을 가장 바라는 분야는 농업이므로 우리나라가 농업에 과감하게 투자한다면 장기적으로 시장 확대와 선점에 유리하다고 봤다. 그러나 연해주의 불리한 자연조건 극복, 효율적인 농장관리, 투자자본의 회수 가능성 같은 면에서 어려움에 봉착할 수 있다는 점도 지적하고 있다. 단기적인 문제로는 법령에 대한 이해 부족과 자료수집의 어려움, 즉 현지 진출 업체들이 러시아의 법령과 제도, 사회체제, 관습 등을 잘 알지 못하고 법령이나 제도의 변경에 대한 정보가 부족하다는 점을 들 수 있다. 따라서 투자 여건 개선을 위한 한·러 양국의 협력체제가 요망된다고 주장했다.

이상덕*은 통일 이후 식량문제는 심각한 지경에 이르러 식량확보라는 어려움에 빠지게 될 것이므로 통일 이후를 대비한 식량확보계획이 아주 시급하다고 지적했다. 그리고 해외식량기지로는 중국이나 남미가 고려

---

* 이상덕, 「러시아 연해주의 농업자원개발과 북한 노동력 이용방안」, 《한국국제농업개발학회지》, 제12권 제1호(한국국제농업개발학회, 2000).

대상이 될 수도 있지만 러시아 연해주 지역이 가장 적합하다고 주장했다. 특히 연해주에서의 북한 노동력 활용방안을 제시했다. 러시아연방은 1990년대 들어 시장경제를 도입하는 과정에서 한국의 자본이 러시아의 경제개발에 참여할 것을 권유했으며 특히 경제적 난국을 겪고 있는 집단 농장의 회생을 위해 한국의 민간자본이 참여하기를 희망하고 있다고 분석했다.

이상덕은 남한의 자본과 기술, 북한의 노동력, 러시아의 농지개발 참여가 어우러지면 남북한의 식량수급 원활화와 남북의 농업협력체계 구축, 극동러시아에 농업 관련 산업이 진출하기 위한 교두보 확보, 통일기반 조성 등의 효과를 발휘할 것으로 분석했다. 즉, 연해주 개발과 북한 노동력 이용은 경제적·사회적 측면에서 다양한 시너지 효과를 얻을 수 있으므로 연해주 개발이야말로 일석이조 이상의 효과를 거둘 수 있는 대안이라고 주장했다.

김영훈 등*은 러시아 연해주가 지리적으로 북한의 두만강과 국경을 이루고 있고 러시아가 남북한 협력에 지렛대 역할을 할 수 있다는 측면에서 3국이 함께하는 농업협력사업의 의의를 찾았다. 3국 농업협력사업으로 단기적으로는 북한의 노동력을 참여시키는 새로운 남북한 협력모델을 개발할 수 있고, 장기적으로는 남북통일에 대비한 해외식량생산기지를 확보하고 남북 화해협력에 러시아의 역할을 유도할 수 있다는 것이다.

김영훈은 또 시범농장 운영과 항카 호 주변 20만ha 개발에 대한 협력 가능성을 모색하면서 연해주 농업협력사업의 단계별 추진방안을 제시했

---

* 김영훈·김운근·김정부, 「연해주 한·북·러 농업협력사업 추진 기본전략 연구」, 한국
 농촌경제연구원 수탁연구 연구보고서(2001).

다. 1단계는 연해주정부와 공동으로 조사대상 농장 선정, 2단계는 후보농장 선정 및 예비타당성 조사, 3단계는 시범농장 후보지 타당성 조사, 4단계는 시범농장 설립, 5단계는 시범농장 운영, 6단계는 남·북·러 농업협력사업의 확대로 추진하자는 내용이다. 특히 항카 호 주변의 20만ha 대규모 개발계획에 참여하는 것은 남북 간의 정치적 관계가 안정되어 협력 분위기가 고조되고 장기적으로 대북 식량지원이 안정적으로 추진될 때 가능하다고 결론지었다.

채경석*은 북한의 만성적인 식량난은 외국이 식량을 원조하거나 한국이 인도적 차원에서 지원하는 것으로는 해결될 수 없다고 지적했다. 또한 북한이 자체적으로 식량문제를 해결할 수 없다면 남북이 협력하여 인접한 극동러시아에서 식량생산이 가능한지를 분석해야 한다고 주장했다. 러시아 연해주는 과거 오랫동안 우리 민족이 진출해 농사를 지었던 경험이 있고 또 광활한 농지와 입지조건, 북한 노동력의 활용 가능성 등에서 매우 유리한 조건을 가지고 있다. 채경석은 러시아가 시장경제로 전환한 이후 불과 몇 년 사이에 연해주에서 벼농사가 사라지고 밭은 초지로 변했다고 지적하면서 한국의 자본과 기술, 북한의 노동력을 동원하여 러시아 농지를 임차해 경작한다면 북한의 식량문제를 해결할 수 있다고 주장했다. 그러나 러시아의 투자조건, 새로운 영농기술의 도입, 북한 노동력의 동원 가능성과 관리대책, 새로운 농기계의 도입, 정미시설, 계약조건 등에서 많은 개선이 이루어져야 성공 가능성을 기대할 수 있다고 분석했다.

윤재희·강명구**는 남한의 자본, 러시아의 자원, 북한의 노동력을 활용

---

* 채경석, 「극동 러시아에서의 남·북한 농업협력에 대한 탐색연구」.
** 윤재희·강명구, 「연해주지역 농업부문 진출 및 농산물 교역에 관한 연구」, ≪사회

한 남·북·러 3국의 농업투자 형태를 주장했다. 북한 노동력을 투입하는 방안으로 탈북자를 활용하자는 방안이 제기되고 있으나 이는 외교적 문제를 야기할 가능성이 있으므로 3국이 협력적 차원에서 접근해야 한다고 제안했다. 또한 극동러시아의 농업 부문에 투자해야 하는 이유로는 첫째, 극동러시아는 농업의 저생산성을 회복할 수 있는 잠재성을 갖고 있고, 둘째, 우리 농산물을 소비할 수 있는 잠재성 높은 소비시장을 갖고 있으며, 셋째, 시베리아횡단철도(TSR)를 활용하면 물류비를 절감할 수 있다는 점을 들었다.

그런가 하면 극동러시아 지역은 수익성이 낮아서 3국 농업협력사업을 추진하는 데에 한계가 있다는 연구도 있다. 정여천*은 연해주로의 농업 진출은 수익성이 낮아 남·북·러 3각 협력사업으로 발전하는 데에는 일정한 한계가 있다고 주장했다. 예를 들어 한국 기업이 북한의 노동력을 고용할 경우 러시아 노동법에 따라 최소임금을 지불해야 하므로 상대적으로 높은 러시아 임금수준을 적용해야 한다. 따라서 북한 노동력을 대규모로 고용하려면 러시아정부로부터 북한 노동력에 대한 일정한 쿼터와 임금에 대한 특별양허를 보장받아야 한다고 주장했다.

정여천은 극동러시아로의 농업 진출을 위해서는 한국정부와 러시아정부가 경제협력의 한 방안으로 농업협력을 논의할 필요가 있다고 제시했다. 한·러 양국이 2005년도에 체결한 '경제통상협력을 위한 행동계획'의 구체적인 실천 프로그램의 하나로 농업협력을 논의하는 한편, 한·러 극동

과학연구≫, 제12권(안양대학교 사회과학연구소, 2006).
* 정여천, 「러시아 극동지역의 경제개발 전망과 한국의 선택」(대외경제정책연구원, 2008).

시베리아분과위원회 같은 양국의 협의채널을 적극적으로 이용할 필요가 있다고 주장했다. 한·러 외교채널을 통해 농업협력과 관련된 북한 노동자의 활용방안 및 러시아의 지원 가능성을 논의해야 한다는 것이다.

세계농정연구원*은 해외농업투자는 농업의 특성상 투자비 회수기간이 길고 단기 수익률이 낮아 장기투자와 대규모 영농이 필요한 데 비해 해외 진출을 하는 민간기업인이나 농민은 초기 집중투자, 단기투자비 회수욕구, 소규모 영농을 특징으로 하므로 중도에 실패할 확률이 높다고 진단했다. 농작물 재배에 성공하더라도 유통과 판로의 어려움이 있으며, 영농조건이 유리해도 관개시설과 저장 및 가공 시설에 대한 투자부담, 진출국의 법령·제도·관습에 대한 이해 부족으로 투자위험성이 상존한다고 분석했다.

특히 민간기업이 해외농업투자를 주저하는 이유로, 콩과 옥수수의 높은 관세로 인해 국내로 반입할 수 없다는 점과 농기계 수리 또는 수확한 곡물의 도난 방지 등 현지 관리가 어렵다는 점을 들었다. 따라서 민간 해외농업 투자기업이 연해주와 중국 동북3성에서 생산한 곡물을 정부가 일정량 구매해 북한에 보내는 방안, 정부가 동남아 등지의 해외농업 투자기업과 계약재배를 체결한 뒤 생산된 곡물을 북한에 지원하는 방안, 콩·옥수수는 의무수입물량(TRQ)을 설정해 영세율 또는 저율관세정책을 도입하는 방안 등을 제시했다.

허장·김용택**은 러시아 연방정부와 연해주정부는 식량자급률 확대,

* 세계농정연구원, 『해외농업진출 실태분석 및 해외농업 투자활성화방안 연구』(서울: 세계농정연구원, 2006).
** 허장·김용택, 『해외농업개발의 지역별·대상작물별·유형별 실행계획』(서울: 한국

지역경제 활성화, 이농인구 방지, 일자리 창출 등을 목적으로 내국인과 외국인을 차별하지 않는 농업정책을 펴고 있다고 분석하면서, 그 사례 중 하나로 연해주정부가 2008년부터 2012년까지 농업개발 프로그램을 시행하는 것을 들었다. 그러나 1990년대 초반부터 연해주에 진출한 한국 기업들은 한국과 다른 농업생산방식과 유통, 러시아 법령에 대한 이해부족, 전문 인력 부족, 영농자금 부족으로 인해 사업에 실패했다고 단정했다.

또 이들은 한국정부가 연해주 진출 기업에 대한 장기저리 금융지원, 농업기술지원단 파견, 생산된 농산물의 국내 반입 시 정책적 배려 등 실질적인 지원정책을 펼치는 한편 연해주정부와 농업협력을 강화하는 양해각서(MOU) 체결 등의 외교적 지원을 실시해야 한다고 주장했다. 한편 연해주의 광활한 가용농지, 저렴한 인건비, 지리적 인접성 등 유리한 영농 여건을 잘 활용하고 적합한 영농기술과 경영체계를 개발한다면 최근의 국제곡물가격 상승추세에 힘입어 농업협력의 성공 가능성이 점차 높아질 것이라고 평가했다.

김용택*은 1960년대부터 현재까지 정부와 민간에서 해외농업 개발 투자를 시행했지만 실패했다고 분석했다. 사전 타당성검토 미비, 전문경영인 및 현지 전문가 확보 실패, 생산된 곡물의 판로 확보 실패, 시범사업 후 사후관리 미흡, 정책지원 부족, 명확한 비전과 전략부재 등으로 인해 몇몇 민간기업을 제외한 나머지 기업은 대부분 실패했다는 것이다. 동시에 해외농업개발의 문제점으로 지난 30년간 국제곡물시장의 안정적 유지, 국내 농업인들의 반대, 해외 농산물의 국내 반입 어려움 등을 지적했다.

농촌경제연구원, 2008).

* 김용택,『해외농업개발 장기전략 및 실행계획』(서울: 한국농촌경제연구원, 2008).

김용택은 또한 해외농업개발의 주체는 민간이어야 하며 정부는 이에 대한 간접지원을 담당해야 한다고 주장했다. 농림부, 기획재정부, 외교통상부, 지식경제부 등이 역할을 분담하고 유기적인 협조관계를 유지하는 한편 범정부적인 해외농업개발 추진 전담기구를 설치해야 한다고 분석했는데, 그 방안으로 해외 진출 기업에 대한 금융 및 세제지원, 정보지원, 인력육성, 기술지원, 경영 및 법률 등의 자문, 국제협력을 담당하는 '해외농업개발 지원센터'의 신설을 제시했다.

앞에서 열거한 것처럼 선행연구자들의 주장은 크게 두 가지로 나뉜다. 먼저 연해주 농업에 대한 낙관론이다. 이들은 통일한국의 핵심 과제는 식량문제인데 이를 해결할 수 있는 가장 안정적이고 효과적인 방안이 연해주로의 농업 진출이라고 분석한다. 낙관론을 주장하는 이들은 연해주에서의 남·북·러 농업협력체계 구축을 토대로 북한 노동력의 활용을 주장하는가 하면 그 한계성을 제기하기도 한다. 다른 하나는 해외농업투자에 대한 비관론이다. 비관론자들은 해외농업의 실패확률이 높다고 보고 연해주 농업 진출은 실패했다고 단정하면서도 다양한 보완책을 제시하면서 그 가능성을 열어놓고 있다.

하지만 선행연구자들의 연구결과는 한계가 있다. 스스로의 주장을 구체적으로 입증할 수 있는 객관적인 근거와 자료를 명확하게 제시하지 못하고 있기 때문이다. 출처가 불분명한 자료를 상호 교차인용하고 있기도 하다. 연해주 농업에 대한 연구가 초보 단계라서 정확한 정보 수집과 분석이 용이하지 않으며, 극소수의 연해주 진출 기업 관계자와 브로커들이 밝힌 출처불명의 자료를 인용했기 때문이다. 따라서 최근에 발표한 연구 내용이더라도 연해주 농업에 정확히 부합된다고 볼 수 없고, 지극히 비현실적인 결과로 이어질 위험이 상존하고 있다.

2. 연해주의 농업환경

1) 연해주의 기후·인구·경제·교통

연해주는 러시아 극동관구에 속한다. 연해주는 면적이 16.6만km²로 러시아 전체 면적의 0.9%에 해당하며 북위 42~48도에 위치해 러시아 최남단에 자리하고 있다. 기후는 한반도와 같이 계절풍의 영향을 받는 몬순기후이다. 겨울철은 북풍의 영향으로 춥고 여름철은 남동풍의 영향으로 고온다습하다. 1월 평균 기온은 영하 15℃(최저 영하 35~40℃)이며 7월의 평균 기온은 25℃(최고 32℃)이다. 연평균 일조량은 2270시간, 생육일수는 188일, 강수량은 600~700mm이다. 평균 기온이 20℃ 이상인 기간은 7월 중순부터 8월 말까지이며 평균 기온이 15℃ 이상인 기간은 6월 초순부터 9월 중순까지이다.

이처럼 일조량과 강우량이 충분해 농작물 생육에는 아주 적합한 기후조건을 갖추고 있다. 연해주의 농업지역인 스파스크, 항카, 우수리스크, 미하일로브카에서는 2005년 이후 연평균 강우량이 50~80mm 증가하고 연평균 기온이 1℃ 내외로 상승하고 있는데, 이는 지구온난화의 영향으로 보인다. 이러한 현상으로 인해 최근 연해주의 농경 시작도 3~5일 정도가 앞당겨지고 있다.

최근 봄철 파종기에 강수량이 많으면 여러 작업기가 조합된 농기계의 과중한 중량으로 작업이 불가한 탓에 적기파종에 지장을 초래하는 문제가 발생하기도 한다. 파종은 450마력의 대형 트랙터가 로터리, 평탄기, 종자탱크(종자 3~4톤 적재), 파종기, 비료살포기를 동시에 연결시켜 작업하는데 로터리, 평탄기, 파종기의 폭은 15~20m에 이른다. 수확철인 10월에

눈이 빨리 내리면 수확에 차질을 빚기도 한다. 따라서 연해주 농업에서는 적기파종과 적기수확이 대단히 중요하다.

러시아연방 통계청이 밝힌 연해주 인구는 2000년 기준 214만 1000여 명에서 2008년에는 199만 6000여 명으로 감소했다. 이 중 75.4%가 도시지역에 거주하고 있는데, 블라디보스토크에 58만 명, 우수리스크에 16만 명, 나홋카에 18만 명, 아르춈에 11만 명이 살고 있다. 연해주에 거주하는 고려인은 약 4만 명 정도인데 우수리스크 시에만 약 2만 명이 거주하고 있다.*

주블라디보스토크 한국총영사관이 밝힌 2013년 연해주 대외교역액은 119억 5600만 달러로, 그중 수출이 33억 2000만 달러, 수입이 86억 3600만 달러이다. 주요 수출 품목은 수산물, 목재, 철·비철금속 등 원자재이며, 주요 수입 품목은 식료품, 의류, 신발, 섬유원단, 자동차, 각종 기계류, 플라스틱 제품 등인데 그중에서도 자동차, 식료품, 기계류 등이 절대적인 비중을 차지하고 있다. 연해주의 주요 교역 대상국은 중국, 일본, 한국, 미국 등이다. 이 국가들과의 교역량은 연해주 전체 교역량의 약 85% 차지하고 있으며, 우리나라는 교역 대상국 중 3위를 점하고 있다. 연해주정부가 선정한 유망 투자 분야는 운송업(항공, 해상, 철도, 자동차 등), 통신사업, 건설업, 광물가공업, 중형선박 제조업이다.

2012년 블라디보스토크에서 열린 아시아·태평양 경제협력체(APEC) 정상회의를 계기로 러시아 연방정부는 1050억 루블을 투입해 획기적인 지역발전을 꾀했다. 그 결과 연해주는 수산업 분야에서 러시아 내 선두를

---

* 러시아연방정부 통계청, 「연해주 농업인구 추이」(2011).

블라디보스토크 항에 첫 입항한
DBS크루즈 페리호(2009.7.6)

차지하게 되었으며 농업 분야도 연평균 4% 성장을 기록했다. 이와 함께
가스프롬(사할린 - 하바롭스크 - 블라디보스토크 가스관 건설사업 주관회사),
트랜스네프트(코즈미노 원유선적터미널 건설사업 주관회사), 로스네프트(정
유공장/석유화학단지 건설사업 주관회사) 등 메이저 국영기업이 블라디보스
토크로 대거 진출해 대규모 에너지 프로젝트도 수행했다. 특히 나홋카에
서 진행되고 있는 정유공장 건설사업과 2단계로 추진할 예정인 석유화학
단지 조성사업은 연해주 경제를 재도약시킬 중요한 프로젝트이다.

연해주는 9288.2km에 달하는 시베리아횡단철도의 시발역(블라디보스
토크 역)이 있는 지역으로, 유럽으로 진출하는 물류와 교통의 중심지이다.
시베리아횡단철도는 블라디보스토크를 기점으로 우수리스크를 경유하
여 시베리아로 향한다. 연해주는 태평양 연안에서 시베리아를 관통하여
유럽으로 수송되는 물류 및 그 반대방향에서 들어오는 화물의 집합지로,
극동 지역의 해상 운송물량 가운데 80%가 이곳에 집중된다.

한국과 연해주 간의 교통으로는 항공편과 해상편이 있다. 인천국제공
항에서 블라디보스토크 공항까지는 매일 항공기가 왕복운행하고 있다.

뱃길로는 부산 – 블라디보스토크 간 정기화물선이 있고, 여객선으로는 일본 돗토리 현 사카이미나토 항에서 한국의 강원도 동해항을 거쳐 러시아 연해주 블라디보스토크를 왕복 운행하는 DBS크루즈 페리호가 있다. DBS크루즈 페리호는 내가 연해주에 농업법인을 설립했던 아로-프로모리에에 투자한 회사인 인탑스가 전액 출자한 한국 국적 여객선이다. 동해·블라디보스토크·사카이미나토의 영문 첫 자를 따서 이름 지어진 DBS크루즈 페리호는 내가 연해주에 상주하면서 추진했던 신규 국제항로를 운행하는데, 국토교통부로부터 허가받은 후 2009년 7월 블라디보스토크에 첫 취항함으로써 연해주와의 물류문제를 해결하고 있다.

2) 연해주의 경작지실태

연해주정부의 경작지 면적 관련 공식 통계

내가 2009년 3월 우수리스크에서 농장을 인수할 당시 러시아 농업과학 아카데미 극동과학센터에서 발표한 연해주 농지대장 등록면적과 농지의 공시지가는 다음과 같다.* 농지 전체 면적은 119만 2600ha이며, 이 중 경작면적은 86만 1400ha, 휴경지는 33만 1200ha이다. 경작면적 중 관개 및 배수 시설이 완비되지 않은 농지는 52만 5900ha, 배수시설이 완비된 농지는 10만 800ha, 관개시설이 완비된 농지는 5만 5200ha이며 초지는 17만 9500ha이다. 농지의 공시지가는 관개시설이 완벽한 경작지(논)가 1ha당 4만 1481루블로 2014년 8월 현재 환율(1달러당 30루블)을 기준으로 계산하

---

* 러시아 농업과학아카데미 극동과학센터, 「극동 지역 농업과학 발전을 위한 당면 과제」(2009).

면 원화로 평당 500원 수준이다.

연해주 농지의 지역별 분포를 살펴보면 북부 항카 호수 지역이 36%로 가장 많으며, 남부 지역이 20%, 중부 우수리스크 지역이 19%, 시호테-알린 산맥 중앙 지역과 동부 지역이 각각 9%, 8%를 차지하고 있다. 지역별 경작지를 보면 항카 호수 인근 지역이 47%로 연해주 경작지의 거의 절반을 차지하고 있으며, 중부 우수리스크 지역과 남부 지역이 각각 18%, 시호테-알린 산맥 중앙 지역이 7%, 항카 호수 북쪽 지역인 스파스크 지역이 5%를 차지하고 있다.

연해주 농업식량국장 알렉세이 라첸코프는 2010년 4월 21일 ≪졸로토이로크≫와 했던 인터뷰에서 "연해주에는 120만ha의 농지가 있는데 그중 파종이 가능한 농지가 77만ha이며 2009년 기준으로 파종 면적은 33만 7000ha이다. 파종이 가능한 농지의 44%가 실제 경작되고 있는 것이다. 2012년에는 68.5%까지 파종할 것이다. 이럴 경우 연해주의 자급률은 120%에 이를 것으로 예상된다"라고 말한 바 있다.

라첸코프 국장이 밝힌 연해주의 농지규모는 연해주 농업 관련 기관이 발표한 통계와 약간의 차이가 있다. 그러나 분명한 것은 낙후된 연해주 농업이 2000년 이후 서서히 회복 단계로 접어들고 있다는 사실이다. 40~50년 이상 휴경지로 방치된 덕분에 오염되지 않은 농지를 개발하면 친환경 유기농법으로 농산물을 재배할 수 있다. 특히 러시아정부가 GMO(유전자변형생물체)를 일체 허용하지 않은 탓에 오로지 비GMO(Non-GMO) 생산만이 가능하다.

그러나 50~80년 동안 휴경지로 방치되어온 항카 호수 주변의 논은 경지정리가 비교적 잘 되어 있지만 용·배수로에 퇴적물이 쌓여 제 기능을 할 수 없으며 억새풀을 비롯한 잡초의 뿌리가 깊게 박혀 있어 관개수로를 개량해야 한다. 또한 지구온난화 영향으로 인한 파종기의 잦은 비, 수확기의 조기적설 등과 같이 예상할 수 없는 이상기온은 낙후된 농업환경과는 무관하게 영농에 지장을 초래하고 있다.

한국정부와 학계가 인용한 출처불명의 통계

우리나라 대부분의 선행연구자(농림축산식품부, 한국농어촌공사, 한국농촌경제연구원, 대학교수, 농업 관련 단체, 기업체)들이 한 연구를 보면 앞에서 밝힌 연해주정부의 경지면적 등 공식 통계자료를 인용한 사례가 전혀 없다. 나는 장덕진 전 장관이 설립한 대륙연구소 김민철(현재 한국농어촌공사 근무) 사장에게 2010년 8월, 연해주 농업 관련 자료에 대해 문의한 바 있다. 그는 1990년 6월 한국인으로서는 최초로 연해주를 방문하고 현지에서 농업 가능성을 조사했던 사람이다. 그러나 그는 연해주와 관련된 기초자료가 전혀 없다고 답변했다.

1997년 당시 정부투자기관인 농업기반공사는 연해주 현지조사단이 작성한 「해외농업환경정책조사보고서」를 발표했다. 이후 2001년에는 농림부가 합동조사단보고서를 작성했으며, 2005년 12월에는 농업기반공사가 농림부의 합동조사보고서에 연해주 진출 영농단체들의 실태를 보완함으로써 보고서의 완성도를 높였다. 김대중 정부가 2001년에 연해주에 파견한 정부조사단은 모두 12명으로 구성되었는데 이 조사단에는 농림부, 농촌진흥청, 한국농촌경제연구원, 한국농어촌공사, 농수산물유통공사가 참여했다. 이는 농림부가 농업 관련 공공기관 합동으로 조사단을 구성한 것으로 당시 정부 차원의 공식적인 조사활동이었다.

한국농어촌공사가 처음 공개한 1997년 조사보고서와 2001년의 농림부 합동조사보고서, 2005년의 보완조사보고서를 보면 연해주의 농지면적을 비롯해 연해주에 진출한 업체들의 통계가 모두 똑같다. 그 이유는 국제농업개발원이 최초로 제공한 출처불명의 통계와 정보를 그대로 인용했기 때문이다. 그러나 내가 연해주 현지에서 입수한 주정부 통계와 진출 기업들의 경작면적은 모두 달랐다.

연해주 해외농업을 연구하는 데 필수적인 자료는 연해주 농지현황이다. 그런데 정부의 공식자료인 농림부 합동조사보고서의 연해주 농지현황은 엉터리였으며 인용한 자료의 출처도 밝히지 않고 있다. 이처럼 괴문서에 불과한 국제농업개발원의 통계자료를 정부가 확인 없이 발표하고 인용함으로써 문제는 확산되고 말았다.

농림부의 엉터리 자료를 인용해 후발 연구자들이 오류를 범했으며 이를 인해 연해주 진출을 검토하던 기업들의 사업성과 타당성 평가도 잘못되는 악순환이 계속되었다. 농림부의 조사보고서는 연해주 농업투자를 검토하는 기업이나 연구자에게 다양한 정책적 판단과 분석에 필요한 기초정보를 제공한다는 면에서 아주 중요한 자료이지만 실제로는 객관성과 신뢰성이 전혀 없는 보고서였다. 참으로 어처구니없는 일이다. 그렇다면 정부의 합동조사반이 이 자료를 어디서 입수했는지 그 진실을 밝혀내는 것도 내 몫이었다.

이윤기·김익겸은 자신들의 저서 『연해주와 한민족의 미래』(2008)에서 앞에서 밝힌 농림부 자료의 원문을 그대로 인용하면서도 자료의 출처를 밝히지 않았다. 안타까운 것은 출처도 없는 농지현황을 근거로 한 주관적인 농업환경평가를 통해 연해주의 토질이 비옥하다거나 기계화영농에 유리한 환경이라고 주장했다는 사실이다. 이처럼 검증되지 않은 내용은 자칫 연해주 농업을 단편적으로 판단하게 할 위험이 있으며 정확한 정보의 전달이라는 본래 목적에도 부합하지 않는다. 연해주의 토지가 전반적으로 비옥한 것은 아니며 방치되어 있는 토지가 100% 농경지는 아니기 때문이다.

2005년 민주평화통일자문회의 연해주지회는 블라디보스토크에서 "연해주 농업투자현황과 남북협력 전망"이라는 주제로 세미나를 개최한 바 있다. 당시 국제농업개발원의 이동명은 「연해주 농업개발 10년의 회고와 전망」이라는 주제로 발표하면서 연해주의 논, 밭, 초지의 총 면적은 292만 1000ha이며 이 중 논은 35.3만ha, 밭은 86.8만ha, 초지는 170만ha이라고 밝힌 바 있다. 그러나 출처도 밝히지 않은 이동명의 통계 역시 연해주정부의 공식통계가 아니다. 러시아는 공식적으로 농지를 논과 밭으로 구분하지 않는다. 러시아는 농지를 경작지, 건초지, 방목지, 과수용지로 구별한다.

한국농촌경제연구원의 허장·김용택은 「해외농업개발의 지역별·대상작물별·유형별 실행계획」(2008)에서 이 자료를 인용하면서 출처를 이동명으로 밝혔다. 이후 같은 연구원의 김경덕·허장·이대섭·김정승·우유진도 「러시아 연해주 경남농장개발 타당성조사 및 기본계획 수립」(2009)에서 이 자료를 인용하면서 출처를 허장·김용택으로 밝혔다. 이처럼 정부의 연구기관인 한국농촌경제연구원조차도 출처가 불명한 이동명의 자료를 인용하고 재인용하는 촌극을 빚고 말았다.

그렇다면 이동명이 발표한 자료의 출처는 과연 어디일까? 먼저 연해주 현지에서 농업 전문가로 알려진 이동명과 서울에서 자칭 연해주 농업 전문가로 활동하고 있는 국제농업개발원 이병화의 관계를 알아야 연해주 농업정보 및 자료의 흐름을 파악할 수 있다.

이동명은 연해주에 거주하는 한국인으로, 대순진리회가 연해주에 연착륙하는 데 기여했으며 2005년에는 아그로상생의 자회사인 아그로항카의 사장을 지냈다. 연해주 교민사회와 한국 농업계에 이미 잘 알려진 바와 같이 이동명은 연해주에 거주하는 인물이고, 재단법인 국제농업개발원장 이병화는 서울에 거주하면서 상호 분업하는 방식으로 연해주 진출을 희망하는 한국 기업에 컨설팅을 하는 동업자 관계이다.

1945년 경남 김해에서 태어난 이병화는 스스로 공개한 이력서에 건국대학교 농과대학 3년 수학, 러시아 국립 프리모리스키 농업아카데미 졸업(농업경영학 박사), 러시아 국립 하바롭스크 기술대학 졸업(경제학 박사), 신갈농민학교 교장, 재단법인 국제농업개발원 원장, 월간 상업농경영 발행인, 러시아 연방정부 극동 지역 대통령 농업경제자문위원, 북방농업연구소 연구위원이라고 기재하고 있다.

이병화의 이력은 어디까지가 진실일까? 국내의 학사·석사 학위가 없는 그가 러시아에서 박사학위를 두 개나 받았다니 놀랍지 않은가? 러시아 말을 한마디도 못하고 러시아 글을 읽거나 쓸 줄도 모르는 그가 어떻게 공부를 했단 말인가? 특히 러시아 연방정부 극동 지역 대통령 농업경제자문위원을 지냈다니 도대체 어디까지 믿어야 할지 모를 일이다.*

이병화는 2004년 6월 5일 국제농업개발원 홈페이지에 게재한 「연해주 농업환경과 고려인의 역할」이라는 글에서 연해주 농지현황을 밝혔다. 그런데 이병화는 이 농지현황의 출처에 대해 자신이 운영하는 국제농업개발원이 1992년부터 2000년까지 8년간 연해주 전 지역(1640만ha)을 정밀 조사한 결과라고 밝혔다. 이 주장은 그야말로 황당하다. 어떻게 무슨 방법으로 조사했다는 말인가. 지극히 비상식적이다. 객관성도 없으며 입증할

---

* http://www.iadi.or.kr/(검색일 2008.2.23).

근거도 제시하지 않았다. 이병화와 이동명은 자칭 연해주 농업 전문가이다. 그들이 쉽게 입수할 수 있는 가장 객관적인 자료인 연해주정부의 통계가 있음에도 이를 무시한 이유는 과연 뭘까?

이병화의 자료는 이동명의 자료에 비해 초지가 100ha 많다. 그러나 이것은 이병화의 기록 오류였다. 두 사람의 관계를 볼 때 이 자료는 연해주에서 오랜 기간 거주했던 이동명이 작성한 자료를 이병화가 전달받아 자신이 운영하는 국제농업개발원 홈페이지에 공개한 것으로 추측된다.

한국인이 연해주 농지를 측량했다니 소도 웃을 일!

이광규는 2008년 자신의 저서 『우리에게 연해주란 무엇인가』에서 "연해주의 농업은 항카 호 부근의 항카 평원과 우수리스크를 중심한 우수리 평원이 중심이 된다. 연이어 전개되는 항카 평원과 우수리 평원의 농경지는 773만 4000ha나 되어 남한 경작지의 약 4배이다. 이것을 보면 수리안전답이 약 6만 4000ha, 비수리안전답이 12만ha이며, 밭작물 재배지가 80만ha, 목초 생산지가 155만ha, 그리고 방목장이 520만ha나 된다"라고 밝혔다. 물론 출처를 밝히지 않았다. 그런데 이광규가 주장했던 자료와 똑같은 내용을 확인했는데 역시 이병화의 자료였다. 이병화는 2009년 1월 16일 「연해주 농업개발을 중심으로 한·러 양국의 협력방안」이라는 글에서 다음과 같이 주장했다.

한국의 북방농업연구소와 국제농업개발원이 한국정부의 지원으로 1995~
1998년까지 3년간 공동으로 측량장비를 동원하여 연해주 농지면적을 조사
한 결과 수리안전답 약 6만 4000ha, 비수리안전답 약 12만ha, 밭작물 재배지
약 80만ha, 밭목초 생산지 약 155만ha, 목초지(방목장) 약 520만ha 등으로, 농

목지 총 면적은 773만 4000ha이며 이는 남한 농지의 4.5배이다.

이병화는 2004년 6월 5일에는 392만 1000ha라고 주장했다가 5년 후인 2009년 1월 6일에는 773만 4000ha라고 번복했다. 그가 밝힌 두 차례의 통계조차 일치하지 않는 것이다. 그런데 도저히 이해할 수 없는 부분은 "한국의 북방농업연구소와 국제농업개발원이 한국정부의 지원으로 1995~1998년까지 3년간 공동으로 측량장비를 동원하여" 측량한 결과라고 밝힌 대목이다.

러시아 땅에서 한국인이 한국 장비를 동원해 3년간 농지 전체를 측량했다는 것은 일종의 사기이다. 한국인이 허가 없이 자국의 농지를 측량하도록 러시아연방보안국이 묵인했겠는가? 더구나 러시아 농장의 평균 면적은 3000~5000ha(900~1500만 평)로 서울의 여의도 면적보다 거의 12배에서 20배나 큰 거대한 면적이다. 이 때문에 농지의 경계선마다 일종의 칩(쇠파이프)을 지표에 박아 위성으로 측량한다. 한국의 측량방식과는 근본적으로 다르다. 그럼에도 이처럼 황당한 자료를 근거로 이광규가 동북아평화연대 학술총서인 『우리에게 연해주란 무엇인가』를 발간했다는 사실이 더욱 충격적이다.

앞에서 살펴본 바와 같이 그동안 연해주 농업의 타당성을 조사한 농림부와 한국농어촌공사, 선행연구자, 심지어 현지에 진출한 기업조차도 연해주정부의 공식적인 자료를 확인하지 않았음이 드러났다. 오로지 연해주 농업 전문가임을 자칭하는 이병화와 이동명이 제공한 정보와 자료를 확인 없이 인용했을 뿐이다. 이처럼 출처불명의 자료를 지난 20여 년간 반복 인용함으로써 돌이킬 수 없는 정책적 오류를 범했음이 여실히 드러났다.

3) 연해주의 주요 작물

연해주의 주요 작물은 쌀, 밀, 콩, 옥수수, 귀리, 메밀이다. 농작물 파종 면적은 콩, 밀, 옥수수를 제외하고는 전반적으로 답보상태이다. 주요 작물인 쌀 경작이 가능한 논은 항카 호수 주변의 저지대에 집중되어 있다. 농업용수는 항카 호에서 물을 계단식으로 끌어올려 사용한다.

1927년 연해주에서는 이미 108개의 벼농사 농장이 22만 4400ha에 걸쳐 벼를 재배했다. 그러나 1937~1950년 사이에 벼농사 면적은 급격히 감소했다. 1937년 고려인의 중앙아시아 강제이주 이후 연해주의 벼농사 면적은 급격히 감소해 1939년에는 3600ha로 급감했고 1948년에는 510ha에 불과하게 되었다. 농업기계가 현대화된 2009년의 연해주 벼 파종 면적이 1만 8200ha임을 고려하면 대규모 관개시설이나 농기계가 없었던 1927년 당시 고려인의 벼농사가 얼마나 큰 규모였는지 짐작할 수 있다.

1950~1980년대에는 벼농사가 다시 적극적으로 추진되었다. 항카 호 주변, 순가차 강, 우수리 강과 아르세니예브카 강의 계곡에 관개시설이 건설되면서 새로운 국영농장이 등장했다. 2006년 12월 8일 러시아농업감독국 콘스탄틴 세르게이가 밝힌 자료에 따르면 1985년 당시 연해주의 벼농사 면적은 4만 9400ha였으며 벼 재배가 가능한 논은 모두 6만 6000ha였다. 당시 생산성은 1ha당 3.2톤이었으며 총 수확량은 11만 3000톤에 달했다. 이후 쌀 생산을 위해 단위별 관개수로를 개선하자 경작면적이 지속적으로 늘어났다. 러시아 연방정부 농업국이 밝힌 자료에 의하면 2013년에는 이앙면적이 14만 7100ha로 집계되었다.

콩의 경우 파종면적이 2008년 11만 6000ha에서 2009년 14만 7000ha로 무려 26.4%가 증가했으며, 2013년에는 62만 8400ha를 파종한 것으로 나타나 최근 5년간 경작면적 증가율이 무려 500% 이상에 이르렀다. 이는 연해주정부가 매년 농장별 휴경지의 밭갈이 면적과 파종면적에 대해 농업보조금을 지급하는 증산계획을 통해 생산을 독려하는 정책을 펴는 한편, 지방자치단체별로 파종실적 평가를 실시한 데 따른 효과인 것으로 분석된다. 연해주 자치단체의 농업담당 공무원들은 콩 파종기에 농장을 지속적으로 순방해 파종을 독려하고 있다.

콩의 파종면적이 증가한 또 하나의 이유는 우수리스크 시에 소재한 식용유회사 (주)프리모르스카야소야와의 계약재배 및 이 회사의 운송시스템 때문이다. 이 회사는 영농비가 부족한 러시아인 농장에 매년 초 영농비를 선지급하고 수확기에 현물로 콩을 현물상환 받는 형식을 취하고 있다. 또한 2009년부터는 대형 트럭을 각 농장에 배치해 콩을 밭에서 대두유공장까지 직송하는 운송시스템을 갖추었다.

(주)프리모르스카야소야는 2009년 기준 연간 1만 6000톤의 식용유를 생산했는데 이는 연해주 소비량의 60%에 해당된다. 이 회사에서 필요로 하는 원료(콩)는 연간 11만 톤인데 농가 수매량은 6만 톤, 자체 농장생산량은 2만 톤이며 나머지는 아무르 주에서 공급받고 있다. 연해주 농업에 막대한 영향력을 행사하고 있는 이 회사의 사장 유리 파포프는 연해주 농업부 지사 출신으로 2008년 8월 부족한 콩을 수입하기 위해 브라질을 방문하기도 했다.

연해주는 경지면적에 비해 농업인구가 적고 영농 작업일수가 짧아 대형 농기계 없이는 영농이 불가능하다. 특히 수확량이 많고 판매가가 높은 콩은 단일품종으로 경작하기 어렵기 때문에 3월 중순부터 곡물별로 파종한다. 이러한 방법은 농기계의 효율적인 운용과도 직결된다. 따라서 보리, 밀, 귀리 등과 같이 봄에 심어 여름에 수확하는 곡식은 3월 중순부터

4월 말경, 콩은 5월 초순부터 6월 중순, 옥수수는 6월 초순에 파종하며 마지막으로 6월 말경에 메밀을 파종한다. 파종기에 비가 잦으면 대형 파종기로 작업을 할 수 없어 파종에 차질을 빚는다. 이 같은 곡물별 파종매뉴얼은 적기에 파종하지 못할 경우 필연적으로 수반되는 계획생산의 차질을 예방하는 수단이자 트랙터와 파종기 등 농기계의 작업 효율성을 높이기 위한 수단으로 사용된다.

4) 연해주의 농업기계

연해주에서 대중화되어 있는 농기계는 트랙터와 콤바인이다. 또한 작업기로는 파종기, 비료살포기, 농약살포기, 경운기, 쇄토기, 평탄기, 종자소독기 등이 있으며, 별도의 장비로는 곡물운송용 트럭, 유조차량이 있다. 농장마다 보유하고 있는 러시아산 트랙터는 대부분 1950년대 전후의 기종으로 현재는 너무 낡아 사용이 거의 불가능한 고철에 불과한 실정이다. 따라서 최근에는 유럽산 대형 농기계가 대세를 이루고 있다.

러시아산 트랙터로는 민스크트렉터(MTZ) 타이어형(80마력, 130마력, 155마력, 210마력, 265마력)이 있다. 수입 트랙터로는 네덜란드산 뉴홀랜드 TJ 기종(275마력, 325마력, 375마력, 425마력, 450마력)이 있는데 주력 기종은 TJ425이다. 2009년 기준 연해주 현지 판매가격은 MTZ3022(250마력 타이어) 신제품이 500만 루블(한화 약 2억 원), 뉴홀랜드 TJ450(450마력 타이어) 신제품이 750만 루블(한화 약 3억 원) 수준인데, 1일 8시간 작업 기준으로 30~40ha의 밭을 갈 수 있다.

콤바인을 보면 러시아산으로는 에니세이(140마력, 175마력)와 백터르(210마력)가 있으며, 수입산으로는 중국에서 조립한 존디어(150마력)와 미국산 존디어(150마력), 독일산 크라스(245마력)가 있다. 대중화된 기종은 중국에서 조립한 존디어와 러시아산 백터르이다. 1일 8시간 작업 기준으로 에니세이는 10~15ha, 백터르와 중국 조립 존디어는 30ha, 미국산 존디어와 독일산 크라스는 40ha의 면적을 수확할 수 있다.

내가 연해주에서 신품 트랙터와 콤바인을 구입했던 2009년 당시에는 에니세이가 300만 루블(한화 1억 2000만 원), 백터르가 500만 루블(한화 2억 원), 중국 조립 존디어가 400만 루블(한화 1억 6000만 원), 미국산 존디어가 900만 루블(한화 3억 6000만 원), 독일산 크라스가 750만 루블(한화 3억 원)이었는데 이 가격은 유럽보다 30~40% 비싼 것으로 확인됐다.

농기계를 구입하는 방식에는 직접구매방식과 간접구매방식이 있다. 직접구매는 농기계판매상 또는 생산회사와 직거래하는 방식으로 간접구매보다 저렴한 가격으로 구매할 수 있지만 대금을 일시불로 지불해야 하므로 자금부담이 크다. 또한 공장에서 직접 인도하는 조건이기 때문에 미국이나 유럽에서 연해주까지 운송해 가져와야 하므로 비용이 과다하게 소요되는 단점이 있다.

간접구매는 주정부 또는 농업은행을 통한 할부(리스)구매방식이다. 이 방식은 대금을 5~10년간 분할납부하기 때문에 자금부담이 적다는 장점이 있지만 주정부가 농기계를 일방적으로 공급하기 때문에 선택의 폭이 제한되는 단점이 있다. 러시아 연방정부는 비싼 농기계 가격이 연해주 농업의 발전에 저해요인으로 작용하고 있으므로 농기계를 적정 가격에 공급하는 방안을 검토한 바 있다.

연해주정부는 2006년부터 농업 생산성과 효율성을 근본적으로 높이기 위해 로터리, 쟁기, 쇄토기, 평탄기, 파종기, 농약살포기, 비료살포기 기능을 갖춘 425마력의 광폭 다기능 농기계 불러와 뉴홀랜드 트랙터를 기반

1 트랙터 TJ425
3 디스크 쟁기 르만
5 파종기 존디어
7 콤바인 에니세이

2 평탄기 킬티베이터 KOG-5
4 파종기 쿠즈바스85
6 다기능파종기 살포드MR-63FR
8 콤바인 백터르

으로 경운작업을 할 수 있는 토양보호형 시스템을 도입했다. 2009년 9월, 러시아 연방정부는 극동러시아의 농업 인프라를 구축하기 위한 선진농업중장기계획을 발표하면서 우선적으로 극동러시아 연해주에 러시아산 농기계 생산공장을 설립할 것이라고 밝혔다. 하지만 현재까지 공장이 설립되지 않은 것을 보면 언제 공장이 설립될 지 알 수 없는 일이다.

5) 연해주의 곡물저장시설

곡물창고와 사일로는 곡물의 재고관리, 도난 방지, 품질관리, 위생관리, 자연감량 방지(새 또는 쥐에 의한 감량) 면에서 대단히 중요한 역할을 한다. 연해주의 농장이 대부분 보유하고 있는 곡물창고는 1960년대에 건축된 낡고 노후화된 목조창고이다. 창고바닥에 목재를 깔아 통풍이 가능하도록 설계되었으며, 천정에 설치된 컨베이어를 이용해 곡물을 창고바닥에 쏟아붓는 방식의 매우 열악한 시설이다.

러시아에서는 지금도 전통적인 방식으로 작업을 진행하는데 그 과정은 다음과 같다. 우선 들에서 수확한 곡물을 트럭에 싣고 곡물창고에 옮겨와 정선과 건조과정을 거쳐 창고에 입고시킨다. 수확한 곡물의 중량을 차량째 계량한 후 곧바로 정선을 하는데 이 과정에서 수확량의 평균 10% 정도가 파쇄입자와 이물질로 걸러진다.

정선된 곡물은 재래식 건조장(시멘트바닥)에 쏟아 건조작업을 진행한다. 별도의 건조기가 없기 때문에 사람이 일일이 곡물더미를 나무 삽으로 퍼서 공중에 뿌려대는 방법으로 건조작업을 실시한다. 마치 곡물더미 전체를 삽으로 퍼 나르는 식인데 그러다 보니 건조작업은 보통 1개월이 걸린다. 이 과정에서 재고관리를 하기란 거의 불가능하며, 곡물이 도난당하는

1 재래식 건조장에서 콩을 트럭에 상차하는 모습
2 목조곡물창고에 입고된 콩 무더기
3 갓 수확한 밀을 나무 삽으로 공중부양하여 건조하는 모습
4 1960년대식 러시아 곡물정선장
5 , 6 5000톤급 한국형 곡물사일로(2009.9)

것은 물론 새떼와 쥐들에 의한 감량도 만만치 않다. 그나마 콩과 옥수수
는 수확 전에 밭에서 이미 건조가 된 상태여서 별도의 건조과정 없이 곧

바로 창고에 입고된다.

현재의 곡물이동경로를 보면 콤바인(밭)→운송트럭→계량소(곡물창고)→옥외 건조장 하역→컨베이어로 정선기에 적재→정선→트럭 상차→옥외 시멘트건조장 하역→수작업 건조(1개월)→트럭 상차→창고 입구 시멘트바닥 하역→컨베이어를 이용한 창고 입고 순이다. 이러한 과정은 인건비 증가, 품질관리 저하, 도난 발생, 재고관리의 어려움과 같은 결과로 이어지기 때문에 경제적 손실이 매우 크고 비효율적이다.

따라서 곡물이동경로를 개량하는 방안이 우선적으로 강구되어야 한다. 최신형 원스톱시스템을 도입해 곡물관리과정에서 노출된 모든 문제를 일거에 해결해야만 경영에 일대 혁신을 가져올 수 있다. 나는 2009년 9월 아로-프리모리에가 인수한 콤무나르 농장에 최신형 한국형 사일로(500톤 사일로 10기)를 준공했다. 서울 인탑스 본사에서 한국의 사일로 전문 시공 업체인 영일기계와 계약을 체결하고 한국산 기자재와 한국 기술자들을 연해주 현장에 투입해 착공 5개월 만에 한국형 사일로를 준공했다. 한국형 사일로의 건설은 연해주 농업관료들에게 대단한 관심과 반향을 불러일으켰다. 2009년 8월 러시아 연방정부의 농림부 차관은 콤무나르 농장의 사일로 건설현장을 직접 방문해 "극동 지역의 모든 러시아농장 기업가들은 한국인이 경영하는 콤무나르 농장을 견학하고 배우도록 하라"라고 수행한 연해주지사에게 지시하기도 했다.

사일로를 준공한 이후에는 콤무나르 농장의 곡물이동경로가 대단히 단순화되어 효율적인 곡물관리에 성공했다. 즉, 기존의 곡물이동경로가 대폭 줄어들고 건조과정이 자동화되면서 인적·물적 절감효과가 나타난 것이다. 작업은 콤바인(밭)→운송차량→계량소→자동정선기에 하역→정선 종료 즉시 사일로 입고 순으로 끝난다. 밭에서 곡물을 싣고 사일로에 도착한 곡물트럭이 저울로 무게를 달고 자동정선기에 하역만 하면 사일로에 자동으로 입고되는 것이다. 설사 비에 젖은 곡물이라 하더라도 사일로 자체의 수분측정기와 건조시스템이 작동하여 정선작업에는 아무런 문제가 없다. 모든 과정이 자동화되어 있는 사일로는 입고와 출고, 수분측정이 자동으로 전산화되며 재고파악이 실시간으로 가능하도록 설계되어 있다. 한마디로 정선, 건조, 보관을 동시에 처리하는 최신형 전천후 전자동시스템인 것이다.

6) 연해주의 연간 영농매뉴얼

연해주의 영농은 한국처럼 노동집약적인 영농이 아니라 대형 농기계를 이용해 광활한 농지를 경작해야 하는 조방영농이다. 따라서 적기파종과 적기수확을 위한 준비를 완벽히 해놓아야 한다. 이를 위해서는 밭갈이를 봄과 가을에 병행해야 하며, 종자, 비료, 제초제, 유류 등의 농자재도 농한기인 겨울철에 미리 확보해야 한다. 농기계의 확충과 정비, 곡물 보관시설의 정비도 매우 중요하다. 또한 영농성수기와 농한기의 인력도 확실히 관리해야 하며, 1년간의 영농결과를 결산하여 세무서에 보고하는 것도 소홀해서는 안 된다.

이처럼 연해주의 연간 영농계획 수립은 매우 중요하며 영농회사가 필수적으로 알아야 할 기초정보에 해당한다. 여기서는 내가 2008년 연해주에 진출한 이후 정확히 2년 동안 현장체험을 통해 정리한 영농매뉴얼을 소개하려 한다. 이 영농매뉴얼이 연해주 진출을 검토하고 있거나 이미 연해주에 진출한 사람들에게 도움이 되길 기대한다.

연해주에서는 이른 봄 땅이 녹을 무렵부터 파종을 시작하는 3월 중순

영농매뉴얼에 따른 시기별 작업 분류

구분		1월	2월	3월	4월	5월	6월	7월	8월	9월	10월	11월	12월
파종 수확	보리				■				■				
	밀			■									
	귀리				■								
	벼					■					■		
	콩					■	■						
	옥수수					■							
	메일						■	■					
경운작업					■	■						■	
종자확보													
유류구입				■				■			■		
비료	구입												■
	시비					■							
제초제	구입				■								
	살포						■						
기계 장비	정비		■	■									
	구입		■	■	■	■	■	■	■				
시설 공사	사일로				■	■	■	■	■	■	■		
	배수				■	■	■	■	■	■	■		
농장직원 휴가		■	■										
세무 회계	결산												■
	신고			■									
내부 감사	수시	■						■					

경까지 파종계획 면적을 확정해야 하며 가을철 수확이 끝난 직후 땅이 얼기 전에 밭갈이를 해야 한다. 비료는 매년 12월에 구입하면 그해 가격으로 살 수 있다. 12월 말이면 다음 해 비료가격을 발표하는데 대개 인상폭이 5% 수준이므로 자칫 비료 구입 시기를 놓쳐 다음 해 1월에 사게 되면 오른 가격으로 비료를 구입해야 한다.

특히 세계에서 가장 막강하다는 러시아 노동법에 따라 연간 29일의 의

무휴가를 노동자에게 제공해야 한다. 따라서 농장 노동자들에게는 농한기인 1~2월 중에 집단으로 휴가를 줘야 유리하다. 휴가기간에는 법정급여의 70%를 휴가비로 지급하며 별도의 급여는 지급하지 않아도 된다.

3. 연해주 농업개발 관련 정책과 제도

1) 연해주정부의 농업발전정책

연해주정부는 농업생산성을 높이고 장기적인 투자를 유치하기 위해서 2005년 러시아 연방정부와 '영농기업 발전' 국가 프로젝트를 체결한 바 있다. 이 프로젝트를 기반으로 연해주정부는 중앙정부의 지원을 더욱 효과적으로 활용해서 생산목표를 달성하기 위해 연해주 영농기업들과 2006~2009년 사이에 360건이 넘는 협약을 체결했다. 그 결과 2010년 3월 모스크바에서 열린 연방정부 농림부 장관 주재회의에서는 연해주정부 농업식량국장이 연해주 농업은 매우 성공적으로 진행되고 있다고 보고하기도 했다.

연해주 농업발전 프로그램의 주요 목표는 토질을 비옥하게 개량하는 것과 휴경지를 개간해 경작을 늘리는 것이다. 토지의 근본적인 개량작업은 유기질비료와 니탄비료를 시비하는 방식으로 이루어지는데, 2009년의 경우 영농기업들이 1100ha 기준으로 12만 톤을 시비했다. 개인적으로 농사를 짓는 농민들은 5만 톤 이상의 유기질비료를 시비한 것으로 조사되었다.

경작면적 또한 가파르게 증가하고 있다. 2008년에는 경작면적이 4만

7000ha 증가되었는데, 이는 당초 목표 8000ha보다 무려 6배를 초과 달성한 것이다. 2009년에도 2만 2100ha의 면적을 늘림으로써 당초 목표의 2배를 초과 달성했다. 2008~2009년에만 모두 6만 9100ha의 휴경지를 새로 경작한 셈인데, 이는 당초 목표 1만 8500ha의 2.5배에 해당한다.

또 하나의 중요한 목표는 우량종자의 생산이다. 우량종자를 생산하지 않으면 다수확은 불가능하다. 연해주정부는 우량종자를 확보하기 위해 주정부기관인 우수리스크 농업과학아카데미(원종장)에서 생산한 원원종(슈퍼엘리트급)을 주정부가 인가한 원종생산농장에 공급하고 있다.

내가 경영했던 콤무나르 농장은 바로 원종을 생산하는 농장이었다. 콤무나르 농장에서 생산된 종자는 다시 우수리스크 농업과학아카데미의 품위검사와 발아율시험을 거쳐 원종(엘리트급)으로 생산된다. 이 원종을 주정부가 수매해 농장과 농민에게 공급하는 체계이다. 2009년 우량보급종의 파종면적은 7만 6400ha로 전체 파종면적의 22.4%를 차지했다. 이는 2008년의 15%보다 높은 수치이다. 이러한 정책의 영향으로 2009년에는 일반 종자의 파종이 2007년에 비해 2배나 감소했다.

농업보조금의 종류와 규모

연해주정부가 지급하고 있는 농업보조금은 토양의 지력증진과 곡물생산에 대한 보조금, 우량종자 육성 보조금, 축산 보조금, 농작물보험 보조금, 농기계 구입과 시설장비구축비용에 대한 보조금 등 매우 다양하다. 보조금을 지급하는 업무는 주정부 농업식량국과 주정부 지방공기업인 농업식량공사에서 담당하고 있다. 이러한 보조금 지급정책은 낙후된 연해주 농업의 재건 및 지역경제 활성화에 크게 기여하고 있으며 한국 기업도 보조금을 지급받고 있다.

연해주 농업보조금의 종류와 규모(2010년 기준)

보조금의 종류		측정단위	보조금 규모
토양지력증진	휴경지 개간비용(3년 이상 휴경지)	루블/ha	6000루블/ha를 초과하지 않는 범위. 실 지출액의 50% 이내
	비료구입비, 농약(화학적 처리사용자재) 구입비	톤, 천ℓ	2000루블/톤(천ℓ)
	종자소독약 구입비	루블	실집행비의 20% 이내
	토양개량제(석회, 인산, 녹비, 니탄과 유기비료 사용)	루블/ha	6000루블/ha를 초과하지 않는 범위. 실지출액의 50% 이내
	논의 복토 등 토양개량과 용수로 등 재건비	루블	1만 루블/ha 범위에서 실지출액의 50% 이내
곡물생산	콩, 식량용 밀 생산과 판매비	톤	1000루블/톤 이하
	관개시설을 위한 전력비용	루블	실지출액의 20% 이내
	시설채소의 생산과 판매비	톤	4100루블/톤 이하
우량종자육성지원	원원종(슈퍼엘리트) 종자생산과 종자비	톤	실집행비의 50%
	원종생산구입비 — 밀, 보리, 귀리	톤	6600루블/톤
	원종생산구입비 — 콩, 메밀, 벼, 옥수수, 하이브리드F1	톤	9000루블/톤
	원종생산구입비 — 다년생 목초(화본과, 두과)	톤	3만 루블/톤
	원종생산구입비 — 1년생 목초(화본과, 두과)	톤	1만 루블/톤
	원종생산구입비 — 감자	톤	8000루블/톤
	보급종 — 밀, 보리, 귀리	톤	3만 3300루블/톤
	보급종 — 콩, 메밀, 벼	톤	4500루블/톤
축산발전보조금	우유 — 1그룹(착유량 4000kg/마리 이상)	kg	4.3루블
	우유 — 2그룹(착유량 3200~3999kg/마리)	kg	2.8루블
	우유 — 3그룹(착유량 2300~3199kg/마리)	kg	1.3루블
	우유 — 개인 축산농가가 생산한 우유	kg	2.0루블
	우유 — 농민이 수매한 우유	kg	2.0루블
	도축 생산된 가축과 육계	kg	1.1루블
	계란	천개	29.0루블
종축업보조금	우량종증식 — 말, 젖소, 종돈	1마리	4500루블 이하(1회)
	우량종증식 — 족제비, 양, 토끼, 양봉(벌통 단위)	1마리	4500루블(년)
	우량종증식 — 우량종 번식을 위한 양돈	1마리	6800루블(1회)
	우량종증식 — 인공수정(종우 정액판매)	정액 1회	150루블
	새끼구입 — KPC(1) 새끼	1마리	3000루블(월)
	새끼구입 — 양 새끼	1마리	1200루블(월)
	새끼구입 — 돼지 새끼	1마리	2000루블(월)
	새끼구입 — 말 새끼	1마리	4000루블(월)
	새끼구입 — 암소 새끼의 사육비	1마리	1800루블(1회)
	농업기업(농민)에게 상담 자문기술센터 설립	루블	실집행비의 95% 이하
농기계설비	100마력 이상 트랙터, 경운기, 파종기, 비료살포기, 콤바인, 곡물운송 트럭	루블	실구입가의 30% 이내
	종자 정선과 곡물건조 설비의 신축비	루블	집행비의 40%
	영농기업 50만 루블 이상, 농민 20만 루블 이상의 농기계 구입과 설비시설비	루블	집행비의 30% 이내

자료: 연해주정부 농업식량국(2010).

지력증진과 관련한 보조금은 휴경지를 새로 경작하거나 농업용수로를 개설할 때 지급한다. 또한 비료나 농약, 종자소독약, 토양개량제를 구입할 때도 지급한다. 곡물생산과 관련해서는 곡물의 생산량과 포장비, 농업용 전력사용료, 시설채소 생산량과 판매비에 대해 보조금을 지급한다. 우량종자 육성지원과 관련해서는 원원종, 원종, 보급종을 생산 또는 구입할 경우 보조금을 지급한다. 축산발전과 관련해서는 우유생산, 가축과 육계의 도축, 계란생산에 대해 보조금을 지급하며, 가축의 우량종 증식, 새끼 구입 등에도 보조금을 지급한다. 한편 농작물보험 가입, 농기계 구입, 곡물 건조·정선·보관시설 신축 시에도 보조금을 지원한다.

국가나 금융기관에서 차입한 대출이자에 대한 보조금도 지급된다. 그러나 현지에 진출한 한국 기업은 러시아 금융기관을 활용하지 못하고 있어 금융이자에 대한 보조금을 거의 지급받지 못하고 있는 실정이다. 특기할만한 사실은 곡물생산에 필요한 농기계와 곡물 운반차량의 유류보조금이 2010년부터 없어졌다는 점이다.

2) 농장운영 관련 법과 제도

농업법인 설립 절차

우리나라 기업이 연해주 농업에 진출하려면 먼저 현지 농업법인을 설립해야 한다. 법인에는 세 가지 종류가 있다. 첫째, 폐쇄형 주식회사로, 주식거래가 되지 않고 이사회 임원들이 주식을 소유하는 형태인데 최소 자본금이 1만 루블이다. 둘째, 개방형 주식회사는 주식거래를 허용하는 은행 등 금융회사나 대기업그룹에 해당하는 법인으로, 최소 자본금이 10만 루블이다. 셋째, 유한책임회사는 러시아에서 일반화되어 있는 법인인데 주주들이 채권자에 대해 자신이 출자한 지분만큼 책임지는 형태로 최소 자본금이 1만 루블이다. 우리나라 기업이 연해주에 설립하는 법인은 대부분 유한책임회사이다.

농업법인을 설립하려면 먼저 한국에서 정관 설립에 필요한 서류를 구비하고 영어와 러시아어로 번역해서 공증을 받은 후 연해주 세무서에 접수해야 한다. 이때에는 러시아 현지 변호사로부터 반드시 도움을 받아야 한다.

한국에서 구비해야 할 서류를 좀 더 구체적으로 살펴보면 정관(연해주 신설법인 사장의 재량과 역할, 지사 또는 대표부의 설립권한, 임기 등이 명시되어야 함), 이사회 회의록(연해주 농업투자를 의결한 내용, 연해주 신설법인 사장을 선임 의결한 내용, 이사회 의장과 이사들의 서명 날인이 있어야 함), 법인 등기사항전부증명서(대법원에서 발행하는 것으로, 이사명단과 선임일자, 해임일자, 임기 등 이사회 구성에 관한 사항과 현 재석이사의 선임과 사퇴 등에 관한 사항이 기록되어야 함), 사업자등록증(세무서에서 발행하는 것으로, 사업자등록번호, 주소, 사장 이름이 명시되어야 함), 법인 인감증명서, 주거래은행의 소견서(주거래은행에서 발행), 연해주 현지 은행에 제출할 거래요청 서한 등이 필요하다. 이와 함께 연해주 현지 법인의 정관, 법인설립에 필요한 자본금 납입 등 비거주자 법인외환계좌의 개설위임장, 현지 법인 설립과정에서 현지 통계청과 세무서 등과 관련한 업무를 대신 수행하는 사람에 대한 위임장 등이 필요하다.

법인등기가 완료되어 사업자등록증이 교부되면 즉시 법인인감을 제작해 인감등록을 마친 후 거래은행에 계좌를 개설하고 이를 세무서에 신고해야 한다. 이때부터 한국에서 연해주로의 외환송금이 합법적으로 가능해진다. 그리고 통계청과 연금공단, 사회보장기금, 의료보험공단에 신규

법인을 등록해야 한다.

현지 법인의 정관에는 회사의 명칭과 위치, 회사의 법적 지위, 주주에 관한 사항(지분, 권한, 의무, 책임), 자본금에 관한 사항(주주별 출자금액, 출자금의 양도와 인수, 출자금의 담보), 수익의 배분과 손실의 보상, 회사의 펀드 형성, 채권의 발행, 주주총회(주주총회 권한, 주주총회 소집, 의결), 회사의 사장(권한과 책임, 의무), 회계감사, 결산보고, 각종 문서 보관, 회사의 재편성과 청산(통합, 합병, 분리, 청산) 등과 관련된 사항이 명시되어야 하며 법인 대표의 서명 날인이 있어야 한다.

농업법인의 조세

농업법인의 연방세 가운데 가장 큰 비중을 차지하는 것은 부가세이다. 물품의 거래가 발생하면 부가세가 부과되며, 부가세율은 18%이다. 이 밖에 법인세, 자동차세, 전기요금, 상하수도요금, 토지 임대료, 자동차보험료 등이 있다.

노동자에게 지급하는 급여를 기초로 회사에서 부담하는 법정부과금으로는 의료보험료, 국민연금, 사회보장보험료, 사회비상기금이 있다. 법정부과금은 100% 회사가 부담하는 것으로 농업법인과 일반법인의 요율이 다르게 되어 있다. 농업법인은 개인별 월급여액(2009년 기준)을 기초로 국민연금 5.1%, 의료보험 3.3%, 사회보장보험 2.9%, 사회비상기금 2.1% 등 총 13.4%를 회사가 부담하는 반면, 일반법인은 국민연금 19.0%, 의료보험 3.3%, 사회보장보험 2.9%, 사회비상기금 2.1% 등 총 27.3%를 회사가 부담한다.

그러나 근로소득세는 전액 노동자가 부담한다. 소득세법상 일반 법인에 근무하는 노동자가 부담하는 소득세는 30%인데 농업법인에 근무하는 노동자의 소득세는 13%로 농업법인 노동자에게는 감면혜택이 주어진다. 그러나 노동비자(취업비자)를 발급받은 외국인 노동자는 업종 구별 없이 급여의 30%를 소득세로 원천징수한다.

특히 러시아에서는 노동자가 부담하는 소득세의 원천징수가 매우 엄격하다. 한국 기업에 종사하는 러시아 노동자들은 자신들이 부담하는 30%의 소득세 부담을 줄이기 위해 급여액을 낮추는, 이른바 이중노동계약을 요구하는 사례가 빈번하다. 이 경우 회사는 국민연금 등 여타 법정 부담금을 절감할 수 있어 이를 수용하는 사례가 있는데, 이런 행위는 절대 금물이다. 이중노동계약 사실이 세무당국에 적발되면 탈세로 고발당할 수 있으며, 이 경우 사업자등록이 취소되는 것은 물론 한국인 주재원이 추방조치까지 당할 수 있기 때문이다.

농지 임대 또는 인수

러시아연방법은 토지와 건물을 분리해서 취급하고 있는데, 토지에 비해 건물소유권에 관한 규정은 단순한 편이다. 러시아 민법은 건물 사용 및 매각에 대한 원칙을 규정하고 있으며 러시아 자국민과 외국인, 법인 등에 대해 동등한 건물소유권을 인정하고 있다. 한편 연방토지법은 비농업용 토지의 매매를 법적으로 허용하고 있다. 이는 토지를 대출담보나 현물출자 자산으로 사용토록 허용한 것으로 상업적 토지시장 형성의 토대가 되었다. 따라서 공공기관 소유의 토지라 하더라도 입찰 또는 경매방식으로 개인이나 법인에 양도될 수 있다. 해당 토지에 건물이나 기타 시설이 있는 경우라면 건물 및 시설 소유주가 토지를 매입할 수 있으며, 신규 개발 토지인 경우라면 해당 지역에서 허가절차를 밟은 투자자가 매입할 수 있어 입찰이 요구되지는 않는다.

한편 러시아 농지거래법은 농지에 대한 외국인 또는 외국법인의 권리를 제한해 외국인 및 외국인이 50% 이상 지분을 갖는 법인은 토지임차권만 가질 수 있다고 규정하고 있다. 러시아 민법이나 토지법은 비농업용 토지의 임차기간에 대해 제한을 두지 않고 있으나 통상 토지임차권은 49년을 넘기지 않으며, 연방민영화법은 국가 및 지방정부가 소유한 토지의 임차기간을 49년 이내로 명시하고 있다.

러시아 민법 제112조는 1993년에 제정된 연방헌법 제8조와 동일한 취지로 소유권 인정과 사유재산 보호를 규정하고 있다. 소유권과 관련하여 특이한 점은 신탁관리의 양도를 명문화하고 있다는 것이다. 즉, 구소련 민법이 인정하지 않았던 신탁제도를 도입한 것이다. 이밖에도 러시아 민법은 상속이 가능한 종신토지점유권, 토지의 영구사용권, 경영관리권, 운용관리권을 규정하고 있다.

연해주에서 농지를 취득할 수 있는 방법은 다양하다. 첫째, 연방정부에게 농지의 관리권한을 위임받은 지방자치단체의 토지위원회로부터 49년간 농지를 임대계약하는 방법이 있다. 이 방법의 장점은 가장 안전하게 임대계약을 체결할 수 있다는 것이다. 나는 2008년 9월 미하일로브카 군수와 농지 208ha에 대해 임대계약을 체결하고 관할법원인 우수리스크 법원에 등기를 마침으로써 법적으로 완벽한 임대계약을 성사시킨 바 있다. 자치단체장인 시장, 군수와 49년 장기임대계약을 체결한 후 연방토지법에 따라 관할법원에 등록인지세를 납부하고 임대계약서 등 등록서류를 접수하면 임대계약 사실을 법적으로 보호받게 된다. 법원의 등기가 완료되면 법적으로 농지임대계약은 완성된다.

이처럼 자치단체와 직접 임대계약을 맺을 수 있는 이유는 농지경작권(파이)을 소유하고 있는 농민이나 농업법인이 경작을 하지 않을 경우 해당

농지를 자치단체가 회수해 영농이 가능한 농업법인에 다시 장기임대하고 있기 때문이다. 특히 자치단체가 휴경지를 임대할 때에는 휴경지와 인접한 농업법인에 임대우선권을 부여하고 있다. 따라서 첫 농지임대계약을 체결한 이후에는 인접지역의 휴경지를 임대하거나 휴경지에 편입하기가 매우 용이하다.

둘째, 토지를 소유하거나 임대하고 있는 러시아 농업법인의 지분을 인수하는 방법이 있다. 이 방법도 비교적 안전하다. 러시아연방법에 규정된 적법절차를 밟아 설립된 외국인 투자법인은 법률적으로 러시아의 법인이다. 따라서 지분 및 주식을 인수하는 것은 법적으로 아무런 하자가 없다. 단, 외국인 지분은 49%를 넘을 수 없다.

이 경우 지속적으로 농장운영을 해온 법인을 인수하는 것이므로 기본적인 영농시스템을 갖추고 있다는 이점이 있지만 동시에 경영 부실과 기계장비 등 시설물의 노후로 인한 비효율성이 반드시 뒤따른다. 따라서 농장을 인수하려면 먼저 농장의 자산과 관련된 법적 서류 등을 집중적으로 실사해야 하며 농장 자산의 실체를 정확히 검증해야 한다.

나는 2008년 3월 우수리스크 시 노보니콜스크에 위치한 러시아인 소유의 콤무나르 농장을 인수하고 첫해부터 영농을 시작했다. 한국 기업이 설립한 현지 농업법인이 러시아 농업법인을 직접 인수한 것은 처음 있는 일이었다. 나는 당시 러시아 토지법상의 외국인 토지소유금지 규정을 피하기 위해 인수법인의 한국투자기업 지분소유구조를 49% 이하로 조정했다.

농장을 인수할 때에는 법인 등기부등본과 부본, 현 사장(대표이사)의 선임 및 전 사장의 해임 관련 서류, 자본금(주주의 주식납입금) 납입증명서, 법인의 정관, 사업자등록증, 정관에서 규정한 양수양도 등 주주의 권한행사와 관련 주주 동의 또는 포기 관련 서류, 최근 2~3년간 회계결산서, 손익계산서, 부채현황(연방정부 또는 거래은행의 부채증명서 확인), 자산관리대장(농기계, 차량, 정선기, 건조기, 보관창고 등 장비와 시설), 토지와 건물 등 고정자산과 차량운반구·농기계 등 기타 유동자산의 등기권리증, 임대농지의 임대계약서와 법원 등기부등본, 농기계와 건물의 근저당·담보·리스 관련 서류, 노동자의 노동계약서, 조직도, 임금대장, 산업재해와 관련된 부양자 및 연금수혜자 관련 서류, 의료보험료·국민연금·사회보장보험료·사회비상기금 등 연해주 통계청 또는 시장 군수가 발행한 법정부담금 관련 통지서, 전력사용계약서, 수질보호구역 등 행정당국의 제한사항, 곡물의 수출입·종자생산·토질검사·환경평가 등 인허가사항, 법률적 송사·분쟁·벌과금·과징금 납부실태, 우발채무(양수도 계약 이후 발생하는 미확인 채무)에 대한 보증서, 자산대장에 등록된 모든 고정자산·유동자산의 존재 여부, 고용승계자 명단과 급여대장, 신상기록카드 등을 세밀하게 확인해야 한다.

이 과정에서는 농장이 소유·임대하고 있는 농지를 현장실사하는 일이 매우 중요하다. 농지 규모가 워낙 광활하기 때문에 경계지역을 지적도면과 비교하면서 확실하게 확인하고 농지 내의 농로나 배수로, 농지의 특성 등을 파악해야 한다. 농장을 현장실사하지 않으면 계약을 체결한 이후 중대한 문제가 발견되더라도 문제제기를 할 수 없다.

셋째, 농지사유증권을 인수하는 방법이 있다. 일반적으로 농지사유증권은 '파이', '딱지', '농지딱지'로 불린다. 소련체제가 붕괴되고 러시아로 독립하는 과정에서 연방정부는 연방자산 총액을 성인 인구수로 나눈 뒤 도시 인민에게는 액면가 1만 루블의 증권을, 농민에게는 토지사유화증권, 즉, 농지와 초지 등 일정 면적을 소유하도록 하는 증권을 발행했는데 이것을 파이라 한다. 파이는 법률적으로 일종의 유가증권에 해당한다. 따라서 외국인도 파이를 구입할 수는 있지만 농지를 소유할 수 없다는 한계가 있다.

　파이 1건의 면적은 대체적으로 5~20ha 수준인데 이 중 80%는 농지, 20%는 초지로 구성된다. 러시아 농민 개인에게 5~20ha에 해당하는 파이를 여러 개 구입해서 3000~5000ha 규모의 농장을 설립하는 것은 결코 쉬운 일이 아니다. 파이를 구입하기 위해서는 중간 브로커의 역할이 필요하고 비용부담도 뒤따른다. 마을에서 직접 구매를 담당하는 일선 브로커와 이를 총괄하는 중간 브로커가 있는데 이들의 농간이 매우 심하다. 파이 가격 외에 브로커 2명의 수당과 지자체 토지위원회 등록비용, 법원등기소의 등기수수료 같은 비용이 든다. 브로커가 농민으로부터 확보한 파이를 법적으로 인수하는 절차는 현행 러시아연방법의 테두리 안에서 인정하는 합리적인 과정일 뿐이지 법에서 규정한 절차는 아니다.

　파이를 인수하는 절차는 매우 복잡하다. 먼저, 확보된 파이의 소유자 명부를 작성하고 매매계약서와 함께 파이를 법원에 등록한 후 파이 매매 사실을 주요 일간지에 공고한다. 공고일로부터 1개월이 경과하면 지자체 토지위원회로부터 필지분할승인을 받아 측량을 실시한다. 측량은 연해주 지역에 대한 측량권한을 가진 하바롭스크 연방보안국의 허가를 얻은 후 위성측량을 실시한다. 러시아의 농지는 위성으로 측량한다. 농지의 경계지점마다 길이 1.2m의 쇠파이프를 설치(지표 설정)한 후 위성촬영을 하여 지상의 좌표를 구해 지적도면에 표시하는 방식이다.

　측량이 끝나면 지적도를 지자체 토지위원회에 등록한 후 농지대장과 부속서류를 법원에 접수해 등기를 마치고 법원으로부터 농지소유권리증을 교부받는다. 여기까지의 절차는 모두 파이 소유자의 명의로 진행한다. 농지소유권리증을 교부받은 파이 소유자는 농지 관할 주소지에 법인을 설립하고 농지소유권을 모두 법인으로 이관한다. 농지소유권이 법인으로 모두 이관된 이후에는 법인의 주식과 지분에 대한 양도양수계약을 체결하고 주주명의를 변경한다. 이로써 모든 인수절차는 끝나게 된다.

법에서 보장한 밭의 파이는 현실적으로 앞에서 설명한 방법으로 거래가 이뤄지는데, 논의 경우는 밭과 다르다. 논에는 반드시 관개수로가 존재한다. 그런데 연방토지법은 관개수로를 연방정부의 자산으로 규정했다. 따라서 연방정부의 자산인 관개수로에 대해서는 파이가 성립되지 않는다. 그렇다면 관개수로와 종속관계에 있는 논 역시 파이가 성립되지 않아야 한다. 그러나 연방정부는 논에 대해서 파이를 발급함으로써 사유권을 인정하고 있다.

연해주에서 논이 집중되어 있는 항가 호수 주변의 농장은 파이가 전혀 없는 농장, 논의 일부만 파이로 교부한 농장, 논 전체를 파이로 교부한 농장 등 종류가 다양하다. 따라서 관개수로가 제대로 정비된 논과 그렇지 않은 논을 잘 구별해야 한다. 연해주의 관개수로는 시멘트 용·배수로가 아닌 1950년대식 토목 관개수로로, 대부분 토사가 침식되었거나 준설되지 않고 방치되어 있다.

연해주의 농업현실을 들여다보면 파이를 소유하고 있는 농민이라 하더라도 개별적으로 농사를 짓기란 불가능한 실정이다. 경제력이 없어 농기계를 운행할 수 없는 형편이기 때문이다. 연해주정부는 농촌의 이런 여건을 더 이상 방치할 수 없어 농민들의 파이를 회수해 영농의사가 있는 농업기업 또는 농장에 파이를 장기임대하고 있는 실정이다.

3) 노동법과 관련 제도

노동자의 노동계약

러시아연방 노동법에 따라 노동계약을 체결할 때에는 유의할 점이 많다. 러시아는 사회주의 전통과 노동자의 권익을 제도적으로 보호하는 전통이 아직까지 남아 있어 노동의 유연성이 떨어진다. 따라서 노동법을 정확하게 이해하고 있어야 불필요한 마찰을 피할 수 있다.

먼저 노동계약에 대해 알아보자. 2002년 개정된 노동법에서는 노동계약을 의무화했다. 노동계약은 장기 노동계약과 기한부 노동계약으로 구분되는데 2~3개월의 단기고용이라 할지라도 반드시 노동계약을 체결해야 한다. 기한부 노동계약의 계약기간은 5년을 초과할 수 없다. 노동계약서의 효력은 노사 양측이 계약서에 서명한 순간부터 발효된다. 만약 노동자가 계약서에 서명한 후 1주일이 지나도 출근하지 않을 경우에는 노동계약서가 무효처리된다.

특히 신입 노동자는 최초 3개월을 수습기간으로 계약하고 노동자의 전문성, 성실성, 적응력, 친화력 등을 철저히 관찰한 후 계약기간을 정하는 것이 일반적이다. 농장 사장, 영농책임자, 기계기사, 회계책임자 등 주요 관리자를 채용할 때에는 3개월의 수습기간을 마친 후 6개월까지 수습기간을 연장할 수 있다. 수습기간 동안 평가가 좋지 않으면 노동계약을 해지할 수 있다. 다만, 해고 3일 전까지 계약해지 사유와 내용을 서면으로 통보해야 하며, 이때 해고 노동자가 고용주의 결정에 불만이 있다면 법원에 제소할 수 있다.

그러나 노동자의 능력과 성실성 등을 인정하더라도 특별한 경우가 아니면 1년 단위로 고용계약을 맺는 것이 바람직하다. 러시아 노동자는 구소련 시절의 노동환경에 익숙한 나머지 지극히 이기적이며 개인주의적인 성향이 강하다. 노동자의 태도가 항상 양호한 것은 아니다. 지능적으로 회사에 해를 끼치거나 근무태도가 불량한 노동자라 하더라도 쉽게 해고하기가 어렵다. 이때 노동계약 기간이 만료되어 재계약을 체결할 시기에 재계약하지 않으면 자동 해고된다. 노동계약서에 계약기간을 명시하지 않은 경우는 통상적으로 피고용자와 장기계약을 체결한 것으로 본다. 노동계약기간이 끝난 후에도 노사 양측 모두 이의제기 또는 계약해지 요구를 하지 않거나 피고용자가 계속 출근하면 장기계약을 체결한 것으로 간주된다.

노동계약서는 법적인 구속력을 강제하기 때문에 매우 중요하다. 노동계약서에 의무적으로 기재해야 할 사항으로는 노동장소와 근무부서, 노동개시일, 직위, 담당 업무, 노동자의 권리와 의무, 월정급여와 상여금, 휴가일수 및 휴가신청절차 등이 있다. 노동계약을 체결할 때 노동자가 구비해야 하는 서류는 여권, 노동카드, 국가연금증명서, 졸업증명서, 자격증 등이다. 러시아정부는 내국인 모두에게 여권과 노동카드를 발급해준다. 여권은 한국의 주민등록증과 같이 신분증에 해당된다. 노동카드는 생애 첫 직장에서부터 마지막 직장까지 노동자의 근무기간, 근무태도, 징계사항 등을 상세하게 기록하고 서명 날인한 카드이다. 한국의 인사기록카드에 해당하는 노동카드는 첫 직장에서 발급받은 뒤 직장을 옮길 때마다 재취업하는 회사에 제출해야 한다.

러시아에서는 구두명령이 실효성을 갖지 못한다. 그러나 문서명령은 법적 구속력을 갖는다. 이 때문에 러시아 노동자는 문서명령을 가장 두려워한다. 문서로 명령 또는 지시하고, 문제가 발생할 경우 반드시 서면진술서를 징구해야 노동자를 통제하기가 용이하다. 특히 노동계약을 변경

할 때에는 2개월 전에 서면으로 통보해야 한다. 급여 변동, 노동계약 취소, 부서 변경, 시간 외 근무, 휴일근무, 출장 파견 등은 반드시 서면으로 통보하고 서면동의를 받아야 한다.

노동시간

옛 소비에트연방법은 집단농장의 근무일수를 60~100일로 의무화했다. 농민은 자신이 속한 집단농장으로부터 벗어날 수도 없었다. 농민에게는 여행에 필수적인 여권(신분증명서)과 거주증명서가 발급되지 않았기 때문이다. 제2차 세계대전 기간인 1941~1945년에는 농민들이 휴가 없이 1일 11시간(주 77시간)씩 강제노동을 해야 했다. 농민들의 강제노동은 노동법이 아닌 형사법에 따라 규정되었다. 이는 전시에 국가의 식량을 안정적으로 확보하기 위한 조치였다.

소련이 붕괴된 이후 러시아의 근무형태는 주 5일제로 바뀌었다. 노동법상 시간 외 근무는 하루 4시간, 주당 16시간의 범위 내에서 가능하다. 회사의 요청으로 시간 외 근무를 할 경우에는 2일 연속 4시간을 초과할 수 없으며 연중 120시간을 초과할 수 없다.

그러나 농번기인 파종기나 수확기에는 법정휴일인 토·일요일과 국경일에도 노동자는 일을 해야 한다. 반대로 농한기에는 노동자 대부분이 일이 없어 쉬어야 한다. 따라서 농업법인이 노동계약을 맺을 때는 농업의 특수성을 고려해 농번기와 농한기의 상황을 공동으로 인식하고 충분한 협의를 거쳐 단체협약을 체결하는 방식을 취해야 한다. 연해주의 농업법인 노동자는 대부분 농한기인 1~2월 사이에 집단휴가를 갖는다. 노동자 대부분이 농민이고 농업에 대한 특성을 잘 알고 있어 특별한 분쟁은 없다.

노동법에 따르면 노동자의 연간 휴가기간은 최소 28일이며, 최대 휴가

일수는 명시하지 않고 있다. 신입사원은 취업 후 6개월이 지나야 휴가를 사용할 수 있으며 휴가는 분리 실시할 수 있다. 휴가를 여러 차례 나눠 사용하더라도 최소 1회는 연속 14일 이상 사용해야 한다. 노동자의 사정으로 사용하지 않은 휴가는 다음 해로 이월되거나 금전으로 보상되지 않지만 회사의 사정으로 사용하지 못한 휴가는 다음 해로 이월된다.

여성노동자의 출산휴가는 출산 전 최소 70일의 유급휴가와 출산 후 추가 70일의 유급휴가로 보장되어 있다. 특히 본인이 원하면 육아휴가를 최장 3년간 무급으로 허용해야 한다. 이는 사실상 육아휴직과 다름없다. 또한 노동자가 병원진료를 받은 후 의료증빙서류를 회사에 제출할 경우에는 병가휴가를 부여하고 병가수당을 지급해야 한다.

최저생계비와 최저임금

노동자들의 최저임금은 정부가 정한 최저생계비 이상이어야 한다. 2009년 연해주정부가 제시한 최저생계비 수준의 임금은 월 8300루블(33만 원 수준)이었는데 2010년에는 11.5%가 상승한 9300루블(37만 원 수준)로 인상되었다. 체불임금에 대해서는 '월급여액×체불일수×중앙은행 이자율' 이상을 지급해야 하며 15일 이상 체불 시에는 노동자가 고용주에게 서면통보한 후 체불임금을 받을 때까지 노동을 중지할 권한이 있다. 고용주 사정으로 노동을 하지 못할 때에는 고용주가 평균 임금의 3분의 2를 보상해야 한다. 급여는 원칙적으로 현금으로 지급해야 하는데 현물지급이 필요한 경우에는 급여의 20%를 초과할 수 없으며 이때에는 노동자의 서면동의가 필수적으로 요구된다. 구소련 시절에는 집단농장에 소속된 농민에게 보수로 금전보다 현물을 지급하는 것이 일반적이었다. 하지만 1965년부터는 임금을 금전으로 지급하는 것을 원칙으로 규정하고 있다.

외국인 노동자의 고용

러시아에 설립한 한국 회사에 한국인이 취업하려면 반드시 노동이민국의 노동비자를 받아야 한다. 다만, 2013년 11월 한·러정상회담 이후로는 러시아 여행이 무비자로 전환되었다. 그동안 러시아 비자를 발급받으려면 러시아 연방정부 법무부의 승인을 얻어야 하는 등 매우 까다로운 절차를 밟아야 했다. 비자를 받는 데 길게는 1개월이 소요되기도 했는데 비자문제가 해결되어 러시아로 입국하기가 한결 수월해졌다.

그렇다면 여기서는 노동자 고용문제에 대해 알아보자. 현지 법인을 설립한 한국인 사장이라 하더라도 노동비자 없이는 법적으로 취업이 불가능하다. 그동안에는 비자 승인과 초청장 발급업무를 법무부가 소재한 모스크바에서 담당하다 보니 비자 발급에 어려움이 있었다. 이 문제를 해결하기 위해 2009년 8월, 연방법무부 국립등록청 극동지청이 블라디보스토크에 개설되었다. 국립등록청 극동지청에서는 외국지사 및 대표사무소 등록, 외국인 노동비자 발급 업무를 담당함으로써 비자업무가 획기적으로 개선되었다.

노동비자는 통상 5월 말까지 노동이민국에 신청하면 다음 해 5월경 노동인력 쿼터를 배정받은 뒤 발급된다. 이처럼 노동비자를 심사하는 데 최소 1년이 소요되고 쿼터 배정비율도 30~40%에 그쳐 여전히 노동비자를 취득하기가 어렵다. 이는 연해주 해외농업에 진출한 한국의 대순진리회에서 2008년 46명이 노동비자를 신청했으나 이 중 22명만 노동비자를 발급받은 사례에서도 잘 드러난다.

러시아 연방정부는 이 문제를 해결하기 위해 2010년 7월 1일 「외국인의 법적지위에 관한 법률」을 개정했다. 이 개정안에서는 먼저 전문가 우대정책을 도입했다. 「외국인의 법적지위에 관한 법률」 제13-2조 제1항에서는 특정 분야의 경험, 기술, 성과를 보유한 사람으로 연봉이 200만 루블(약 7300만 원) 이상인 사람을 전문가로 정의했다. 이 법안에서는 고용주가 독자적으로 고용하려는 외국인이 전문가에 해당되는지 여부를 평가하고 몇 가지 우대방안을 규정했다.

첫째, 노동허가기간을 확대하고 쿼터 적용을 면제했다. 일반 외국인 노동자의 노동허가기간은 1년이지만 전문가는 최장 3년까지 노동허가기간을 부여했다(동법 제13-2조 제12항). 또한 일반 외국인 노동자는 연간 외국인 노동허가 쿼터의 적용을 받으나 전문가에 대해서는 이러한 쿼터 제한을 면제했다(동법 제13-2조 제2항).

둘째, 전문가의 배우자 및 자녀에게도 동일한 체류기간을 부여했다. 전문가의 동반가족(배우자, 미성년 자녀, 장애인 등 부양이 필요한 성인자녀)에게도 본인이 받은 노동허가기간과 동일한 체류기간(최장 3년)을 부여한 것이다(동법 제13-2조 제11항).

셋째, 자유로운 이직을 허용했다. 일반 외국인 노동자는 고용주가 사업을 중단하면 노동허가 유효기간이 3개월 이상 남은 경우에 한해서 남은 유효기간 동안 다른 고용주와 노동계약을 체결할 수 있다(동법 제18조 제13항). 그러나 전문가는 노동계약이 종료된 후 30일 이내에 다른 고용주와 노동계약을 체결하면 다시 노동허가를 받을 수 있다. 단, 노동허가기간은 이전에 받았던 노동허가기간의 잔여기간으로 한정했다(동법 제13-2조 제11항).

넷째, 러시아 내에서의 체류기간 연장을 허용했다. 일반 외국인 노동자는 매년 노동허가를 갱신한 후 본국의 러시아대사관(한국 국민의 경우 주한러시아대사관)에서 비자를 연장해야 한다. 그러나 전문가 및 동반 가족은 러시아 내에서의 체류기간을 최장 3년까지 연장할 수 있다(동법 제13-2조

제11항).

다섯째, 충분한 출국준비기간을 부여했다. 전문가는 고용계약이 종료된 후 30일 이내에 새로운 노동계약을 체결하지 못하면 30일(구직기간)이 만료된 날로부터 1개월 이내에 러시아를 출국하면 된다(동법 제13-2조 제11항).

여섯째, 노동허가 및 비자연장 신청서 심사기간을 단축했다. 이민당국은 노동허가 신청을 접수한 날로부터 14일 이내에 노동허가 신청 및 비자연장 신청을 심사하도록 했다(동법 제13-2조 제9항).

일곱째, 세금감면혜택을 부여했다. 일반 외국인 근로자는 러시아연방에 체류한 기간이 세금부과일로부터 182일 이내인 경우에는 소득액의 30%를, 183일 이상인 경우에는 소득액의 13%를 소득세로 납부하고 있다. 그러나 전문가는 러시아 체류기간에 관계없이 러시아연방 국민과 동일하게 13%의 세금을 납부하도록 했다(연방국세법 제2조 제3항).

여덟째, 노동허가 면제대상을 확대했다. 러시아연방 내 공인된 외국법인의 대표부 직원으로서 법인 공인 당시 인정된 채용인원에 한해서 노동허가를 면제했다. 이는 러시아연방이 체결한 국제조약의 상호주의원칙에 근거한다(동법 제13조 제4항). 외국법인 대표부란 외국에 본사가 있고 그 본사에서 러시아연방에 대표사무소를 설치한 경우로, 러시아연방 법무부 산하 국가등록청 또는 상공회의소에 등록된 외국법인을 말한다.

마지막으로, 고용허가를 면제했다. 고용주가 외국인 고용허가를 받지 않았더라도 무사증 절차에 따라 러시아연방에 입국한 외국인 전문가를 고용 또는 사용할 수 있도록 했다(동법 제13조 제4항, 제5항). 또한 러시아연방에 입국한 외국인은 무사증 절차에 따라 노동허가증 발급 시 사진촬영 및 지문등록을 해야 할 의무가 있으나 외국인 전문가는 이를 면제했다(동법 제13조 제4항, 제6항). 하지만 우리나라만 이와 같은 우대정책에서 제외되어 있다.

고용자의 노동계약 효력정지 권한

노동계약 위반은 노사 양측 모두 할 수 있다. 그러나 노동자가 계약을 위반하는 경우가 대부분이다. 계약에 위반되는 사례로는 노동계약 시 허위서류 제출, 고용자 재산에 대한 고의적 파괴, 합당한 이유 없는 결근, 음주상태에서의 근무, 회사의 비밀 폭로, 고용자의 내부 비밀정보 공개, 영리목적의 정보유출, 절도, 노동자의 준수사항 불이행 등을 들 수 있다.

한편 고용자의 귀책사유로는 회사의 자산 변동에 의한 주주 변동, 과잉 고용에 따른 감원, 기업 해산, 의료진단서에 규정된 건강상의 문제, 관리자의 노동책임 위반, 회계담당자로 인한 회사 신용 실추 등을 들 수 있다. 이 같은 경우에는 고용자에 대한 통제수단으로 노동계약서의 효력을 정지시킬 수 있다. 따라서 예측 가능한 모든 노동계약 위반사항을 노동계약서에 명시해야만 고용자의 권한행사 및 노사관계의 범위를 더욱 확실하게 확립할 수 있다.

노동계약을 종결하는 것이 제약되는 경우도 있다. 여성노동자 중 임산부, 3세 이하의 유아를 가진 여성, 14세 이하의 자녀 또는 16세 이하의 장애아를 부양하고 있는 독신 여성, 18세 미만의 노동자로서 새로운 직장이 제공되지 않는 노동자에 대해서는 노동계약의 종결이 제약된다.

한국농업의 연해주 진출 실상

1. 연해주 진출의 물꼬를 튼 두 기업

1990년 한·러 국교가 수교된 이후 1991년부터 2000년 전후까지 한국 기업 및 농업 관련 단체들이 앞다퉈 연해주로 진출했다. 이는 우리 민족이 집단으로 연해주에 진출했던 1863년 이후 130여 년만의 일이다. 그러나 한국정부의 농림부를 비롯한 관련 부처는 해외농업은 물론 연해주의 농업환경에 대해 관심조차 없었다. 이 무렵 미국으로부터 쌀 수입 개방을 강요받고 있던 정부는 폭발 직전의 농민 여론과 민심의 향배에 전전긍긍하고 있었다. 이 때문에 해외농업개발은 정책적 접근조차 어려웠다. 한·러 양국이 외교적 협력체계를 구축하겠다는 합의하에 치밀하고 정확한 정보를 바탕으로 추진해야 할 해외농업개발을 정부가 방치하는 상황에서 일부 농업 전문가와 민간 업체는 해외농업개발을 추진하려는 움직임을 보이고 있었다.

1) 대륙종합개발과 장덕진

1988년 여름, 당시 농업진흥공사(현 한국농어촌공사) 사외이사였던 김성훈 중앙대 교수는 학술회의차 중국을 방문하고 돌아온 후 '중국 식량기지화 사업'을 구상했다. 중국이 개방되면 값싼 노동력과 광활한 농지를 이용해 식량기지의 꿈을 실현할 수 있을 것이라는 발상이었다. 이에 농업진흥공사는 20여 명의 전문가로 구성된 조사단을 중국에 파견해 타당성 조사를 마쳤다. 이를 토대로 그해 12월 헤이룽장(黑龍江)성 삼강평원에 3만 8000ha의 농지를 조성하고 농장을 운영하기 위한 사업계획을 수립해 헤이룽장 성과 양해각서를 체결했다.

그러나 당시는 중국과 수교가 맺어지지 않은 상황이라서 정부투자기관이 막대한 자금을 투자한다는 것은 적절하지 않다는 농림부 의견에 따라 계획이 무산될 위기에 놓였다. 중국과 양해각서까지 체결했던 프로젝트를 농림부의 부정적인 의견에 따라 더 이상 추진할 수 없게 되자 급기야 1990년 1월 당시 농업진흥공사 이사장이던 장덕진(30대 농림부 장관)이 대륙종합개발이라는 회사를 설립했다. 이에 장덕진은 대륙종합개발의 초대 회장으로, 김민철(농업진흥공사 조사과장)은 대표이사로 취임했다.

대륙종합개발은 법인등록을 마친 후 중국 진출을 서두르는 한편, 연해주의 농업투자 타당성을 분석하기 위해 1990년 6월 연해주 우수리스크 지역과 핫산 지역에 약 한 달 동안 조사단을 파견했다. 당시 조사단은 농업진흥공사의 해외사업처장인 신동수와 조사과장인 김민철이 주축을 이루고 있었다. 대륙종합개발은 이후 연해주 지역을 두세 차례 더 조사했지만 중국의 농업환경이 연해주보다 유리하다고 판단, 1991년 삼강평원에 농장을 개발하기 위해 중국으로 진출했다.

대륙종합개발과 헤이룽장 성 정부는 각각 31억 1647만 원씩 출자해 현지에 합자법인을 세웠다. 합자법인은 중국 하얼빈 시 삼강평원 일대의 농지 3만 8000ha를 40년간 임대했는데, 생산물의 50%는 한국으로 수입하는 파격적인 조건이었다. 토지 임대료는 연간 1140만 원(당시 환율로 계산)이었다. 이 합자법인은 1991년 중국 국가계획위원회와 한국은행의 투자 승인을 얻었다.

중국으로 진출한 후 첫해인 1992년에는 1만 3200ha를 개간해 3510ha의 땅에서 콩 2975톤, 밀 3225톤 등 곡물 6582톤을 생산함으로써 상당한 성과를 올렸다. 그러나 1996년 추가 투자를 위해서 2200만 달러 상당의 자금을 차입하려 했지만 자금조달에 어려움을 겪었고, 결국 그해 5월 현지 직원을 철수시키고 개간한 땅을 현지 농민에게 임대했다. 하지만 1997년 외환위기가 터지면서 중국으로의 복귀는 계속 미뤄졌고 지금까지 위탁 영농을 계속하고 있다. 귀국 후 한국농어촌공사의 계약직으로 복귀한 김민철 사장은 2010년 8월 나에게 직접 당시 상황을 증언했다.

2) 고려합섬과 장치혁

대륙종합개발은 연해주 해외농업개발의 타당성을 조사하기 위해 연해주를 공식 방문한 한국 최초의 민간단체였다. 그러나 연해주에 직접 투자하고 최초로 영농을 시작한 기업은 고려합섬이다. 고려합섬의 회장인 장치혁은 극동러시아, 그중에서도 특히 연해주에 큰 족적을 남겼다. 1992년 8월 '한·러 극동시베리아협회'를 설립하고 그해 제1차 한·러 극동회의를 서울에서 개최한 이래 매년 서울과 극동러시아 지역을 번갈아가며 합동총회를 개최해 양국의 경제협력을 추진하고 있다.

장치혁의 부친은 독립운동가 장도빈이다. 장도빈은 연해주 망명 시절 천년 가까이 잠자고 있던 발해를 처음으로 찾아낸 역사학자이다. 블라디보스토크 신한촌(新韓村)에서 신채호, 최재형, 홍범도, 이동휘, 이상설, 안정근(안중근의 동생) 등 독립투사들과 교류하며 ≪권업신문≫의 논설을 맡기도 했다. 이런 연고로 장치혁은 선친의 영향을 받아 연해주에 대한 애착이 많았다고 주위 사람들은 전하고 있다.

장치혁은 1993년에 러시아 기업인 24명을 서울로 초청해 자본주의 시장경제에 대한 연수회를 개최했다. 그리고 그해 11월에는 한국의 금융 전문가를 블라디보스토크에 파견해 극동러시아 지역 금융인 100명을 초청한 뒤 시장경제에서의 금융업무와 국제거래기법을 전수시켰다. 1994년 서울에서 개최된 제3차 한·러 극동회의에서는 나홋카 공업단지 건설계획도 발표했다. 경제활동과는 별개로 우수리스크 농업연구소에 대한 연구지원, 모스크바대학에 국제한국학센터 건립, 러시아 학생들에 대한 장학금 지원, 심장병 어린이 30명 무료 진료 등 각 분야에서 왕성한 사회공헌 활동을 펼쳤다. 이를 인정한 러시아정부는 1996년 장치혁에게 우호훈장을 수여하기도 했다.

이러한 장치혁의 활동은 한·러 국교가 수교된 직후 양국의 우호증진과 경제협력, 특히 연해주정부와의 경제협력에 지대한 영향을 미쳤다. 그뿐만 아니라 장치혁은 연해주에서 우리 민족의 역사를 발굴하고 조명하는데 앞장서면서 연해주정부의 적극적인 협력을 유도했다. 그 결과 1992년 연해주 미하일로브카 군에 있는 크레모바 농장의 지분 50%를 인수했으며, 1993년에는 고려학술문화재단을 설립하고 연해주 일대의 발해 유적지와 독립운동 유적지를 발굴하기 시작했다.

1995년에는 블라디보스토크에 있는 러시아국립극동대학교에 한국어대학교 건물을 신축했다. 지상 5층, 지하 1층, 연건평 950평의 이 대학은 5년제 정규학과로 한국어학과, 한국역사학과, 한국경제학과 등 3개의 단과대학이 있으며 학생도 300여 명에 이른다. 또한 연해주로 재이주하는 고려인을 돕기 위해 우수리스크에 설립된 단체인 고려인재생기금에 건물을 기증했다. 또한 장치혁은 안중근 의사의 단지동맹 기념비와 이상설 선생의 유허비도 건립했다.

결과적으로 장치혁의 헌신적인 경제·문화 교류협력은 국교 정상화 이후 러시아정부와의 우호적인 관계설정에 지대한 영향을 끼쳤다. 특히 극동러시아 각 지역은 물론 연해주정부 관료들과의 우호적인 협력을 통해 한국 기업과 단체들이 연해주에 연착륙하는 데 크게 기여했다. 지금은 매각해 없어졌지만 한국통신(KT)의 연해주 통신시장 석권, LG·삼성·대우의 가전제품과 IT산업의 진출, 건축자재를 포함한 소비재의 시장 진출에도 장치혁의 활동은 큰 영향을 끼쳤다. 이러한 관점에서 보면 장치혁의 고려합섬이 연해주 농업에 진출한 것은 한국의 기업과 단체가 연해주 농업개발에 참여하는 데 매우 긍정적인 요인으로 작용했다.

고려합섬의 연해주 진출과정 및 결과를 좀 더 상세히 살펴보면 다음과 같다. 고려합섬의 장치혁은 1992년 연해주 미하일로브카 군에 있는 크레모바 농장의 지분 50%를 인수했다. 시험재배 첫해인 1993년에는 한국 종자인 토마토, 오이, 수박 참외를 재배해 450kg을 생산했다. 1994년에는 연해주농업과학연구소와 함께 콩 20ha를 시험재배하며 연해주에서의 영농 가능성을 검토했다. 고려합섬은 시험재배를 통해 얻은 자신감으로 1995년 5월 현지 영농 합작회사인 프림코를 설립했다. 고려합섬은 미하일로브카의 크레모바 농장 1만 3000ha, 순야센 농장 1만 2000ha 등 2만 5000ha의 농지를 확보하고 현지 법인과 50 대 50의 지분투자방식으로 계약했다. 고려합섬은 영농자금 233만 달러를 현금투자하고 러시아 현지 법인은 농지와 농기계, 농자재 등 현물을 프림코에 투자한 것이다.

그러나 의문점이 있었다. 고려합섬은 1995년 현금 233억 달러를 투자했는데도 1996년 이후 경작실적이 전혀 없었다. 이에 대해서는 우수리스크에 거주하는 고려인 최 나타샤에게서 매우 구체적인 증언을 들을 수 있었다. 최 나타샤는 "크레모바 농장은 구소련 시절 이미 파산된 농장으로 노동자들의 임금이 수년간 체불되어 있었다. 고려합섬이 투자한 현금은 체불임금을 비롯한 농장의 부채청산에 우선 집행됐다. 부채를 청산하다 보니 정작 영농자금이 없었다"라고 증언했다.

러시아연방법은 인수법인의 부채(체불임금 등 노동자의 부채, 법인세 등 국세, 전기세 등 국가부채)를 승계할 경우 부채를 우선 변제하도록 규정하고 있다. 하지만 당시 고려합섬 관계자의 증언을 입수하지 못해 이것이 사실인지 입증할 수는 없었다. 다만, 마을 사람들이 나타샤의 말에 부합하는 증언을 한 것으로 보아 고려합섬의 투자금이 부채청산에 우선 집행된 것은 사실인 듯하다.

또 하나 의문점은 고려합섬이 사실상 1998년에 철수했는데 왜 1999년 이후에도 크레모바 농장의 법인이 존속되었는가 하는 것이었다. IMF를 맞아 고려합섬이 워크아웃 상태에서 모두 철수하고 말았지만 지분은 처분하지 않았기 때문에 법적으로 해산상태는 아니었다. 이에 대해 동북아평화연대 집행위원장 김현동은 "고려합섬이 운영을 포기한 크레모바 농장의 프림코 지분 54.6%를 동북아평화연대에서 2007년 10월 인수했다. 원래는 4200ha 규모의 농장이었지만 약 10년간 방치되어 720ha의 농지만 남고 나머지는 군에 반납하거나 개인에게 이전된 상태였다"라고 밝혔다.

고려합섬의 법적 파산 시기는 프림코 지분을 동북아평화연대에 양도

했던 2007년이며 철수 시기는 농장운영이 사실상 중단된 1998년이다. 여러 상황을 종합할 때 IMF체제에서 겪은 재정난과 현금투자액 전액을 농장의 체불임금 등 부채탕감에 사용한 것이 파산의 직접적인 원인인 것으로 보인다. 그럼에도 한국 최초의 연해주 진출 기업인 고려합섬은 후발기업이 러시아 집단농장의 운영상의 문제점과 조방농업의 특성은 물론 연해주의 농업현황을 파악하는 데 많은 도움을 주었다. 특히 농장을 인수할 때에는 체불임금 등 부채현황과 고용승계조건 등을 면밀히 검토해야 한다는 교훈을 남겼다.

2. 연해주 진출 기업의 실패 사례

1992년 고려합섬이 연해주에 진출한 이래 2010년까지 모두 20개 업체가 연해주에 진출했다. 그중 10개 업체가 영농을 중단하고 한국으로 철수했다. 철수한 업체는 (주)고려합섬, (주)대경, (주)대아산업, (주)신성산연, (사)대한주택건설협회, (사)새마을운동중앙회, (사)농촌지도자중앙연합회, (사)한국농업경영인회 경기도연합회, 오리엔탈(길훈 드루지바), 발해영농 등이다.

25년 전의 상황을 추적해 연해주 진출에 실패한 원인을 파악하는 데에는 많은 어려움이 뒤따랐다. 당시의 기록이 없고 일부 연구자가 언급한 사실도 지극히 제한적인데다가 객관적으로 검증할 방법도 없었기 때문이다. 그럼에도 나는 당시의 국내 언론보도와 현장증언을 토대로 미흡하나마 연해주 진출에 실패한 원인을 재구성하고자 노력했다.

철수 기업들의 실패원인을 분석하는 데에도 한계가 있었다. 한국농어촌공사와 농촌경제연구원이 발표한 연해주 철수 기업의 정보 및 일부 학자들의 관련 주장을 검증하는 과정에서 놀랍게도 대부분의 정보가 사실에 입각한 내용이 아님을 알 수 있었기 때문이다. 이처럼 허구에 찬 내용이 국내 학계에 보고된 것은 연해주 진출 농업 역사의 연구에 가장 큰 오점으로 기록될 것으로 보인다.

주블라디보스토크 한국총영사관에도 농업 관련 자료는 전무했다. 한국농어촌공사뿐 아니라 현지 조사차 연해주를 방문한 한국 농업 관계자들도 언어장벽으로 인해 연해주 농업에 대한 정보를 입수할 방법이 없었다. 이런 상황에서 정보입수의 유일한 창구는 대순진리회를 비롯해 서울과 연해주를 왕래하거나 현지에서 거주하고 있는 한국인 브로커들뿐이었다. 이 때문에 한국농어촌공사의 현지조사단은 물론 일부 학계에서도 한국 기업을 연해주에 소개하고 실익을 챙기는 브로커로부터 입수한 뜬구름 잡는 식의 정보를 가감 없이 보고서에 인용하게 되었다. 이 같은 허구성 정보는 이후 연구자들을 통해 인용, 재인용되면서 진실로 인식되고 있다. 참으로 통탄스럽고 부끄러운 일이 아닐 수 없다. 브로커들의 농간으로 인한 후유증이 얼마나 큰지를 정부당국은 알고 있는지 궁금하다. 연해주 진출에 실패한 기업들의 사례를 보면 다음과 같다.

1) (주)대경

(주)대경에 대한 기업정보는 전혀 없다. 그럼에도 한국농어촌공사는 1997년에 "1996년 우수리스크 스태프노예 농장 3000ha를 임대해 1997년 1000ha에 옥수수를 재배했고 1999년에는 콩 500톤을 수출했다. 대경이 크게 이익을 본 것은 장미 3000포기를 재배하여 판매한 것이다. 대경은

영농 첫해에 200명의 북한 노동자를 고용했던 경험이 있다"라고 보고했다. 이 같은 내용은 매우 충격적이다.

우선 객관적인 기업정보가 전혀 없는 상태에서 이러한 자료를 입수한 출처조차 밝히지 못하고 있다. 연해주정부의 공식기록에 따르면 콩을 수출한 사례는 전혀 없다. 그럼에도 콩 500톤을 수출했다는 것이다. 연해주는 겨울에 지표가 70cm가량 얼어버릴 정도로 강추위가 계속되기 때문에 시설재배는 근본적으로 어렵다. 이 때문에 시설원예나 시설화훼는 꿈도 꾸지 못한다. 조방농업을 통한 작물 재배가 연해주의 경작방식인데도 장미 3000포기를 재배해서 큰돈을 벌었다니, 이런 기상천외한 일이 어디 있는가. 게다가 노동비자 발급이 어려운 현실에서 북한 노동자 200명을 고용했다니 이 또한 납득할 수 없는 일이다.

2) 대한주택건설협회

대한주택건설협회는 중앙아시아에서 이주한 고려인 정착촌인 우정마을에 주택건설을 지원했다. 제3대 회장 박길훈은 1998년 5월 당시 15억 원을 투자해서 '연해주 한인동포재활기금'을 설립하고 1998년부터 2000년까지 고려인 정착촌 보수사업을 지원하면서 고려인에게 영농자금을 지원했으며 고려인 한글학교에도 지원을 아끼지 않았다. 이와 함께 24억 원을 들여 30동의 주택을 신축하고 중앙아시아에서 이주한 고려인을 정착하게 했는데, 이것이 미하일로브카 우정마을이다. 우정마을에는 현재 33가구에 100여 명이 살고 있는데 우즈베키스탄 출신 고려인이 5가구, 가자흐스탄 출신 고려인이 20가구, 러시아인이 6가구, 한국인이 2가구이다. 2004년부터 동북아평화연대가 상주하면서 문화사업 프로그램을 진행하고 있다.

협회는 주택지원 사업과는 별도로 1999년에 미하일로브카 군 아브라모브카 마을의 말리-두부키 농장 1000ha를 임대하여 우정농장을 만들었다. 우정농장은 이주 고려인이 경작하는 농장으로 우정마을과 복합체를 이루고 있다. 우정농장은 콩, 옥수수, 메밀 등을 생산하고 있으며 마을 주민의 식용을 목적으로 돼지와 닭도 사육하고 있다. 그러나 협회의 우정농장 관리자들은 2005년 2월 철수했으며, 같은 해 3월 박길훈 회장의 사위가 운영하는 오리엔탈(길훈 드루지바)이 농장을 승계했지만 이후 수익성을 창출하지 못하고 이 기업 역시 철수하고 말았다.

3) 새마을운동중앙회

2005년에 발표된 농업기반공사 보고서에는 새마을운동중앙회가 "1997년 호롤 페트로비치 농장(4900ha)과 시바코브카 농장(5400ha)을 49년간 임대하여 2년간 북방농업연구소에 시험재배를 위탁했다. 순수 영농비로 160만 달러, 집단가축사육비로 5만 달러, 가축신용사업지로 3만 달러를 지불하는 등 모두 168만 달러를 투자했다"라고 기록되어 있다.

이 내용은 1999년에 발표한 국제농업개발원의 자료를 그대로 인용한 것이다. 농업기반공사는 이 자료의 출처를 밝히지 않았지만 이광규는 자신의 저서 『우리에게 연해주란 무엇인가』에서 이 자료의 출처를 이병화로 밝히고 있다. 결론적으로 농업기반공사는 현지 조사에 대한 객관적인 검증절차 없이 이병화의 주장을 그대로 인용함으로써 오류를 범했다.

새마을운동중앙회가 왜 연해주에서의 사업에 실패했는지, 왜 연해주에서 철수했는지에 대한 이유는 정확히 알 수 없다. 다만, 서울대학교 김완배 교수는 2009년 10월 「해외농업자원 개발의 현황과 제언」에서 "벼 재배에 부적합한 농지 선택, 기후조건을 고려하지 못한 종자 선택, 대형 농기계 및 전문 인력 확보의 어려움으로 사업을 중단했다"라고 밝힌 바 있다.

1997년 연해주에 파견되어 콩과 메밀농사를 지휘했던 황창영 새마을 운동중앙회 국제협력팀장은 2008년 5월 ≪중앙일보≫와의 인터뷰에서 "기후, 장비, 인력 면에서 불리했다. 연해주를 너무 몰랐다"라는 점을 가장 큰 실패원인으로 꼽았다. 연해주를 너무 몰랐다고 증언한 것은 무엇을 의미하는가? 이는 사전에 아무런 검토나 준비 없이 온갖 감언이설로 현혹하는 브로커들의 말만 믿고 연해주에 진출했던 업체들이 공통적으로 털어놓는 이야기이다. 결국 새마을운동중앙회는 사전준비 부족, 현지 영농경험 부족, 기후 및 장비 문제로 더 이상 버티지 못하고 2001년 12월 철수하고 만 것이다.

4) 농촌지도자중앙연합회

농업기반공사가 2005년 발표한 조사보고서에 따르면 "연합회는 바지모브카 농장을 1999~2001년까지 3년간 계약재배했다. 1999년에는 100ha, 2000년에는 500ha, 2001년에는 1000ha에 벼와 콩을 윤작했다. 콩 수확량은 1ha당 2.2톤으로 극동러시아 단위면적당 가장 높은 수확량으로 나타났다"라고 적혀 있다. 농업기반공사는 이 자료의 출처를 밝히지 않았지만 이 역시 1999년 국제농업개발원 이병화가 발표한 내용을 그대로 인용한 것으로 판단된다. 이광규도 자신의 저서에서 이 내용의 출처를 이병화로 밝히고 있다.

내가 확인한 바에 따르면, 1998년 12월 17일 연합회는 당시 한국을 방문 중이던 연해주 체르니코브카 군수와 협의하여 항카 호 주변의 바지모브카 농장 4500ha를 50년간 임대하기로 계약을 체결했다. 하지만 연합회도 연해주 정착에 실패하고 철수하고 말았다. 연합회 김진범 사무총장은 2008년 4월 25일 ≪농업인신문≫과의 인터뷰에서 "계약기간이 50년이었는데도 갑자기 러시아에서 토지를 환수해 사업을 포기했다"라고 밝혔다.

그러나 토지환수로 인해 사업을 포기했다는 김 총장의 해명은 객관적으로 납득하기 어렵다. 바지모브카 농장은 체르니코브카 군 소유의 농장이므로 러시아정부가 환수할 권한이 없다. 러시아연방법상 49년 장기임대계약을 체결함과 동시에 법원에 임대권리를 등기하면 그 토지는 법적보호를 받는다. 그렇다면 사업에 실패한 이유가 무엇인지 의문스럽다. 이역시 아무런 정보 없이 브로커의 말만 믿고 준비가 부족한 상태에서 사업에 착수한 탓에 현지 적응을 못한 결과로 귀결된다. 특히 3년간 벼와 콩을 윤작했다는 것은 사실상 날조에 가깝다. 지대가 낮아 논이 항상 물에 잠겨 있는데 이런 땅에 콩을 심는다는 것은 말이 안 된다.

5) 남양알로에

2005년 발표한 농업기반공사의 조사보고서에서는 "1998년 호롤 군의 벼 생산농장 노보제비찬스키 농장 5400ha와 루가보예 농장 3000ha 등 2개 농장 8400ha를 50년간 임대하고 현지 법인 유니베라-러시아를 설립해 위탁영농을 시작했다. 남양알로에는 1999년 1월 벼 180톤을 북한의 개선무역주식회사인 광명성총국을 통해 구상무역해 북한을 지원한 바 있다"라고 밝혔다.

그러나 농업기반공사는 자료의 출처를 쓰지 않았다. 2008년 이광규는 농업기반공사 보고서와 전문이 일치하는 자료를 자신의 저서에 인용하면서 출처를 국제농업개발원(1999)으로 분명히 밝히고 있다. 결과적으로 농업기반공사는 국제농업개발원 이병화의 주장을 검증 없이 그대로 인용한 것으로 확인되었다.

따라서 남양알로에가 1999년 1월에 벼 180톤을 북한의 개선무역주식회사인 광명성총국을 통해 구상무역했다는 국제농업개발원의 주장을 검증해야 한다. 이는 연해주에서 한국인이 생산한 쌀을 최초로 북한에 지원한 사례이기 때문이다. 국제농업개발원의 주장대로 1999년 1월 북한에 벼 180톤을 지원했다면 진출 첫해인 1998년에 벼농사를 시작했다는 말이다. 그런데 농촌경제연구원 김경덕 등은 남양알로에가 1999년 11월 호롤군의 농지 8400ha를 임차계약하고 벼, 콩 등을 재배했다고 밝힘으로써 1월 북한지원설을 원천적으로 일축한다. 따라서 이병화와 김경덕의 주장은 상호 충돌한다.

내가 남양알로에와 유니베라 홈페이지를 검색한 결과 두 회사의 연혁에서 결정적인 근거가 나왔다. 남양알로에와 유니베라가 1999년 3월 러시아 연해주에서 영농사업 조인식을 가진 기록이 남아 있었던 것이다. 그뿐만 아니라 2009년 5월 19일 농림수산식품부와 한국농어촌공사가 주관한 2009년도 해외농업개발 워크숍에서도 (주)남양은 「러시아 해외농업개발 사업계획서」를 통해 1999년에 연해주에 진출했음을 명백하게 밝히고 있다.

이처럼 남양알로에는 1999년 3월 연해주에 진출한 것이 명백하므로 진출 직전인 1999년 1월에 벼 180톤을 북한에 지원했다는 이병화의 주장은 어떤 이유로도 설명되지 않는다. 이는 물리적으로 도저히 성립될 수 없는 일이다.

이병화는 2005년 10월 22일 발표한 「연해주 진출 기업들」이라는 글에서 "1999년 3월, 남양알로에가 처음이자 마지막으로 생산한 벼 186톤을 3개 화차에 싣고 북한 개선무역공사로 교역 차원에서 전달했다"라고 밝혔다. 또 2004년 6월 5일 자신의 블로그에 「연해주 농업환경과 고려인의 역할」이라는 제목으로 글을 올려 "1997~2000년 사이 연해주에서 한국 회사가 영농한 벼를 28차례나 북한에 인도적 차원에서 지원했다. 벼 수매 자금은 대통령 특별기금(북한식량자원자금)으로 충당했다"라고 밝혔다. 이 시기는 김대중 대통령이 집권하던 시절이다. 이병화의 주장에 대해 당시 박지원 대통령 비서실장은 듣지도 보지도 못한 말이라며 일축했다.

이병화는 또 2008년 6월 16일 같은 블로그에 게재한 「러시아에서 생산한 곡물을 북한과 거래한 이야기」라는 글에서 "화차 3개 물량(182톤)의 벼를 함경북도 어량에 보내준 대가로 산삼을 받았으나 잔뿌리가 없고 몸뚱이만 있어 국내시장에서 제값을 받지 못했음"이라고 주장했다.* 산삼이 잔뿌리는 없고 몸뚱이만 있어 제값을 받지 못했다니, 참으로 어처구니없는 주장 아닌가. 1999년에는 벼를 지원하기 위해 구상무역을 하고, 2004년에는 대통령 통치자금으로 벼 값을 충당하고, 2008년에는 벼 값으로 산삼을 받았다니 이런 궤변이 어디 있는가? 황당하기 짝이 없는 이야기이다.

연구를 진행하는 과정에서 이병화의 터무니없는 주장에 정부와 언론도 농락당했다는 정황이 포착됐다. 1999년 1월 12일 자 ≪중앙일보≫는 "남북 농산물 교환 추진"이라는 제목으로 다음과 같이 보도했다.

---

* http://blog.daum.net/dream-balhae/125

남북한 간 농산물 교환이 본격 추진된다. 11일 농림부와 통일부에 따르면 농촌지도자중앙연합회(회장 박병국)와 남양알로에는 올해부터 러시아 연해주 지역에 농장을 조성, 이곳에서 재배한 쌀을 북한에 공급하고 그 대가로 북한으로부터 콩 등 농산물을 받는 사업을 추진키로 했다. 북한은 쌀을 받는 대신 나홋카 인근의 농장이나 개마고원에서 재배한 콩을 한국에 공급하기로 한 것으로 알려졌다. 이를 위해 농촌지도자회 관계자 등 6명이 지난 주말 통일부로부터 북한 주민 접촉승인을 받았으며 물자교류 승인이 나오는 대로 이르면 다음 달 중 북한 측 사업자인 북한 민족경제협력연합회와 국영무역회사인 개선무역 관계자와 만나 첫 교환사업을 실시할 예정이다. 이번 사업은 국제농업개발원(원장 이병화)의 중개로 이미 지난해 10월 남북 간에 기본사업의향서를 교환했으며 우선 1차로 쌀 180톤과 콩 130톤을 교환할 예정이며 올해 교역규모는 2000톤에 달할 전망이다. 농촌지도자회는 1998년 12월 국내 농민단체로는 처음으로 러시아 연해주 체르니코브카 군과 바지모브카 시영농장 휴경지 4500ha를 50년 동안 임대하는 계약을 체결한 바 있으며 남양알로에도 현재 인근에 대규모 농장을 조성 중이다.

≪중앙일보≫는 출처를 농림부와 통일부라고 밝혔다. 기사의 핵심은 이병화의 중개로 남북 간 기본사업의향서를 교환했다는 것이다. 과연 이 기사는 사실일까? 우선 농림부에 자료를 요청했지만 그런 사실이 없다고 답변했다. 남양알로에 홈페이지에는 북한에 벼를 보냈다는 기록도 없다. 그렇다면 이 기사의 정체는 무엇인가? ≪중앙일보≫가 답해야 한다.

6) 대아산업

2005년 농업기반공사의 보고서에는 "대아산업은 1991년 연해주에 진출했으며 달네레첸스크의 오레호보 농장에서 벼, 콩, 옥수수, 채소를 재배했다"라고 기록되어 있으며 자료출처는 국제농업개발원으로 밝히고 있다. 나는 대아산업에 대한 정보를 입수하기 위해 백방으로 노력했지만 증언이나 자료를 전혀 검색하지 못했다.

다만 1996년에 연해주 농업의 가능성을 타진하던 한농복구회가 2000년 오레호보 농장을 무상으로 임대해 본격적인 영농을 시작했다가 영농이 순탄치 못하다고 판단해 2002년에 키르기스스탄으로 옮긴 사실을 확인할 수 있었다. 오레호보 농장은 연해주에서 콩 경작지의 중심지인 우수리스크보다 약 300km 북쪽에 위치한 달네레첸스크에 소재해 영농조건이 가장 취약한 지역이다.

7) 발해영농단

농업기반공사는 보고서에서 "호롤 군의 루가보예 농장을 경영하는 발해영농단은 원래 새마을운동중앙회가 계약했던 농지를 인수받아 벼를 계약 재배했다"라고 간략하게 밝혔다.

≪월간중앙≫ 제296호(2000.7)에서 김홍균 기자는 "대순진리회 종단분규에 휘말려 무산될 뻔했던 2000만 평 해외농장 개발의 꿈"이라는 제호의 글을 통해 발해영농단이 대순진리회와 밀접한 관계가 있다는 것을 보도했다.

1999년 9월 국제농업개발원(이병화)과 발해영농단(단장 이재훈)은 연해주 아누친스키 군의 젬추취느 농장(그라즈단카 7200ha)을 50년간 무상으로 임대, 러시아 측과 합작해 공동으로 개발한다는 이른바 '연해주 프로젝트'를 추진했다. 이병화는 연해주에서 영농책임을 맡고 이재훈은 농장개발에 필요한 자금을 조달한다는 역할분담을 골자로 '해외농장개발계약서'를 체결했다. 발해영농사업단은 1999년 10월 말 연해주 현지 농장을 둘러본 뒤 그해 12월 16일 서울 프레스센터에서 아누친스키 군과 정식계약을 체결했다.

그러나 연해주 프로젝트는 러시아에 제공키로 했던 자금지원이 중단되면서 좌초위기에 몰렸다. 이재훈의 자금지원이 중단되었기 때문이다. 이에 이병화는 실질적인 자금원인 대순진리회 정대진 이사장 측에 지금지원 약속이행을 촉구하는 내용증명을 보냈지만 반응이 없자 정대진 이사장의 반대파인 이유종 종무원장 측에 도움을 요청했다. 결국 정대진 이사장 측의 자금지원 중단으로 좌초위기에 몰렸던 연해주 프로젝트는 종단분규 상대편인 이유종 종무원장 측의 지원으로 재개됐다.

연해주 아누친스키 군 젬추취느 농장은 2000년 5월 5일 발해영농단과 계약을 파기하고 같은 달 21일 이유종 종무원장 측과 재계약을 맺었다. 계약주체도 당초의 '발해영농사업단'에서 '대진회'로 바뀌었다. 당초 이유종 종무원장 측은 이병화가 도움을 요청했을 때 이 사업의 순수성을 의심해 부정적인 반응을 보였지만 좌초위기에 몰렸던 연해주 개발의 꿈이 다시 부활된 것이다. 이번 사태는 해외영농단지 개발이라는 원대한 꿈과 종단의 내분이 뒤엉키면서 씁쓸한 뒷맛을 남긴 해프닝이 아닐 수 없다.

이 기사에서는 "발해영농단이 연해주 개발에 대순진리회의 자금을 끌어들일 수단이었다면 대순진리회 정 이사장 측은 종단의 내분을 해결하는 수단으로 연해주 개발에 참여했다는 의혹을 피하기 어렵게 됐다"라고 지적했다. 결국 잉태 중이던 발해영농단은 사산아가 되고 말았다. 따라서 발해영농단이 연해주에 진출한 적은 애초에 없었다. 그런데 발해영농단이 유령처럼 존재하고 있던 이유는 무엇일까?

이는 발해영농단과 대순진리회 사이에 얽혀 있는 내용을 의도적으로 은폐하려는 저의인 것으로 해석될 수 있다. 거듭 지적하지만 1990년 러시아와 국교를 수교한 이후 적어도 내가 연해주에 상주하던 2008년 전까지는 연해주 농업에서 국제농업개발원의 이병화가 항상 그 중심에 있었다. 정보수집이 불가능한 상황에서 그의 말과 글을 통한 현장설명은 유일한 정보창구였다. 이 얼마나 무서운 일인가? 그동안 얼마나 많은 기업이 희생되고 외화가 낭비되었을 것인가? 따라서 이병화의 말과 글을 확인 절차 없이 그대로 인용한 정부기관의 책임은 막중하다 할 수 있다.

한편, 대순진리회의 내부 분규로 인한 자금지원 중단으로 발해영농단의 진출이 무산된 것은 사실이지만 이는 거꾸로 대순진리회가 연해주에 진출하는 결정적인 계기가 되었다. 대순진리회 이종무 종무원장은 ≪월간중앙≫ 2000년 7월 호 인터뷰에서 "단순한 해외개발사업이 아니라 외교적 문제인데다 대북 식량지원을 통한 햇볕정책에 부응하고 종단의 법리에도 부합해 원로회의를 통해 참여를 결정했다"라고 밝혔기 때문이다.

8) 신성산연

농업기반공사의 보고서와 이광규의 저서에서는 "버섯재배를 목적으로 하는 신성산연은 나제진스키 타브라찬카 지역의 라지돌노예 농장 140ha와 알렉세이브카에 150ha의 농장을 갖고 있다. 러시아에는 50여 종의 버섯이 있는데 이들 야생버섯의 종균채취와 증식시험으로 버섯을 재배했다. 재배한 버섯은 표고버섯, 영지버섯, 느타리버섯 등이다. 신성산연은 버섯재배를 위해 종균 간이증식시설과 버섯목 10만 개를 설치했으며, 버섯 외에 한약재를 재배하고 야생약재를 채취했다. 약재채취는 더덕, 도라지, 잔대, 산마늘, 두릅 등 약 30종이다. 이 외에 오미자, 산딸기, 머루 등도 재배했다"라고 밝혔다. 이 내용은 농업기반공사와 이광규 저서가 일치하지만 두 곳 모두 출처를 밝히지 않았다. 그러나 나는 신성산연이라는 회사의 자료를 일체 확인할 수 없었다. 언론이나 인터넷 검색에서도 회사의 흔적을 찾을 수 없었다.

9) 한국농업경영인회 경기도연합회

농업기반공사와 이광규는 한농연 경기도연합회의 영농 상황을 "농업경영인 11명이 합작으로 2억 원을 투자해 호롤 군 노보셀스코에 농장을 임대하고 현지 법인 항카 앤 코리아(Hankha and Korea)를 설립했다. 2000년에는 200ha에 영농비 4만 달러를 선지급하고 벼 200톤을 현물로 받았다. 벼는 국제농업개발원 중개로 대북지원단체가 구입해갔다. 2001년에는 370만 루블에 벼 1000톤을, 2만 7000달러에 콩 200톤을 계약 재배했다"라고 밝혔다. 역시 출처를 밝히지 않았지만 이병화의 주장을 그야말로 복사판처럼 인용했다.

한농연 경기도연합회는 1999년 연해주에 진출해 2001년까지 2년 동안 계약재배를 시도했지만 실패했다. 경기도연합회의 계약재배는 처음부터 실패할 수밖에 없는 구조적 모순을 안고 있었다. 11명이 합작으로 2억 원을 투자했다는 것은 연해주의 조방농업에 대한 이해와 검토가 전혀 없었음을 방증한다. 조방농업은 한국의 문전옥답방식의 소농이 집단적으로 영농할 수 있는 구조가 아니다. 연해주 농업을 몰라도 너무 몰랐던 것이다. 그들은 오로지 호객꾼의 달콤한 유인책만 믿고 대책 없이 달려들었다가 두 손 들고 말았다. 결국 잦은 비용분담으로 인한 11명 농민의 의견충돌은 2003년 철수로 이어졌다.

3. 연해주 진출 기업의 실패원인

1991~1999년 사이 연해주에 진출했던 기업 중 IMF의 영향으로 지속적인 자금투자가 어려워져 철수한 고려합섬을 제외한 나머지 9개 업체는 대부분 진출 첫해부터 적응도 못한 채 사업에 실패하고 말았다. 이들 업체가 실패한 이유를 조사하려 했으나 철수한 업체 중에는 이미 파산한 회사도 있고 회사가 존재하더라도 당시 담당자를 찾을 수 없어 객관적인 실패원인을 규명하는 데에는 한계가 있었다. 그뿐만 아니라 현재 영농 중인 업체의 경우를 보면 남양알로에의 유니베라는 약초재배로 승부를 걸고 있으며, 대순진리회는 이유종 종무원장 타계 이후 엄청난 내홍을 겪고 있는 실정이다. 그리고 2008년 이후 진출한 인탑스, 서울사료, 현대중공업 등의 기업도 성과를 평가하기에는 아직 이른 감이 있다.

이미 사업에 실패하고 철수한 기업들에 대한 몇몇 선행연구자의 분석을 보면 평가내용이 대동소이하다. 이들은 가장 큰 실패원인으로 사전준비 부족과 기초정보의 부재, 전문성 미흡을 들었다. 또한 현지 사정과 관련된 실패원인으로는 수확 후 현물처리의 어려움, 높은 관세로 인한 국내 반입의 어려움, 불명확한 진출동기, 초기 투자부담 과중, 법령·제도·관습에 대한 이해 부족, 농자재 수급 어려움, 인프라시설 노후화, 농업 전문가 부재, 현지 노동자의 생산성 미흡, 경작품목 제한성, 정부지원 미흡, 유통 및 판매전략 부재 등을 꼽았다. 이들이 제시한 실패원인은 타당하다. 하지만 나의 견해는 약간 다르다. 수확 후 현물처리의 어려움, 높은 관세로 인한 국내 반입의 어려움, 정부지원 미흡 등에는 동의하지 않는다.

연해주 우수리스크에 위치한 식용유공장의 원료는 콩이다. 이 공장의 경우 연해주에서 생산되는 콩만으로는 부족해 하바롭스크와 아무르 주에서도 콩을 공급받고 있다. 따라서 연해주 내수시장 판로에는 문제가 없다. 아그로상생처럼 생산하는 쌀의 미질이 중국 쌀과 일본 쌀보다 떨어져 문제가 발생하는 경우는 있지만 생산한 곡물을 팔지 못해 어려움을 겪는 경우는 없다.

높은 관세 때문에 국내 반입이 어렵다는 주장도 전혀 설득력이 없다. 높은 관세보다는 콩을 국내에 반입할 만큼 물량을 확보할 수 없는 것이 더 큰 문제이기 때문이다. 내가 농수산물유통공사 감사로 재직하던 2007년 10월, 연해주에서 한국인이 생산한 콩을 국영무역방식으로 수입하기 위해 콩 3000톤을 공개입찰로 계약한 적이 있다. 그러나 3000톤을 확보하지 못해 끝내 납품하지 못하는 바람에 이행보증금만 날린 일이 있었다. 미국 콩을 수입할 경우 1항차 수입량이 5만 톤인 사실과 비교하면 3000톤은 극소량임에도 물량을 확보하지 못했던 것이다. 콩 생산량이 내수물량을 채우기에도 부족했기 때문이었다.

정부지원이 미흡하다는 것도 실패사유로 적절치 않다. 연해주에 업체들이 진출하던 1991~2007년까지는 정부가 해외농업에 지원할 수 있는 법적근거가 없었으나, 2008년 2월 「해외자원개발사업법」이 개정된 이후로는 정부가 해외농업에 진출한 업체들을 합법적으로 지원할 수 있게 되었다. 따라서 정부지원이 미흡한 것보다는 해외농업에 대한 정부의 정책이 부재한 것이 더 큰 문제였다.

이 세 가지 외의 다른 실패원인을 분석하면 결국 사전준비 부족과 기초정보 부재로 귀결된다. 연해주 진출을 계획하는 업체라면 러시아의 농업 관련 법령과 제도, 연해주로의 농업 진출 목적, 초기 및 중·장기 투자계획, 현물판매 전략, 유통과정, 농자재 수급, 인프라시설, 농업 전문가 확보 방안, 노동자의 생산성, 경작 품목 선택 등을 분석하는 것이 기본적인 전략일 텐데 이를 간과했거나 아예 무시했던 것이다.

그렇다면 실패한 업체들은 무엇 때문에 기초적인 사전준비와 정보파악을 경시했으며, 왜 성급하게 연해주로 진출했을까? 우리 정부는 이 과정에서 어떤 정책을 수립하고 무슨 역할을 담당했을까? 이러한 점들을 객관적인 검증 없이 연해주 해외농업 진출을 주선했던 국제농업개발원의 역할을 중심으로 확인해보고자 한다.

1) 정부의 해외농업 개발정책 부재

해외농업개발은 국내 농업생산의 보완적인 역할 수행, 국제곡물의 안정적인 공급원 확보, 통일 전후의 효율적인 대북지원, 식량자급률 제고라는 면에서 그 의의를 찾을 수 있다. 따라서 해외농업개발은 정부가 주도적으로 추진해야 하며, 관련 부처 간의 긴밀한 정책협력과 철저한 정보분석을 통해 민간기업과 단체에 신뢰할 수 있는 사업설명회를 먼저 실시해야 한다.

연해주는 통일 전후의 대북 식량지원 차원에서 볼 때 지정학적으로 한반도와 국경을 맞대고 있어 입지조건이 가장 좋은 지역으로 평가받아왔다. 이 때문에 1990년 이후 연해주에 진출한 업체들은 대부분 국내 반입을 목적으로 국내자급률이 현저히 떨어진 콩과 옥수수를 생산했다. 그럼에도 정부는 연해주 진출에 대해 대단히 소극적인 태도를 취하거나 아예 외면해왔다. 이러한 상황에서 정부의 해외농업 개발정책과 지원방안이 있을 리 만무하다.

1986년 9월 우루과이에서 열린 GATT 각료회담에서 논의된 농산물시장개방 확대조치를 저지하려는 농민들의 반대에 부딪혀 정부는 해외농업개발에 대한 정책적 논의조차 하지 못했고 오히려 농민들의 눈치를 살피는 등 지극히 보수적인 태도를 보였다. 이런 상황에서 1990년대에 들어 국제곡가파동이 주기적으로 반복됨에 따라 식량의 안정적인 공급을 위한 해외 식량생산기지의 중요성이 부각되었고, 비로소 민간단체와 기업을 중심으로 연해주 해외농업 진출이 이어졌다.

1990년대 이후 정부의 역할은 민간의 해외농업 진출을 위한 정보제공과 자금지원 형태로 전환되었다. 이를 위해 한국농어촌공사는 1997년부터 민간 부문의 해외농업 진출을 위한 해외농업 투자환경조사 사업을 실시하고 정보를 제공하기 시작했다. 하지만 정부의 위임을 받은 한국농어촌공사 역시 지극히 소극적인 태도를 보여왔고, 특히 연해주 현지조사보고서는 기초정보조차 제대로 입수하지 못했거나 입수한 정보도 신뢰하기 어려운 수준이었다.

이러한 정부의 움직임은 김대중 정부가 출범하면서 약간의 변화를 보였다. 6·15공동선언 다음 해인 2001년 2월 7일, 당시 한갑수 농림부 장관은 김대중 대통령에게 농림부의 주요 업무 추진계획을 보고하면서 러시아 연해주 땅을 남북한이 공동으로 개발해 벼와 콩을 경작하는 방안을 처음으로 제시했다. 이어서 같은 해 4월 17일 연해주의 농업 여건을 정부 차원에서 조사하기 위해 농림부와 산하 기관, 단체로 구성된 조사단을 연해주에 파견했다. 그러나 농림부 합동조사단이 조사에 나선 이후로도 연해주 개발사업 참여는 더 이상 진전을 보지 못하고 말았다.

2001년 9월 9일 자 ≪동아일보≫는 국회 농림해양수산위원회 한나라당 이상배 의원의 자료를 인용하면서 "농림부는 연해주 조사결과를 토대로 국가안전보장회의 등의 논의를 거쳐 연해주 개발사업 참여 여부를 결정하려 했으나 DJP 공조 붕괴에 따른 장관 경질로 결론을 내리지 못한 것으로 알려졌다. 이상배 의원은 국내 쌀 재고 급증으로 이 쌀을 북한에 지원해주자는 얘기까지 나오고 있는 판에 대북 식량지원을 위해 수익성도 없는 연해주 지역 농업개발에 참여하는 문제는 신중하게 결정해야 한다고 주장했다"라고 보도했다.

이후 2008년에 민간 부문의 요청을 받아 농림수산식품부와 한국농어촌공사가 사업 대상 업체를 선정하여 개발사업비용을 70%까지 지원하는 형식으로 변경했다. 정부는 특히 2008년 해외농업개발 10개년 계획을 수립하고 2018년까지 곡물수입 수요량의 10%인 138만 톤을 해외농업개발을 통해 확보한다는 목표를 세움으로써 2009년부터 해외농업개발을 위한 기업 진출을 적극 지원하고 있다. 이에 따라 2009년에 연해주에 진출한 아로-프리모리에는 50억 원, 서울사료는 31억 8300만 원, 유니베라는 14억 2600만 원, 바리의꿈은 9500만 원의 정책자금을 장기저리로 융자받았다.

그동안 정부의 해외농업 개발정책은 전무했다. 일본의 사례와 마찬가지로 우리나라도 민간단체를 중심으로 진출하고 있지만 2009년 처음으로 자금지원을 시작했을 뿐 관련 부처인 농림수산식품부와 외교통상부 간의 대화채널조차 없는 실정이다. 특히 일본처럼 정부가 철저한 사전조사를 실시한 후 투자설명회를 통해 투자자를 모집한다는 것은 현재로선 상상도 할 수 없는 일이다. 이렇듯 정부의 정책부재와 무관심은 결국 극소수의 몰지각한 브로커가 해외농업을 주도하도록 환경을 조성하는 결과를 가져왔다. 그 결과 연해주 농업에 대한 부작용을 낳는 것은 물론 알맹이 없는 정책을 반복하는 악순환을 낳고 말았다.

2) 연해주 민간 중개업자의 실상

연해주 농장 50개를 중개했다는 이병화 주장의 실상

1991년 이후 한국 기업과 농업단체는 대부분 국제농업개발원의 중개로 연해주에 진출했다. 정부의 무정책과 무관심은 연해주 농업에 대한 정보부재로 이어졌고 연해주 농업정보를 어설프게 독점하던 국제농업개발원은 국내 유일의 연해주 농업개발 창구임을 자임했다. 하지만 국제농업개발원은 사실상 독점적인 영업권을 행사하면서 전횡을 일삼았다. 이동명과 이창준은 연해주에 거주하면서 연해주의 농장정보를 입수하여 국제농업개발원에 전달하는 역할을 담당한 것으로 드러났다.

2007년 9월 26일, 연해주에서 이동명과 이창준이 국제농업개발원 원장 이병화에게 팩스로 전송한 문서 「연해주 지역 농업기반 건에 대한 매입 조사보고서」를 보면 그들의 역할을 잘 알 수 있다. 보고서 작성자 이동명은 자신을 연해주 주재 국제농업개발 대표이사 "이 벨로자"라고 소개하면서 한국 해군 정보장교 출신으로 연해주지사 다르킨과 매우 절친한 토지매입 전문가라고 밝혔다. 이창준은 자신을 연해수 주재 국세농업개빌 법률담당 "이 제냐"로 소개하고 극동대학 법대 출신으로 예비 변호사라고 밝혔다. 그러나 내가 극동대학에 확인한 바에 따르면 이병화의 아들이창준은 극동대학 법대를 졸업한 사실이 없고 러시아에는 예비 변호사란 직책이 없었다.

이병화는 자신의 블로그에 2008년 5월 13일「해외식량기지 구축의 허와 실」이라는 글을 올려 자신이 연해주에서 한국 기업들에 중개한 50개 농장의 리스트를 공개했다.* 50개 농장의 면적은 51만 2000ha이고 그중 등기가 완료되거나 수속 중인 농장은 38개, 인수 중인 농장은 12개라고 상세히 밝혔다. 리스트는 과장됐거나 사실과 다르기도 했지만 분명한 것은 이를 이병화 자신이 소개했다고 스스로 밝히고 있다는 점이다.

2010년 현재 연해주에서 영농을 진행 중인 바리의꿈, 서울사료, 현대중공업을 제외한 모든 업체가 이병화의 중개로 연해주에 진출했고 그러한 중개로 연해주에 진출한 업체 중 남양알로에와 대순진리회, 인탑스를 제외한 모든 업체가 실패하고 철수한 것이 사실로 확인된다. 사실 나도 이병화의 중재로 이 사업을 검토한 이후 인탑스에 사업제안을 하기도 했다.

그뿐만 아니라 이병화의 소개로 연해주 농업 진출을 준비하다가 중도에 포기한 사례도 있다. 한일합섬과 세모는 1995년 7월과 11월에 각각 의향서와 계약서를 체결한 바 있는데, 한일합섬은 핫산에 한우 축산농장 투자를, 세모는 핫산에 축산과 양어장 투자를 검토하다가 포기했다. (주)가우디는 1998년 6월 8400ha의 농장에 대해 러시아와 합작투자계약을 체결했으나 투자 여건이 미흡해 시작 3개월 만에 현지 직원 전원을 철수시켰다. 특히 아시아 최대 닭고기 생산가공 업체인 (주)하림은 2008년 1월 이병화·이동명과 용역계약을 체결, 옥수수 등 사료확보를 위해 연해주 진출

---

* 현재 이 글은 이병화 블로그에서는 찾을 수 없으며, 다음의 블로그에서 확인할 수 있다. http://blog.daum.net/liupang/16152524

을 서둘렀으나 결국 계약을 파기하고 선급금반환청구소송을 통해 계약금을 돌려받았다. 2010년 봄, 강남구 신사동 하림 사옥에서 만난 이효림 총괄사장은 연해주 진출 실패과정에서 이병화와 얽히고설킨 내막을 나에게 상세히 밝힌 바 있다.

실패가 예견된 중개사업의 실상

정부가 제 역할을 전혀 하지 못하는 현실에서 이병화의 전횡은 막힘이 없었다. 연해주에 진출하기를 희망하는 업체들은 그를 통해서만 연해주 농업정보를 입수할 수 있었다. 그러나 정보의 옳고 그름을 판단할 기준과 방법은 전혀 없었다. 이러한 현실에서 연해주 진출 희망 업체들에 이병화는 불가근불가원의 관계였다.

이광규는 자신의 저서 『우리에게 연해주란 무엇인가』에서 "이병화는 한국의 농업단체를 접촉하여 53개 업체에게 연해주 개발에 참여하기를 권유했는데 현재 연해주에서 활동하는 농업단체들은 대부분 그가 알선한 셈이다"라고 밝혔다. 고려합섬, 남양알로에, 인탑스는 자체적으로 연해주 진출을 결정한 후 이병화의 자문을 받았고, 새마을운동중앙회, 농촌지도자중앙연합회, 농업경영인경기도연합회 등 농민단체와 대순진리회는 이병화의 강력한 권유로 사전검증이나 준비 없이 진출했음도 이 책을 통해 알 수 있다.

따라서 이병화의 적극적인 권유로 진출한 업체들이 실패할 수밖에 없었던 근본적인 원인은 무엇보다도 검증되지 않은 장밋빛 청사진과 구두홍보만 믿고 일방적인 권유로 사전계획 없이 무모하게 진출한 데에 있다. 일단 진출하고 보자는 식이었다. 이는 이미 밝힌 바와 같이 선행연구자들이 사전준비 부족, 기초정보 부재, 전문성 미흡, 불명확한 진출동기를 실

국제농업개발원이 주장한 연해주 농장 중개현황

	농장 이름(면적)	연해주 농장 중개 실적
1	크레모바(2만 3000ha) 순야셴(7300ha)	1989년 국제가 대륙연구소(장덕진)에 소개. 이후 고려합섬(장치혁 회장)에 인계. 이후 대한주택건설협회(박길훈 회장)에 인계. 이후 신안건설(박석순 사장)에 인계. 이 중 순야셴은 법정소송으로 러시아 법원에 압류 당했으며 크레모바 농장(2만 3000ha)의 일부(1500ha)를 우정마을(동평)이 관리함. 2008년 5월 3일, 농촌공사와 동양물산에서 공동구입 목적으로 현지 조사함.
2	바지모브카(9100ha)	1998년 국제가 농촌지도자중앙회에 소개. 현재 아그로상생에서 완전 매입하여 등기 완료.
3	시바코브스크(1만 2000ha) 페트로위찬스크(4900ha)	1999년 국제가 새마을운동중앙회에 소개. 현재 아그로상생에 이관시킴. 시바코브스크로 등기 이전을 완료했으며 페트로위찬스크로 이전 중.
4	쳄추쥐느(그라즈단카, 7200ha) 코로닐콥스키(1800ha)	2000년 국제가 발해영농사업단(대표 이재훈)에 소개했으나 농업투자법 위반으로 압류 당함. 이후 아그로상생으로 이관하여 등기 완료.
5	일린스키(2300ha) 멜구놉스키(4700ha) 아방가르도(7500ha)	일린스키는 경북대유협회가, 멜구놉스키는 강원대학이 매입을 추진했으나 자본금 부족으로 2003년 국제가 회수해 3곳 모두 아그로상생에 넘겨 등기 완료.
6	노보셀스키(7200ha) 젤레놉스키(3100ha)	1999년 국제가 한국농업경영인경기도연합회(회장 한영수)에 소개해 2년간 영농으로 1억 원 이상 흑자를 보았으나 주주들의 싸움으로 붕괴되어 주정부 재산으로 압류됨. 현재 아그로상생에서 인수 중.
7	루고보예(3800ha) 노보제비찬스키(5400ha)	1998년 국제가 남양알로에에 소개했으나 1년 경작 후(국제가 위탁재배 관리) 두만강 옆으로 이전함. 현재 2000ha에 약초를 재배함.
8	루비노브카(2만 3500ha)	2002년 국제가 충북대학교에 소개했으나 투자자의 분쟁으로 회수, 아그로상생이 완전 등기함. 한국 방문객 연수원으로 활용.
9	포시예트(3만ha)	1989년 장덕진 장관과 포항제철 박태준 회장이 공동구매를 추진. 이후 한강유람선 세모가 인수하던 중 중단됨. 이후 2000ha는 남양알로에가 약초농장으로 인계하고 2000ha는 두만강개발회사 오명환 사장에게 넘김. 오 사장은 후지사과를 심었으며, 1만 4000ha는 은행에 압류 중임.
10	한마당(3만ha) 블라디보스토크 산농장(1000ha)	아그로상생이 인수 중임.
11	네스티롭카 축산농장(1만 7000ha)	아그로상생이 완전 인수함.
12	시즈마 사슴농장(2만 5000ha)	2001년 국제가 (주)제주도7대농가에 소개했으나 자금 부족으로 계약금만 지불한 상태임.
13	가모브 사슴농장(2만 3300ha)	1998년 국제가 80만 달러를 투자했으나 농장임야 정상에 대류탄두미사일 기지가 있어 철수 소송을 제기함. 러시아연방 고등법원에서는 승소했으며 현재 대법원에 계류 중임.
14	파르티잔스크 버섯농장	국제가 한국산연(김봉수)에 소개했으나 지금은 국제 현지 지사장(김형기)이 연수원으로 활용 중임.
15	타브라찬카, 베스찬노예	2개 농장(7000ha)을 국제가 중개해 (주)인탑스가 인수함(사장은 전 농수산물유통공사 감사인 강동원임)
16	콤무나르 농장	우수리스크 시내에 있으며 곡물 원종장으로 러시아 최고의 모범농장임. 농심, 대상, 동아제분, 백두대간 영농법인의 경합을 따돌리고 (주)인탑스가 매입함.
17	미하일로브카 일대 10개 농장	모두 곡물생산 농장임. 현대중공업, 하림, 대한사일로, 한국철강 등이 경합했으나 (주)인탑스가 최종 인수키로 결정됨.
18	자리예브카, 로마노브카, 아니로모브카	3개 농장(8000ha)을 2005년 국제가 중개해 동북아문화교류협회(회장 김정윤)가 등기 이전 중임.
19	스파스크 5개 축산농장, 달레네찬스키 7개 농장	12개 농장에 대해 국제가 연고권을 행사하고 있음.
	합계	50개 농장 51만 2000ha(15억 3000만 평으로 제주도의 3배 규모)

자료: 이병화, 「해외식량기지 구축의 허와 실」.

패원인으로 꼽은 것과 일치한다.

새마을운동중앙회 황창영 국제협력팀장은 2008년 5월 12일 ≪중앙일보≫와의 인터뷰에서 "기후, 장비, 인력 면에서 불리했고 생산량도 문제가 있었지만 연해주를 너무 몰랐던 것이 가장 큰 실패원인이었다"라고 자인했다. 연해주 진출 당시의 상황이 어땠는지를 상징적으로 보여주는 대목이다.

결과적으로 현지의 기후, 토양, 품종, 영농매뉴얼, 영농기술, 농기계, 농업자재, 노동력, 보관능력, 판로, 예상손익, 농업 관련 법과 제도, 전문가 확보 등 농업정보를 정확하고 객관적으로 검토·분석하지 않았음이 입증된 것이다. 연해주 들판에 수십 년 동안 묵어 있던 광활한 농지만 보여주면서 순박한 업체들의 투자를 유도한 결과였다. 나도 광활한 농지를 직접 보는 순간 솔깃한 유혹에 빠졌던 기억이 있다. 이 같은 방식은 이미 실패가 예견된 것이라 할 수 있다.

해외농업개발을 국책사업으로 추진해야 할 정부가 해외농업 자체를 무시함으로써 민간 알선업자가 활개 칠 수 있는 토양을 제공했다는 차원에서 정부는 비난을 면하기 어렵다. 앞에서 누누이 밝힌 바와 같이 정부의 정책부재로 인해 정부가 발표한 「연해주 농업 투자환경 현지조사보고서」조차도 이병화의 검증되지 않은 자료에 의거할 수밖에 없었고, 연해주 농업에 대한 연구결과는 대부분 왜곡되어 학문적으로나 실질적으로 심각한 오류를 낳고 말았던 것이다.

대통령 통치자금으로 묵한을 시원했나는 주장의 실상

이병화의 비상식적인 허구성 주장은 계속됐다. 대표적인 사례가 ≪월간조선≫(2008.7)과의 인터뷰이다. 이병화는 "김대중 정부가 대통령 통치자금으로 연해주에 벼 1만 톤을 구입해 28차례에 거쳐 비밀리에 북한에 지원했고 그 대금은 대통령 측근 명의로 내 계좌에 입금됐다"라고 주장했다. ≪월간조선≫은 또 "김대중 대통령이 당선된 직후인 1998년 1월부터 남북화해와 남북정상회담 분위기 조성 등을 위해 이러한 사업이 비밀리에 추진됐고 그 임무를 이병화가 담당했다"라고 보도했다.*

이 주장에 대해 ≪월간조선≫은 김대중 대통령의 비서실장 박지원에게 사실을 확인했으나 "전혀 사실이 아니다. 자체적으로 확인해 보니 당시 대통령을 모셨던 그 어떤 사람도 이병화 원장에게 비공식적으로 돈을 보낸 사실이 없는 것으로 파악됐다"라고 밝혔다. 또 김대중 정부의 초대 국정원장 이종찬도 "연해주를 통해 북한에 벼를 지원해주고 있다는 사실을 보고받은 적이 있느냐?"라는 ≪월간조선≫의 물음에 "기억이 나지 않는다"라고 답했다. 다음은 ≪월간조선≫과 박지원 비서실장의 일문일답이다.

문: 김대중 대통령 쪽의 자금지원으로 러시아 연해주에서 벼를 사서 북한에 지원했다고 하는데 이 사실을 알고 있나?

답: 전혀 처음 듣는 소리이다.

문: 이병화 원장이 김대중 대통령이 개인적으로 보관하고 있던 통치자금성격의 돈 40억 원을 지원받았다는데?

답: 그런 돈이 어디 있나?

문: 자금을 지원한 사실이 없단 말인가?

---

* https://monthly.chosun.com/client/news/viw.asp?nNewsNumb=200807100037&ctcd=&cpage=1

답: 물론이다. 김대중 대통령은 재임 시절 개별적인 대북지원이나 대북접촉을 단연코 하지 않았다. 대통령이 40억 원이나 되는 돈을 비공식으로 지출하면서 식량지원을 해야 할 이유가 있겠나?

문: 자금을 지원받았다는 사람은 확실하게 있는데 준 사람은 없는 상황이다.

답: 그분의 이야기가 전혀 합리적이지 않다. 대통령이 소규모 쌀 지원이 이뤄질 때마다 영수증을 확인하고 측근을 통해 돈을 보내줬다는 게 말이 되지 않는다.

문: 정말 자금을 지원한 사실이 없나?

답: 없다. 그런 형태의 대북지원이 있었는지를 얘기하는 게 아니다. 김대중 대통령이 그런 식으로 돈을 준 일이 없다는 얘기이다. 돈을 여러 차례 받았다고 하니 은행 계좌가 있을 것 아닌가. 계좌추적을 해보면 금방 드러날 일이다.

박지원의 주장처럼 계좌추적을 하면 금방 드러날 일이다. 이병화는 비상식적이고 비논리적인 주장을 인터넷 매체를 통해 지속적으로 전파했다. 평소 자신이 박정희 사람이고 박근혜를 잘 안다고 주장하던 이병화는 김대중 대통령의 측근 명의로 돈을 받았다고 주장했다. 그렇다면 그 측근이 누군지 밝혀야 한다.

나는 김대중 민주화추진협의회 공동의장 비서, 평화민주당 재정국장을 거쳤으며, 김대중 대통령이 취임한 직후에는 집권당인 새정치국민회의 후원회의 사무총장을 지냈다. 자타가 공인하는 김대중 선생의 재정담당비서였다. 대통령은 나를 신뢰했다. 내가 아는 김대중 대통령은 자상하지만 매우 꼼꼼했으며 업무는 원칙을 준수하면서도 엄격하게 처리했다. 그런 분이 생판 알지도 못하는 이병화에게 돈을 맡기고 대북심부름을 시켰다는 것은 꿈에도 상상할 수 없는 일이다.

재외동포재단과 연해주 프로젝트의 실상

이병화는 국제농업개발원이 외교통상부 산하단체인 재외동포재단과 함께 러시아 토지, 북한 노동력, 남한 자본을 토대로 남·북·러 3국의 농업 개발계획을 세우고 러시아정부와 협상을 하고 있다고 주장했다. 2005년 3월 23일 자 ≪주간한국≫은 "연해주 프로젝트, 남·북·러 뭉친다"라는 제목의 기사에서 다음과 같이 밝혔다.

극동러시아에 위치한 연해주에 남북한과 러시아가 참여하는 '연해주 프로젝트'가 추진 중이다. 남한이 자본과 기술을 대고 러시아는 토지를, 북한은 노동력을 공급해 3국 협력특구(대규모 농업·경공업단지)를 조성하고 나아가 고려인 자치주를 건설한다는 구상이다.

외교통상부 산하단체인 재외동포재단(이사장 이광규)과 민간단체인 국제농업개발원(원장 이병화)은 최근 러시아정부 관계자들과 접촉을 갖고 이 같은 특구 건설을 추진키로 했다고 밝혔다. 국제농업개발원 이병화 원장은 3월 15일 '고·러 연해주 농업개발협력지구 수립추진협의회' 창립총회에 참석, "블라디보스토크에서 가까운 항카 호 일대에 총 26억 평 규모의 단지를 개발할 계획"이라며 "이를 통해 북한의 식량난을 해결하고 장차 고려인들이 정착할 수 있는 기반을 마련하게 될 것"이라고 밝혔다.

3국 협력특구가 조성되면 1937년 러시아가 고려인을 중앙아시아로 강제이주시킨 뒤 '고려인 자치구' 가능성이 열리게 되는 셈이다. 재외동포재단과 국제농업개발원 측은 "블라디미르 푸틴 러시아 대통령이 2003년 11월 '민족문화자치회에 관한 법령 개정안'에 서명해 고려인 자치구를 건립할 수 있는 법적 토대가 마련됐다"라고 설명했다.

이 기사에 대해 재외동포재단은 2005년 3월 31일 다음과 같이 공식적인 입장을 밝혔다.

재외동포재단은 지금까지 민간단체인 국제농업개발원과 어떤 사업도 추진한 적이 없으며, 연해주 농업협력지구 건설과 관련해서도 국제농업개발원과 어떤 협력이나 또는 지원에 관한 사항을 논의한 사실이 없다.

같은 날 ≪오마이뉴스≫가 이 사실을 보도하고 이 기사가 일파만파로 확산되자 급기야 이병화는 ≪오마이뉴스≫와의 통화에서 "이번 사업과 관련해 재외동포재단과 협력하거나 지원을 받은 적은 없다"라며 ≪주간한국≫과의 인터뷰 주장을 번복했다. '아니면 말고' 식이다. 이번에도 이병화는 스스로 거짓말이었음을 고백한 것이다. 자신의 주장을 언론이 확인하면 부인하는 식이다.

광개토대왕 프로젝트의 실상

≪오마이뉴스≫는 2005년 3월 30일 "연해주에 49년간 85만ha 임대한 고려인 자치주 생긴다"라는 제목으로 다음과 같은 기사를 보도했다. 나도 사실 ≪오마이뉴스≫ 시민기자로 기사를 쓰기도 했다. 하지만 확인되지 않은 이병화의 추리소설 같은 주장을 그대로 보도한 이 기사는 오보였다.

1992년 10월, 노태우 전 대통령과 고르바초프와의 비밀회담에서 구소련에 빌려준 차관(14억 7000만 달러)의 상환이 어려울 것 같으므로 연해주 동부의 항구도시가 있는 달레니골스키(면적은 경상북도 넓이와 같음)를 떼어줄 테니 검토하라는 고르바초프의 제의에 노재봉 박사(전 총리)팀과 이병화(현 국제농업개발원장)는 현지 출장(광개토대왕 프로젝트)을 떠난다. (국제농업개발원 이병화 원장의 「해외농업개발과 지원시책」 보고서 중)

지금으로부터 13년 전, 연해주에 고려인 자치주를 세운다는 구상인 광개토대왕 프로젝트는 이렇게 시작되었다. 노태우 전 대통령은 노재봉 전 총리의 광개토대왕 프로젝트를 보고받고 다음과 같이 말했다. "과거 박정희·전두환 대통령 시절의 중남미 농업이민은 사실상 끝났다. 요즘은 돈 있는 사람들이 뉴질랜드에 가서 사슴농장을 구입해 여생을 즐겁게 산다더라. 이제 우리는 소련 극동 지역으로 가야 한다. 이번에 노 박사는 이병화와 함께 차관상환금 대신 주겠다는 농지를 잘 둘러보고 고르바초프는 그곳의 고려인과 한국 사람들이 개척해서 고려인 자치지역을 만들면 협력하겠다고 약속했으니 명심하도록. 그곳에서 농사를 지어 수확물을 기차에 싣고 서울까지 오는 일도 머지않아 이루어질 것이다."

고르바초프와 노태우가 비밀회담을 했다는 1992년 10월은 노태우 대통령의 임기 말기로 국내에서는 대통령선거운동이 한창일 때이다. 바로 이 시기에 양국 정상이 비밀회담을 했다는 정부 발표나 기록은 전혀 없다. 러시아가 갚아야 할 빚(차관) 대신 러시아 국토를 떼어주겠다는 고르바초프의 제의를 받고 노재봉 전 국무총리가 이병화와 함께 러시아 현지 출장을 다녀왔다는 이병화의 주장은 과연 어디까지가 진실일까?

이병화가 밝힌 광개토대왕 프로젝트를 확인해줄 수 있는 사람은 노재봉 전 국무총리뿐이다. 그는 1990년 노태우 대통령 비서실장을 거쳐 1991년 1월 23일 제22대 국무총리에 취임한 이후 공안정국을 조성했다. 같은 해 4월 21일 명지대 학생 강경대가 전투경찰이 휘두른 쇠파이프에 맞아 사망하는 사건이 발생해 총리 취임 4개월 만에 불명예 퇴진했다. 1992년

10월 당시 노재봉은 민자당의 제14대 전국구 국회의원 신분이었다.

그러나 노재봉의 출국기록을 확인한 결과 러시아를 다녀온 사실이 없었다. 당시 노재봉 의원의 보좌관이던 경기대 정치전문대학원 조성환 교수는 임기 중에 러시아로 출국한 사실이 없다고 증언했다. 사실 이와 같은 외교문제를 양국 정상이 비밀리에 협상하는 것은 외교 관례상 있을 수 없는 일이다. 국무총리 출신의 국회의원이 한낱 브로커에 불과한 민간인을 대동하고 러시아 현지를 둘러보고 왔다는 것은 상상도 할 수 없는 일이다.

나는 2008년 연해주에 진출한 이래 이병화를 비롯한 관련자들의 터무니없는 소설 같은 주장을 검증하기 시작했다. 의구심이 드는 내용은 집중적으로 파고들어 관련 자료를 모으기 시작했다. 그러나 사실로 밝혀진 내용은 거의 없다. 그렇게 이병화의 독단적인 행보와 그가 제공한 정보에 대한 진실 여부가 서서히 드러나기 시작했다. 이러한 나의 노력은 정부의 해외농업정책을 각성시키고 연해주 농업환경을 새롭게 재평가하는 계기가 되었다.

이처럼 정부의 역할과 기능이 없는 상황에서 이병화는 연해주 농업개발을 개인사업의 수단으로 이용했다. 그러나 미약하지만 순기능도 있었다. 국제농업개발원의 '막가파'식 역할에 희생당한 초기 진출 업체의 거듭된 시행착오와 실패사례는 후발 진출 업체에 반면교사가 되었기 때문이다.

3) 선행연구에서 분석할 수 있는 실패요인

지금까지 연구자들이 밝힌 실패원인을 연해주 진출 전후로 나누어 분석하면 연해주 진출에 실패한 원인을 더욱 정확하게 파악할 수 있다. 즉, 연해주 진출 전의 검토소홀은 진출 후에 반드시 현장문제로 이어진다. 이것이 실패원인이다. 진출 전에 반드시 검증해야 할 진출목적, 중장기계획, 정보분석, 영농조건 등을 파악하는 데 소홀했다면 진출 후에 예상되는 모든 리스크를 떠안은 채 연해주에 진출했다는 것을 의미한다.

종합해보면 업체 스스로 극복해야 할 과제를 도외시하고 아무런 준비 없이 연해주로 진출한 결과 현지 적응조차 못했던 것으로 분석된다. 실패업체들은 연해주의 영농 현실, 즉 조방농업을 위한 사전준비는 하지 않은 채 이병화의 감언이설에 넘어가 무조건 진출하는 데에만 급급했다. 이런 상황에서 성공적인 영농을 기대한다는 것 자체가 어불성설이다. 그렇다면 진출 후에는 무엇이 문제였는지 알아보자.

첫째, 연해주 농업에 대한 전문지식과 혁신적인 사고를 겸비한 한국인 경영자가 없었다. 언어소통이 되지 않는 러시아 노동자를 장악하고 농장의 모든 시스템을 혁신시켜 정상화하기 위해서는 경영자의 리더십이 필요하다. 강력한 추진력과 도덕성을 겸비한 리더십은 러시아 노동자에게 신뢰를 줄 수 있다. 러시아인은 과거 철저했던 계급사회의 주종관계가 체질화되어 있어 상사의 눈치를 보는 성향이 강하다.

경영자의 리더십이 없으면 기강은 무너진다. 경영자의 지식수준과 경영방침에 따라 그들의 근무태도가 달라지는 것은 너무나 당연하다. 그들을 상대로 강력하고도 부드러운 리더십을 발휘하기란 쉽지 않다. 그러나 기본적인 소양을 갖추고 있을 때는 상황이 달라진다.

영농에 대한 전문적인 지식, 농업기계에 대한 이해, 노동생산성 제고에 대한 식견, 농자재 수급에 대한 확신이 있어야만 러시아 노동자에게 무시당하지 않으며, 오히려 신뢰를 줄 수 있다. 따라서 그들을 압도할 수 있는 영농지식과 업무파악으로 빈틈을 보이지 않아야 한다. 잘못하면 해고당한다는 위기의식과 함께 믿고 일할 수 있다는 확신을 심어주는 능력이야말로 가장 중요하고도 절실한 덕목이다.

둘째, 영농자금을 집행하는 권한이 없었다. 초기에 진출했던 한국 업체들은 대부분 위탁영농을 함으로써 모든 영농과정을 러시아 노동자에게 맡겨버려 직접 영농체험을 하지 못했다. 결국 한국 업체들은 투자자로서 자금만 지원하고 집행권한은 행사하지 못한 채 그 책임만 고스란히 떠안게 되는 결과를 초래했다. 러시아인 농장장이 청구한 영농자금을 정확히 파악하지 못한 상태에서 자금을 지원하고 집행을 승인하는 것은 고양이에게 생선을 맡기는 것과 다름없는 일이다. 이 때문에 러시아인들은 한국인을 단순한 투자자로 여겼을 뿐 진정한 파트너로 인식하지 않았다.

셋째, 농장의 모든 영농시스템을 파악하지 못했다. 영농과정과 농장운영방식을 전혀 몰랐던 것이다. 종자, 비료, 제초제를 비롯한 원·부자재의 소요량과 가격, 트랙터와 콤바인의 하루 작업면적과 유류소모량, 농기계 부품 구입과 수선비, 수확한 곡물의 관리실태, 종업원의 개인별 노동생산성 등은 필수적으로 파악해야 할 중요한 항목이다. 그러나 대부분의 업체는 기본적인 영농방식이나 운영실태조차 파악하지 못했다. 이는 초기 투자집중과 농자재 수급의 어려움으로 귀결되었다.

넷째, 자산을 철저하게 관리하지 못했다. 각 업체가 현지에 파견한 인원은 경영책임자와 회계담당자 등 필수요원 3~4명 정도였다. 다만, 대순진리회는 50여 명을 파견했는데 오히려 비용만 낭비한 것으로 알려졌다. 극소수 인원만 파견해서는 자산관리에 한계가 있다. 농장의 가장 핵심적인 업무는 자산관리이다. 곡물재고 관리, 농기계와 부품재고 관리, 급유관리 등은 한국인이 직접 담당해야 하는 필수적인 업무이다.

연해주 농장에서는 곡물, 경유, 부품, 심지어 트랙터나 트럭 같은 중형 장비를 도난당하는 경우가 허다하다. 특히 수확현장에서는 콤바인별 수확량, 수송차량 선임탑승, 곡물창고 계량, 사일로 입고까지 전 과정을 철저하게 관리해야 한다. 그러나 모든 수확과정을 러시아 인부에게 맡김으로써 도난사고가 다반사로 일어났다. 도난사고를 미리 예방하는 것은 수익창출과 직결된 중요한 업무이기 때문에 반드시 파견인력을 탄력적으로 운용해야 한다.

연해주 진출 업체의 경제성을 분석하기란 대단히 어려운 일이다. 영농을 시작한 지 일정 기간 경과한 농장이 있는가 하면 영농을 준비하고 있는 농장도 있기 때문이다. 그러나 무엇보다도 내부 경영상태를 평가할 수 있는 객관적 근거인 손익계산서 등 결산공고를 하지 않기 때문에 파악하기가 힘들다. 각 농장의 초기 투입비용과 영농비용, 생산물의 판매액, 경영의 노하우 등 구체적인 자료는 대체로 업체의 비밀이기 때문에 공개하지 않고 있어 이들 자료를 확보하기가 쉽지 않다.

4) 안치영 사장의 죽음을 통해 본 연해주 진출 업체의 실상

아그로상생 안치영 사장과 나는 연해주에 진출한 한국인 농업법인의 사장이라는 동병상련의 입장이었다. 우리는 서로 돕고 협력해야 할 동업자로서 파트너십이 필요했다. 그래서 단둘이 자주 만났다. 사업을 성공시켜야 한다는 공동의 목표는 중압감이 되어 우리를 억누르고 있었지만 그럴수록 우리의 만남은 절실했다. 연해주 정보에 목말랐던 나는 그에게 다양한 정보를 입수해야 했고, 정부의 지원이 절실했던 그는 나에게 천군만마를 얻었다며 자신이 가진 정보를 모두 털어놓았다. 그러면서 정부의 지원을 받을 수 있도록 도와달라고 간청했다. 우리는 그런 사이였다.

40대 중반의 안치영은 서울대 농대 출신으로 조용하고 차분했다. 자그 마한 체구인 그는 말수가 적고 매우 세심한 영락없는 샌님이었다. 대순진리 회에서의 직급은 낮았지만 많은 농장을 총괄하는 사장으로서, 내부 조직 의 특성상 벅찬 일을 감당하고 있었다. 특히 계급이 훨씬 높은 대순진리 회 상급자들을 휘하에 거느려야 하는 역피라미드식 농장조직의 특성으 로 인해 온갖 고난에 맞서 홀로 혼신의 힘을 다했다.

현지에 파견된 종단 상급자들의 횡포와 무시, 방만 경영, 내부 비리, 현 지 거주 한국인 조력자들의 비리와 커넥션, 비정상적인 회계처리 등 여러 현실적인 고민을 나에게 곧잘 털어놓곤 했다. 나는 그를 만날 때마다 그 가 안쓰럽기도 했지만 한편으론 대견하기도 했다. 바로 그런 사람이 영문 도 모른 채 2008년 11월 4일 변사체로 발견되고 말았다. 정말 믿기지 않은 뜻밖의 일이었다.

안 사장이 세상을 떠나기 하루 전날인 11월 3일 오후, 나는 우수리스크 농장의 들판에 있었다. 콩 수확을 마친 후 마지막 점검을 위해 농장을 둘 러보고 있었던 것이다. 세상을 금방 삼켜버릴 듯한 돌풍과 함께 갑자기 몰아닥친 먹구름이 대지를 컴컴한 밤으로 돌변시켰다. 자동차가 휘청거 릴 만큼 거셌던 초강풍은 마을 앞 아름드리 가로수를 넘어뜨렸다. 막강한 위력의 강풍과 먹구름은 지평선을 뒤덮었다. 연해주에서 이런 날씨는 처 음이었다.

잔뜩 긴장했던 나는 차를 멈추고 안치영 사장에게 전화를 했다. 이날 그와 블라디보스토크에 있는 한식당 '화로'에서 저녁식사를 하기로 약속 이 되어 있었기 때문이다. 그 역시 수확 중인 콩밭에서 전화를 받았다. 그 는 수확이 늦어져 현장을 독려해야겠다며 저녁식사 약속을 연기하자고 말했다. 갑자기 천둥번개까지 굉음을 내고 있으니 나도 서둘러 블라디보스토크로 와야 할 처지였다. 이것이 그와 나눈 마지막 대화였다.

이렇게 안 사장은 나의 곁을 떠났다. 11월 5일 우수리스크 병원 영안실에서 가족과 대순진리회 사람들, 김무영 총영사와 교민들이 참석한 가운데 영결식이 거행되었다. 나는 영결식장에서 최초의 목격자였던 이창준에게 내가 권유해 여름에 설치했던 CCTV를 확인해보라고 부탁했다. 그러나 다음 날 들려온 이창준의 대답은 예상대로였다. 카메라가 모두 정상이었는데 익사체가 발견된 방화수조의 카메라만 고장 난 채 작동되지 않았다는 것이다. 누군가가 의도적으로 사전에 작동을 멈추게 했던 것이다. 그렇다면 의문은 꼬리를 물고 계속된다.

안 사장의 인품이나 처세술을 감안하면 현지에는 원한을 살 만한 사람이 없으며 감정 있는 사람도 없다는 것이 중론이었다. 익사체로 발견되기 전날 밤도 11시경까지 서울에서 온 인부들과 함께 맥주를 마셨다고 한다. 그렇다면 도대체 간밤에 무슨 일이 있었던 걸까? 귀신이 곡할 노릇이다. 하지만 의심스러운 대목이 있다.

안 사장은 연해주로 부임한 이후 아그로상생에 연해주정부가 지급하는 각종 보조금이 지급되고 있으나 장부에는 입금처리가 안 되어 있고 이 사실을 회계직원도 모르고 있었다는 사실을 알게 되었다고 한다. 또한 콩 재고량이 장부상 보관량과 실제 보관량에서 3000톤 이상 차이 난다는 사실도 확인했다고 한다. 이 일로 안 사장과 누군가의 관계가 매우 험악해졌다는 증언이 있었다.

그러나 이 문제가 안치영 사장의 죽음과 어떤 관련이 있는지는 아무도 알지 못한다. 우수리스크 경찰은 익사에 의한 심장마비로 사인을 발표하고 사건을 종결지었다. 그들은 정밀수사에 대한 의지도 없었다. 결국

그라즈단카 젬추취느 농장에서 만난 안
치영 사장과 필자(2008.7)

2008년 11월 7일 비행기 편으로 서울에 도착한 안 사장의 시신은 분당 제
생병원에 안치되어 11월 9일 대순진리회의 영결식을 마지막으로 세상과
영영 이별하고 말았다.

2008년 여름 블라디보스토크 시내에서 만났을 당시 그로부터 들은 사
장의 증언은 지금도 생생하다. 안 사장과 나는 보드카 잔을 주거니 받거
니 하면서 연해주 농업에 대해 상당히 많은 정보를 나눴다. 주로 내가 듣
는 입장이었는데 그 과정에서 아그로상생의 내부 문제를 상당히 많이 알
게 되었다. 참으로 놀라운 일이 많았다. 차분하고 진솔했던 그는 속삭이
듯 낮은 목소리로 연해주 현실에 대해 의미심장한 조언을 하면서 누구누
구를 조심하라는 충고까지 아끼지 않았다.

동병상련이랄까? 그는 대순진리회에서 파견된 동료들과의 갈등, 국제
농업개발원과 얽히고설킨 사연, 고려인 농장 인부들의 관리실태, 농장시
스템의 문제 등에 대해 인간적인 고뇌와 체험담을 털어놓았다. 그동안 농
장 안팎에서 반복적으로 벌어진 크고 작은 문제로 인해 속병을 앓고 있었

지만 털어놓고 얘기할 상대가 없었다고 고백하기도 했다. 그가 들려준 경험담과 경계대상 인물에 대한 정보는 나에게 천금 같은 이야기였다.

이날 안 사장은 정부의 정책자금을 지원받도록 도와달라고 나에게 요청했다. 당시 나는 식량을 해외자원에 포함시키는 「해외자원개발사업법」 개정안을 국회에 발의하는 한편, 한국농촌공사가 해외농업투자 법인에 정책자금을 지원하도록 제도개선을 요청해놓은 상태였다. 그러나 안 사장은 농장의 현실을 탓하며 장탄식을 했다. 정책자금신청서에 첨부할 대차대조표와 손익계산서 등 결산서가 없어 정부의 정책자금을 신청할 수 없다는 것이었다. 그러면서 10여 년 동안 정상적으로 결산한 해가 한 차례도 없다고 말했다. 정말 놀라운 사실이었다. 안 사장은 연해주에 부임해 농장 내부를 들여다보니 안팎으로 곪아 있어 미로에 빠진 느낌이라고 털어놓기도 했다.

그는 심지어 나와 관련된 얘기도 들려줬다. 이동명 등 연해주에 거주하는 한국인들은 인탑스를 현금보유율이 높은 알부자로 인식해 어떻게든 나에게 접근해 한 건 해먹으려 하고 있으니 조심하라고 충고해주었다. 그들은 자칭 연해주 터줏대감으로 군림하면서 "강동원이 2009년 하반기에나 뭘 좀 파악할 수 있을 것이다. 어떻게 하나 지켜보자"라며 공공연하게 떠들어댄다는 것이었다.

최근의 동향에 대해서도 귀띔해주었다. 내가 콤무나르 농장에 예고 없이 감사를 실시해 비리를 파헤치고 농장 업무를 깊숙이 파고들자 이동명이 깜짝 놀라며 비상이 걸렸다는 것이다. 그들은 이구동성으로 "강동원이 그렇게 빨리 업무를 파악할 줄 몰랐다"라며 긴장하고 있다고 했다. 또한 이동명은 내가 관리하고 있는 자파드니 농장의 농장장 명함을 인쇄해 사용하고 있으니 조심하라고도 알려줬다. 이창준이 이동명에게 "그렇게 해도 되느냐? 좀 지나친 것 아니냐?"라고 말하자 씩 웃기만 하더라는 것이다.

참 웃기는 세상이다. 서울도 아닌 낯선 이국땅에서조차 한국 사람을 가장 경계하고 조심해야 한다는 안 사장의 말이 서글펐다. 연해주에 있는 한국인들이 나를 통해 한 건 해보려는 움직임을 보이고 있고 아로-프리모리에에 접근하면 살 길이 있다면서 군침을 흘리는 분위기라니 참 어이가 없었다. 실제로 아그로상생 소윤철 과장은 나의 고향인 남원시 덕과면 출신이었다. 나는 고향 후배인 그를 우리 회사에 영입할 생각이었다. 이 소문을 듣고 소윤철 과장에게 접근했던 한국인이 두 사람이나 있었는데 소윤철은 "꿈도 꾸지 말라. 강동원 사장은 당신들 머리 위에 있다"라고 반박했다고 한다. 외국에서도 한국 사람들은 자나 깨나 경계해야 하는 것이 철칙이다.

4. 연해주에 진출한 기업현황

2014년 현재 연해주에 진출한 한국 회사는 10여 개로, 1999년 11월 유니베라-러시아를 설립한 남양알로에, 2002년 아그로상생을 설립한 대순진리회, 2007년 (주)바리의꿈을 설립한 동북아평화연대, 2008년 아로-프리모리에를 설립한 인탑스, 에코호스를 설립한 (주)서울사료, 2009년 현대농장을 설립한 (주)현대중공업, 사료원료인 귀리와 알파파를 생산하고 있는 포항축협, 동북아평화연대에서 독립한 바리의꿈, 아그로 아무르, 퓨처 인 베스트 리더스 등이 있다.

현재 차질 없이 경작을 하고 있다는 사실만으로도 이들 업체는 연착륙에 상당히 성공한 경우로 평가된다. 특이한 사실은 이들 업체 중 아그로 상생과 인탑스를 제외한 여타 업체의 경우 국제농업개발원의 조력을 받지 않았다는 것이다. 이 업체들은 연해주 진출을 위해 사전 현지 답사를 실시하는 것은 물론 독자적인 정보라인을 구축하고 철저한 검토와 적응훈련을 통해 연해주에 진출함으로써 어려운 환경을 극복하고 연착륙에 성공했다.

1) 남양알로에의 유니베라-러시아

2008년 연해주에서 만난 유니베라-러시아 구원모 사장은 호롤 농장을 철수하고 핫산으로 옮긴 배경에 대해 "국제농업개발원의 소개로 1999년 3월 연해주 영농사업 조인식을 갖고 그해 11월 호롤 군의 노보제비찬스키 농장과 루가보예 농장 8400ha에 진출해 2000년 한 해 동안 벼를 계약재배했지만 영농 여건이 열악하고 농지의 장기임대가 어려워 핫산으로 철수했다"라고 밝혔다. 크라스키노에 소재한 안중근 의사 단지동맹비 바로 앞에 농장이 있다.

농장의 400ha에는 채종포, 600ha에는 황금을 재배하고 있다. 2004년부터 황금, 밀, 감자 등을 재배했지만 현재는 약용작물인 황금과 에크네시아를 주로 재배하고 있다. 구원모 사장은 "600ha에 황금을 재배하는데 200ha 2필지에는 1년생과 2년생 황금을 재배하고 있으며, 1필지는 수확후 지력증진을 위해 콩을 심어 윤작체제로 전환했다. 원래 3년생을 수확했지만 2년생도 3년생과 차이가 없어 2년생을 수확한다"라고 밝혔다.

황금은 관절염치료제가 아닌 통증억제제로 쓰인다. 유니베라는 미국 콜게이트 사와 합작으로 치통환자의 통증을 억제하는 치약을 개발하기 위해 연구했으나 성공하지 못했으며, 미국의 필립스와 코카콜라와도 상담을 진행했지만 수출은 성사되지 않았다.

2) 대순진리회의 아그로상생

대순진리회의 연해주 진출 계기는 매우 독특하다. 종단 내부의 분쟁을 수습하는 과정에서 연해주에 진출했기 때문이다. 1999년 9월 이병화의 국제농업개발원과 이재훈의 발해영농단은 연해주 아누친스키 군 그라즈단카 마을의 젬추취느 농장 7200ha를 50년간 무상으로 임대, 러시아 측과 합작으로 공동 개발한다는 이른바 '연해주 프로젝트'를 추진했다. 당시 대순진리회 내분사태의 한 축이던 정대진 이사장은 이재훈 변호사에게 승소를 조건으로 발해영농단에 투자키로 했으나 소송에서 패하자 투자 약속을 파기함으로써 연해주 프로젝트는 파국을 맞았다. 이때 정대진 이사장과 대립하고 있던 이유종 종무원장은 2000년 5월 발해영농단이 맺었던 계약을 파기하고 아누친스키 군과 새롭게 계약을 체결했다. 이로써 대순진리회는 이유종 종무원장의 적극적인 지원에 힘입어 연해주 진출을 본격적으로 시작했다.

2008년 가을, 아그로상생은 연해주 진출 이후 가장 혹독한 시련기를 맞았다. 총괄사장 안치영은 2008년 11월 4일 이른 아침, 자신의 숙소였던 그라즈단가 농장 본부에서 소방수조에 빠진 채 익사체로 발견되었다. 전날 늦은 밤까지 농장 종사원들과 함께 가볍게 맥주를 마셨던 안 사장은 어찌 된 영문인지 식당 뒤편에 있던 소방수조에 빠져 의문사한 것이다. 안 사장의 죽음은 석연치 않았다. 나의 권유로 설치한 CCTV는 정상적으로 작동되었지만 유독 안 사장의 익사 장소에 설치된 CCTV만 누군가에 의해

훼손되어 작동하지 않았다.

이후 서울 종단본부는 비상체제에 돌입했다. 종단본부는 정확한 영농 실태파악에 나서는 한편, 연해주 농장에 파견한 간부 전원을 즉시 복귀시 켰다. 이들은 대부분 농업 비전문가였다. 자체감사 결과 농장 경영에 상 당한 문제점이 있는 것으로 드러났다. 비상대책위를 구성한 종단본부는 새로운 경영진과 관리자를 임명해 경영혁신을 꾀했다.

하지만 방만한 농장의 문제점을 단시일 내에 정상화하는 데에는 한계 가 있었다. 결국 2010년 3월 20일 자 ≪조선일보≫에 "해외농업을 희망하 는 농업 관련 기관·지방자치단체·식품기업 등과 제휴 및 협력을 통해 농 장운영에 관한 모든 사항을 논의하고자 한다"라는 내용의 5단통 광고를 게재했다. 사실상 농장을 매각하겠다는 의사를 공개적으로 밝힌 것이다.

이후 정신적 지주이자 절대적 후원자인 이유종 종무원장이 2010년 9월 타계하자 아그로상생은 설상가상으로 또 다시 어려움에 봉착했다. 연해 주 농업에 반대하는 입장이던 종단 지도부가 연해주 농업을 지속적으로 지원할 것인지에 관심이 쏠렸다. 결국 연해주에 진출해 있던 서울사료의 에코호스가 2011년 봄 대순진리회의 아그로대순항카 농장을 인수하기에 이르렀다.

아그로상생이 연해주 진출에서 갖는 의의가 크므로 여기서는 아그로 상생에 대해 좀 더 자세히 알아보려 한다.

아그로상생의 허와 실

대순진리회는 상생복지회를 한국의 투자회사로 결정하고 2000년 5월 부터 2001년까지 아누친스키 군 그라즈단카 마을의 젬추취느 농장 200ha 를 위탁영농했으며 2002년 2월 현지 법인 아그로상생을 설립했다. 아그로상생은 대순진리회 상생복지회가 자본금 100%(1억 980만 루블)를 투자한 순수 한국인 단독법인으로 홀딩컴퍼니(지주회사)였다. 아그로상생은 연해주에 진출한 모든 대순진리회 농장의 법인을 자회사 또는 손자회사로 거느렸다.

그동안 농림부 등 정부기관과 학계에 알려진 아그로상생의 농장 규모는 공식적으로 17개의 농장에 면적은 13만 2423ha였다. ≪신동아≫(2000. 8)는 "17개 농장, 17만ha(5억 평)의 농지, 연해주 전체 농지의 20%", ≪뉴스메이커≫(2008.2.26)는 "서울시 면적의 2배가 넘는 토지 확보", ≪세계일보≫(2007.7.12)는 "여의도의 1400배, 새만금간척지의 7배가 넘는 광활한 땅"이라고 보도했다. 그러나 이 내용은 모두 사실이 아니다. 아그로상생의 과다한 홍보로 인한 오류투성이 정보였다. 농장 정보에 대한 오류를 살펴보자.

먼저, '17개 농장에 13만 2423ha의 면적'은 과거 국영농장 또는 집단농장 당시의 등기면적이지 아그로상생이 인수 또는 임대한 면적이 아니다. 2008년 11월 아그로상생의 자체감사자료에 따르면 아그로상생, 그라즈단카, 항카, 루비노프스코에 등 농업법인에서는 농지임대를 계속 진행 중이었다. 연해주 지방자치단체와 토지위원회는 농민들에게 분배한 농지 사유권 중 영농을 하지 않은 경작지를 회수해 법적인 청산절차를 거친 후 한국 기업에 재임대하고 있다. 따라서 농장 전체를 일시에 임대계약하기란 거의 불가능하다.

둘째, 아스로상생의 코미사로보, 지나드보르카, 노보데비차, 블라디미르 페트로브카 등 4개 농장의 1만 8980ha는 아직 임대가 이뤄지지 않은 면적이다. 임대를 추진하던 면적까지 임대면적으로 합산해서 홍보한 것이다.

셋째, 아그로상생이 밝힌 전체 면적 13만 2423ha에는 경작할 수 없는 임야와 초지가 3만 1403ha 포함되어 있다. 이 면적은 사실상 영농이 불가능하기 때문에 순수 농지가 아니다. 이처럼 임대 추진 중인 4개 농장과 임야·초지의 규모는 모두 5만 383ha로 전체 13만 2423ha의 38%에 이른다.

그렇다면 실제 임대면적은 얼마나 될까? 안치영 사장이 의문사한 직후 자체 실사한 결과에 따르면 임대면적은 10개 농장 2만 6170ha로 확인되었다. 이는 국내 학계에 알려진 17개 농장 13만 2423ha의 19.7%에 불과하다. 아그로상생의 농장별 법인등록증, 법인등기부등본, 정관 등 기타 영농 관련 서류를 근거로 자체 실사한 만큼 이는 가장 정확한 통계자료이다. 이후 2010년 아그로상생은 농지를 서울사료 등에 매각처분하는 구조조정을 단행해 2014년 현재 9714ha를 확보하고 있다.

2007년 6월 4일 이유종 종무원장은 ≪정경뉴스≫와의 인터뷰에서 "농사를 시작한 지 4년인데 현재 15% 정도만 경작하고 있다. 좋은 장비를 더 구입하고 창고를 더 준비하면 경작을 얼마든지 늘릴 수 있다"라고 밝혔지만 사실상 임대한 농장규모만 영농했던 셈이다. 2000년 5월 임대계약한 그라즈단카 마을의 젬추취느 농장은 7153ha 중 1300ha를 임대했고, 페르보마이스코예 농장은 밭 2만ha 중 2177ha를 임대한 것으로 밝혀졌다. 이처럼 아그로상생이 밝힌 농장 규모와 면적은 상당히 부풀려졌고 이 통계를 국내 연구자들이 확인 없이 인용해 오류를 낳았던 것이다.

2008년 12월 기준 아그로상생의 노동자는 모두 1079명으로 집계되었다. 농장 노동자 1042명, 카멘리발로프 곡물창고 노동자 30명, 상생트레이드 사무직 노동자 7명 등이다. 노동자 1인당 평균 급여는 6600루블(25만원 수준)로 타 농장보다 낮은 수준이다. 곡물, 장비, 부품, 차량, 유류 등의 도난사고와 물품구매의 과다청구, 금품사고가 빈번하게 발생하는 것은

1 아그로상생의 쌀 도정공장　　**2** 아그로상생의 양돈장
3 아그로상생 논의 용배수로　　**4** 아그로상생이 경작한 벼

저임금과 무관하지 않다.

아그로상생 축산업

　2008년 12월 기준 아그로상생은 그라즈단카 농장 등 9개 농장에서 소 1529마리, 사슴 769마리, 돼지 5687마리 등 모두 7985마리를 사육하고 있는 것으로 확인되었다. 이는 연해주 전체 사육두수 15만 8700마리의 5.0%에 해당한다. 연해주 축산은 대부분 육질이 좋아 경쟁력이 높지만 위생적인 도축장이 없고 유통구조가 낙후되었다는 단점을 안고 있다. 낙농업의 경우 우유 소비 증가로 판로에 문제가 없으며 우유생산량에 대해 주

정부 보조금이 지원되어 전망이 밝다. 양돈 역시 러시아인의 육류소비 패턴이 쇠고기에서 돼지고기로 상당 부분 전환되고 있어 경쟁력이 높다. 그러나 양돈은 초기 비용이 많이 들고 겨울철 난방, 급수시설, 자돈관리 등이 취약하다는 단점이 있다.

아그로상생의 투자비 분석

아그로상생의 투자비가 얼마인지는 알려진 바가 없어 그 규모를 파악하기는 힘들다. 아그로상생이 스스로 밝히지 않고 있기 때문이다. 아그로상생의 투자규모에 대해 한국농어촌공사는 2008년 6월 기준 160억 원, 한국농촌경제연구원 김경덕은 2008년 7월 기준 190억 원이라고 밝혔지만 출처나 근거는 제시하지 못했다. 그렇다면 대순진리회 이유종 종무원장이 밝힌 투자금액은 얼마일까?

이유종 종무원장은 2007년 6월 4일 ≪정경뉴스≫와 했던 인터뷰에서 "아누친스키 군의 젬추취느 농장 7200ha를 8000만 원에 계약했다. 49년 임대료 4000만 원과 위탁경작비용 4000만 원이 전부였다"라고 밝혀 초기 농장 임대와 관련한 투자비 규모를 짐작하게 했다. 이유종 종무원장은 또 2008년 8월 25일 ≪신동아≫와의 인터뷰에서 "농장 매입과 경영에 1000억 원이 투자됐는데 그중 700억 원은 직접 투자이고, 300억 원은 현지 수익금을 재투자한 것"이라고 밝혔다.

종무원장이 밝힌 1000억 투자 주장은 객관적으로 설득력이 약하다. 그 이유는 첫째, 25~49년간 임대료를 일시에 납부하는 것도 아니고 매월 또는 매년 분납하는 현실을 감안하면 사실상 임대료는 미미한 수준이다. 이종무 원장의 주장대로 초기 농장 임대료가 7200ha에 8000만 원이었다고 가정하면 전체 농장 임대료는 그리 많지 않았을 것으로 추산된다. 둘째,

아그로상생 안치영 사장은 2008년 8월 나에게 이렇게 증언했다. "지금까지는 투자 단계로 봐야 한다. 2007년부터 벼 단위생산량이 증가되어 쌀농사가 호전되고 있지만 아직까지는 흑자라고 단정할 수 없다." 이 말은 현지 수익금 300억 원을 재투자했다는 종무원장의 주장과 상반된다.

이런 상황에서 2008년 11월 발표된 아그로상생에 대한 실사결과는 아그로상생의 투자규모를 이해하는 데 결정적인 근거를 제시한다. 서울 상생복지회의 차입금은 총 3206만 달러이며 러시아 은행의 차입금은 5540만 루블인 것으로 나타났기 때문이다. 이 부채를 원화로 계산하면 406억 7000만 원에 해당한다(1달러를 1200원으로 계산하면 384억 7000만 원, 1루블을 40원으로 계산하면 22억 원이기 때문이다). 대순진리회 상생복지회가 연해주에 투자한 금액을 모두 차입금으로 회계 처리한 것은 향후 회수를 위한 적법한 절차로서 정확한 투자금액을 반영하는 것으로 볼 수 있다. 따라서 이 실사자료는 러시아 금융권의 차입금을 포함해 모두 406억 원 정도가 투자되었음을 객관적으로 보여준다.

3) 동북아평화연대의 바리의꿈

(사)동북아평화연대의 연해주 농업개발 구조는 복잡하다. 일반적으로 동북아평화연대가 연해주 농업에 진출한 것으로 알려져 있지만 실상은 다르다. 러시아 사회단체인 연해주동북아평화기금(이사장 김현동)은 과거 고려합섬에서 운영하던 프림코를 인수해 프림코 농장의 지분을 매입했다. 그런데 이 연해주동북아평화기금은 동북아평화연대가 설립한 단체이다. 이런 관계로 인해 한국의 동북아평화연대는 산하에 바리의꿈을 설립하고 프림코의 주식에 전환사채 매입방식으로 투자하고 있다. 따라서

프림코 농장을 실질적으로 경영하는 회사는 바리의꿈이다.

이러한 복잡한 구조를 감수하면서까지 동북아평화기금이 연해주에 진출한 것은 본연의 목적인 고려인 정착지원사업, 연해주 의료지원사업, 문화센터 운영, 소액대출사업, 민족학교 지원사업, 법률지원, 각종 문화행사 지원사업에 주력하려는 의지와 함께 (주)바리의꿈을 통해 연해주에 본격적인 농업투자를 시작하겠다는 의미로 풀이된다. 결과적으로 동북아평화연대는 비영리 시민사회단체라는 특수성 때문에 불가피하게 내부의 여러 조직이 서로 얽혀 연해주 농업을 추진하고 있다. 이런 관점에서 보자면 동북아평화기금과 (주)바리의꿈의 사업은 별개가 아니라 함께 추진되어왔기 때문에 동북아평화연대와 동북아평화기금, (주)바리의꿈의 농업 진출은 동일선상에 평가되어야 할 것이다.

(사)동북아평화연대는 원래 1996년부터 우리민족서로돕기운동본부 내의 재외동포사업국으로 연해주 고려인동포 돕기 운동을 전개하다가 2001년 10월 순수 민간시민단체로 창립해 2003년 6월 외교통상부에 등록한 NGO이다.

연해주동북아평화기금은 2001년 동북아평화연대가 연해주 고려인 동포들과 함께 동북아 평화 및 교류를 목적으로 설립한 러시아 사회단체이다. 2002년 9월 연해주 라주돌리니 정착촌 수리를 시작으로 2004년 8월 재외동포재단과 대한주택건설협회의 후원으로 우수리스크 우정마을에 문화마당 솔빈과 사택 1동을 건축했고, 2005년에는 우정마을에 고려인 농업정착용 비닐하우스 30동을 지원했다.

연해주동북아평화기금은 2004년 9월 정부예산을 지원받아 우수리스크에 '러시아 한인 이주 140주년 기념관'을 착공해 2009년 10월 준공식을 가졌다. 2006년 6월에는 연해주 고려인 정착지원사업으로 6개 마을 50여

농가에 소액대출을 지원했는데, 한국의 시민단체인 아름다운가게가 8가구의 주택 구입과 생활자금 및 영농자금 대출을 위해 4000만 원을 지원했고, 사회연대은행이 4000만 원으로 10가구의 대출을 지원했으며, 자연농업협회는 농업기술을 전수했다.

(주)바리의꿈은 사회적 기업으로 노동부 인증을 받아 2005년 12월 설립되었다. (주)바리의꿈은 2006년 9월 대한주택건설협회로부터 미하일로브카 우정마을의 농업센터와 순야센 시범농장 90ha(옛 로지나 농장으로 27만 평 규모이며, 그중 밭이 9만 평임)를 기증받아 순야센의 고려인 25가구와 새로 이주한 고려인이 주거하는 '고향마을농장'을 조성했다. 2006년 10월 미하일로브카 크레모바 농장의 프림코 지분 1586ha를 인수하는 것을 시작으로 2007년 10월에는 고려합섬의 채권관리은행인 우리은행으로부터 (주)프림코의 지분 54.6%를 인수했다. 2007년 9월에는 순야센 고향마을에 매월 5톤 생산 규모의 청국장공장을 설립했는데, 이곳에서 생산된 청국장은 '고도원의 아침편지'와 전략적 제휴를 통해 국내 판매를 시도하기도 했다. 2014년 현재 NGO단체인 동북아평화연대는 연해주에 지속적으로 투자할 여건이 되지 않아 연해주동북아평화기금과 결별했다.

4) 인탑스의 아로-프리모리에

나는 2008년 2월, 연해주에 진출해 그해 4월 현지 법인 아로-프리모리에를 설립했다. 이 회사는 내가 직접 설립하고 경영했다. 진출 첫해부터 농업현장을 진두지휘하면서 영농시스템, 노동자들의 근태현황, 농기계와 장비의 비효율성, 영농자재현황, 영농 관련 법과 제도를 연구했다. 그리고 콤무나르 농장의 경영혁신과 시스템 개량, 농기계와 사일로의 현대화를 통해 진출 첫해부터 수익을 창출함으로써 경제성 논란을 종식시키는 데 주력했다. 더 나아가 연해주의 해외농업 가능성을 입증하고 연해주에서의 남·북·러 3국의 농업협력방안을 연구했다.

아로-프리모리에는 지주회사로서 (주)인탑스의 자회사 (주)아로가 자본금을 100% 투자한 순수 한국법인으로, 농산물 생산·판매·가공업, 물류운송업, 유통업, 무역업, 서비스업, 소·도매업 등의 업종으로 설립했다. 연해주에서 농업법인을 총괄하는 아로-프리모리에는 자회사로 유한회사 아그로 미하일로브카와 베스찬노예를, 아그로 미하일로브카는 바실예브카 직영농장과 콤무나르 농장을 소유하고 있다. 아로-프리모리에는 2009년 현재 3개 농장에 임대농지 1808ha, 소유권농지 2800ha 등 4608ha의 농지를 보유하고 있다.

아그로 미하일로브카는 2008년 4월 현재 콤무나르 농장으로부터 2800ha에 대한 소유권을 인수했으며, 우수리스크 시와 49년간 500ha의 임대계약을 맺어 총 3300ha의 농지를 보유하고 있다. 콤무나르 농장은 연해주 각 농장에 종자를 공급하는 원종장으로 콩, 밀, 보리, 귀리를 재배하고 있으며, 러시아인이 경영하는 농장이고, 각종 농기계와 훈련된 노동자, 체계적인 영농시스템을 갖추고 있다.

2009년에는 한국농어촌공사의 농어촌개발기금에서 50억 원을 융자받아 낡은 시설을 모두 교체했는데, 특히 한국형 사일로를 신축한 것이 가장 큰 변화였다. 사일로는 곡물의 입고에서 출고까지의 모든 과정(저울질, 정선, 입고, 건조, 습도 측정, 포장, 출고, 이력관리, 재고관리)을 원스톱으로 자동 처리할 수 있는 최신형 시설물로, 500톤급 10기를 건설해 모두 5000톤을 보관할 수 있는 능력을 갖췄다. 이와 함께 농기계 보관창고, 식당 및 주재원 숙소를 건축해 농장을 새롭게 변모시켰다.

이 사일로는 한국의 사일로 전문 업체인 영일기계 기술진이 100% 자사 제품을 책임 시공함으로써 연해주에 한국 사일로가 처음으로 진출하는 계기가 되었다. 이로 인해 한국의 농업 관련 산업이 극동러시아로 진출할 수 있는 가능성이 열려, 연해주는 또 하나의 농업자재 및 장비시장으로 부각되고 있다. 2009년 8월 12일 공사현장을 직접 방문한 러시아 연방정부 엘레나 스크린닉 농림부 차관은 "극동 지역의 모든 러시아농장 경영인들은 한국 기업이 경영하는 이 농장을 직접 견학하도록 하라"라고 세르게이 다르킨 연해주지사에게 지시하기도 했다.

아로-프리모리에는 첫해인 2008년에 콩 1400ha, 밀 250ha, 보리 270ha, 귀리 150ha 등 2070ha를 파종하고 2830톤을 생산해 13억 3510만 원의 매출을 기록했다. 종자대금과 인건비 등 생산원가 9억 9630만 원을 공제하고도 3억 3880만 원의 순수익을 실현해 한국 기업이 진출 첫해에 흑자경영을 달성한 첫 케이스가 되었다.

2009년의 파종면적은 2930ha로 2008년보다 860ha가 늘었는데, 수확이 한창이던 10월 하순에 첫눈이 내려 970ha에서 콩을 수확하지 못하는 등 자연재해 때문에 수익구조에 큰 차질을 빚었다. 2010년 4월 수확하지 못한 970ha에서 봄철 수확을 시작했으나 4~5월의 잦은 비로 350ha에서만 콩을 수확하고 620ha는 갈아엎어야 했다. 겨울철 혹한기를 콩깍지에서 견딘 콩의 품질은 가을에 수확한 콩과 별다른 차이가 없었지만 종자로는 쓸 수 없었다. 그럼에도 3186톤의 곡물을 생산해 14억 3700만 원의 매출을 올렸는데, 주정부의 각종 보조금(영업 외 수익금)이 4억 3000만 원임을 감안하면 순수익은 8억 6700만 원에 이르렀다.

이러한 결과는 과거 러시아식이 아닌 한국식의 경영체제를 도입한 결과, 영농체계 정비, 시스템의 개량과 내부 혁신, 낡은 농기계와 장비시설의 과감한 교체로 생산성을 향상시키는 한편 노동자에게 엄격한 사규를 적용해 도덕적 해이를 막았기 때문인 것으로 평가되고 있다. 이러한 성공은 한국 기업의 해외농업 진출 가능성과 전망을 한층 밝게 인식시키는 계기가 되었다.

콤무나르 농장에서는 농장장, 영농반장, 장비반장을 비롯한 기계기사 5명과 트럭 운전기사 7명 등 15명이 3개 농장의 영농을 담당했다. 농장 본부에서는 회계, 유류 등 재산관리장, 전기기사, 곡물창고장, 기타 잡부와 경비원을 합해 모두 23명의 노동자가 3000ha를 경작했다. 같은 규모였던 대순진리회 아그로상생의 농장에서 110~160명의 노동자가 농사를 지었던 것과 비교하면 효율적인 인력관리를 통해 경영합리화를 추구하는 것이 얼마나 중요한지를 입증하는 사례이다.

5) 아리랑국제평화재단의 발해

(사)아리랑국제평화재단은 한반도 평화와 통일을 실현하고 세계평화에 기여할 목적으로 설립된 민간단체로 지역연고는 광주·전남이다. 아리랑재단은 김성훈 전 농림부장관, 조비오 신부, 몽산 스님 등이 2006년 3월 설립했다. 민간 대북지원단체인 아리랑재단이 미하일로브카에 설립한 한·러 합작회사 발해는 2008년 5월 고려인 등 현지 주민 50여 명이 참석한 가운데 대북지원을 위한 평화콩 파종 및 연해주 발해통일농장 개장식과 함께 200ha에 콩 파종을 시작했다. 미하일로브카 군 다니엘로브카에 통일농장을 개장한 발해는 대북지원을 위해 아리랑재단이 20만 달러를 투자해 세운 한·러 합작의 영농법인으로 2007년 평양에 청국장공장을 설립했으며 2008년에는 과자공장을 세운 바 있다.

연해주에서 생산된 콩은 전량 평양으로 보내져 청국장과 과자 원료로 사용된다. 정영재 아리랑재단 대표는 "연해주는 지리적으로 북한과 가까워 작물을 운반하기 쉽고 원가가 적게 들어 같은 비용으로 지원양을 늘릴 수 있다"라면서 "농장을 고려인과 러시아 농민이 공동으로 운영하게 함으로써 고려인 농민의 자활을 돕는 동시에 현지 사회에서 고려인 농민의 지위를 높일 수 있을 것"이라고 기대했다.

아리랑재단은 2009년 2월 17일 발해통일농장에서 첫 수확한 '평화의 콩' 90톤을 열차편으로 북한에 보냈는데, 이 콩은 우수리스크를 출발해 러시아의 최남단 국경인 핫산 역을 통과한 뒤 북한의 나진·선봉을 거쳐 평양 만경대구역 발효콩 빵공장으로 보내졌다. 이 사업은 광주일보사와 아리랑재단, 전남도민남북교류협의회가 공동으로 추진해 결실을 맺은 것이었다.

이 콩은 평양 빵공장의 원료로 사용되며, 그렇게 만들어진 빵은 영양부족과 발육부진으로 고통받는 북한 어린이 10만여 명에게 매일 제공된다. 특히 평양으로 보낸 콩은 러시아에서 북한으로 수출하는 형식을 취했는데 그 비용은 광주·전남 지역민들의 성금으로 조성되었다. 이를 계기로 광주·전남 지역에서는 지역민들의 성금모금운동이 활발히 전개되고 있다. 그러나 2014년 현재 발해농장은 더 이상 지속하지 못하고 철수하고 말았다.

6) 서울사료의 에코호스

(주)서울사료는 2008년 8월 우수리스크에 현지 법인 에코호스를 설립하고 조성환 사장이 현지에 상주하며 농장을 운영했다. 에코호스는 문경

양돈영농조합이 51.9%, 서울사료가 48.1%의 지분을 투자해 설립한 순수 지주회사이다.

에코호스는 2008년 9월 미하일로브카 노보잣코보 마을에 있는 그리고리예브카 농장 법인을 인수했다. 그리고리예브카 농장은 당초 면적이 1만 4000ha에 달했지만 양질의 농지는 대부분 이미 러시아에 넘어가서 초지 생산이 가능한 농지 1890ha만 인수하고 소유권을 확보했다. 2010년 에코호스는 항카 군 지역의 아그로상생 농장 6000ha를 비롯해 3개 농장을 확보했고, 2014년 현재 1만 1163ha의 농지에서 콩, 옥수수, 귀리를 생산하고 있다.

에코호스는 2010년 3000ha의 면적에 티모시 1000ha, 콩 1500ha, 귀리와 밀 500ha를 파종했다. 최근에는 수확한 건초를 연해주 현지에서 수출검역을 마친 후 한국으로 반입했다. 한편 에코호스는 2009년 정부의 해외농업개발자금 32억 원을 융자받아 농기계 등 영농장비를 새롭게 보강했다.

7) 현대중공업의 아그로현대

현대중공업은 2009년 4월 하롤 제르노 농장의 지분 67.6%를 M&A 방식으로 인수했다. 하롤 제르노 농장은 연해주에 거주하는 뉴질랜드 국적의 마틴 테이트(Martin Tate)가 운영하던 농장으로, 전체 면적은 9356ha인데 그중 경작지는 약 7000ha이며 나머지는 초지와 임야로 구성되어 있다. 현대중공업은 농장을 인수한 직후 농장 이름을 현대제르노로 개명했다가 2010년 봄, 현대종합상사에 농장을 위탁한 이후 아그로현대로 다시 개명했다.

아그로현대는 콩과 옥수수만을 위탁재배하고 있다. 2010년에는 콩

3100ha, 옥수수 3850ha를 파종했는데 콩은 미국 품종인 허드슨 종자를, 옥수수 역시 미국 품종인 파이어니아 F1(교잡종) 종자를 파종했다. 그러나 아그로현대는 한국의 다른 농장들처럼 주재원이 직접 영농하지 않고 위탁영농을 하고 있다. 2010년 4월 현대중공업은 국내 언론에 제공한 보도자료를 통해 2009년에 콩 4500톤과 옥수수 2000톤을 수확했다고 발표했다. 아그로현대가 보유하고 있는 사일로는 모두 4기인데 2750톤의 보관능력을 갖춘 미국식으로, 단순히 보관기능만 가능하다.

한편 현대종합상사는 현재 모기업인 현대중공업에서 위탁관리 중인 러시아 연해주 농장을 2012년까지 확대한다는 계획을 수립했다. 2013년에는 6811ha에서 콩과 옥수수를 생산했고 2014년 현재 1만 4469ha의 농지를 확보했다.

연해주에 진출해 있는 기타 기업을 살펴보면 퓨처인베스트리더스 법인이 스파스크 지역에서 9800ha의 농경지를 확보해 옥수수를 생산하고 있으며, 아그로아무르(코리아통상)는 파르티잔스크 지역에서 1890ha의 농경지를 확보해 옥수수를 경작하고 있다. 2014년 현재 치코자류엔엠파트너스 법인은 달네레첸스크 지역에서, 해피콩 법인은 미하일로브카 지역에서 경작을 준비하고 있다.

제4장

연해주 해외농업개발의 경제성 분석

아그로상생은 2014년 현재 연해주에서 13년째 영농활동을 계속하고 있는 업체로 유일하게 객관적인 경영분석이 가능한 기업이다. 그러나 종교단체인 대순진리회 지도부 간의 역학관계와 실타래처럼 얽히고설킨 현지 파견자들 간의 계파갈등으로 인해 투자비의 현지 유용 등 각종 비리와 부작용에 대한 소문만 무성할 뿐 내부 정보는 외부에 일절 유출되지 않고 있다. 종단 본부가 투자하는 외화는 연해주를 여행하는 대순진리회 교인들에게 각자 분산되어 반입되기 때문에 합법적인 송금방식이 아닌 비정상적인 루트로 러시아에 반입된다. 이 때문에 아그로상생의 자본은 일종의 비자금 형태로 볼 수 있다.

나 또한 아그로상생의 경영상태를 전혀 알 수 없다는 점이 아쉬웠다. 아그로상생에 대한 인식은 두 가지로 극명하게 나뉜다. 하나는 아그로상생이 실패했다는 것이고 또 하나는 흑자경영이라는 것이다. 그러나 아그로상생 내부에서조차 흑자인지 적자인지를 정확히 아는 사람이 없으며 경영상태가 외부에 공개된 사실도 없어 객관적으로 죽이 끓는지 밥이 끓는지 아무도 알 수 없다.

아그로상생이 진출 첫해부터 객관적인 회계시스템을 작동시켜 경영상태를 공개했다면 후발 진출 업체에 반면교사가 되었을 것이다. 그러므로 진출 업체들은 자신들의 경영평가를 투명하게 공개해야 한다. 특히 정책자금을 지원받은 업체라면 수익구조는 물론 결산서와 경영정보까지 공유하도록 의무화해야 한다. 그래야만 모든 진출 업체에 도움이 될 수 있다.

2009년 5월 농림부가 주관한 워크숍에서 유니베라, 바리의꿈, 에코호스는 자신들의 경제성을 검토한 결과를 발표했다. 그러나 이는 영농경험이 전혀 없는 상태에서 정책자금을 받기 위한 사업계획서에 불과했다.

이 워크숍에서 나는 아로-프리모리에 법인의 2008년 결산서를 근거로 생산원가와 판매비, 경상이익과 당기순이익을 발표했다. 이 자료는 해외투자법인의 회계원칙과 러시아정부의 세법에 따라 우수리스크 세무서에 신고한 결산서였다. 사실상 연해주에 진출한 한국 업체가 제출한 최초의 결산서였다. 따라서 다음에서는 아로-프리모리에 법인의 2008년 결산서를 토대로 연해주 농업의 경제성을 정밀 분석하려 한다.

1. 아로-프리모리에의 수익분석

인탑스 이사회는 2008년 2월 연해주에 농업법인을 설립키로 의결했다. 이사회에서 조대사상으로 선출된 나는 블라디보스토크에 상주히면서 법인 설립에 착수했다. 그해 4월 블라디보스토크 법원에서 아로-프리모리에 법인 설립을 허락하는 등기가 나오자 즉시 세무서에 사업자등록을 했고, 이미 실사를 진행 중이던 우수리스크 시 노보니콜스크에 소재한 원종 생산 농장 콤무나르의 지분을 100% 매입했다.

서울 본사에서 파견된 회계팀과 법무팀은 농장의 자산과 부채실태를 정확히 실사한 뒤에 고용승계를 조건으로 농장을 인수했다. 소유권농지 2800ha와 임대농지 500ha 등 3300ha의 농지와 트랙터 16대, 콤바인 3대, 파종기 3대, 경운기 5대, 로터리 3대, 트럭 5대 등의 농기계, 정선기, 건조장, 30톤을 계량할 수 있는 저울이 포함된 곡물창고, 자체 주유소가 농장 인수조건에 포함되었으며, 20여 명의 노동자도 고용승계했다. 이때가 4월이었으므로 파종을 시작함으로써 첫 농사에 착수했다.

콤무나르 농장의 인수금액은 장부가액으로 미화 173만 달러(18억 원)였다. 농장을 인수한 직후에는 파종기, 콤바인 등 농기계와 트럭, 굴삭기, 차량 등 장비를 보강(5억 7810만 원)했다. 결과적으로 2008년 1년간 농장 인수로 인해 발생한 자산취득가액은 총 220만 4000달러(한화 23억 8550만 원)였다.

나는 2006년부터 연해주를 몇 차례 방문하면서 연해주 농업의 가능성을 타진하고 사전정보를 입수했지만 진출 첫해부터 영농을 감당하기란 쉽지 않은 일이었다. 하지만 기왕 시작한 일, 끝장을 보겠다는 작정으로 치열하게 일했다. 고용을 승계한 러시아인 농장장과 영농기사, 기계기사, 회계창고장 등 노동자들은 농사철에 바쁘게 움직였다. 밤에도 들에서는 파종작업과 밭갈이가 병행되었다. 이 과정에서 나 역시 잠시도 쉴 틈이 없었다. 그들의 작업과정을 일일이 기록하면서 영농자금이 제대로 집행되는지 점검했다.

1) 손익계산서

2008년 결산 결과, 파종면적은 콩 1400ha, 밀 250ha, 보리 270ha, 귀리 150ha 등 2070ha이고 수확량은 콩 1880톤, 밀 350톤, 보리 400톤, 귀리 200톤으로 집계되었다. 생산된 곡물의 매출총액은 총 2669만 루블인데, 콩 2162만 루블(1kg당 11.50루블), 보리 190만 루블(1kg당 4.76루블), 밀 167만 루블(1kg당 4.78루블), 귀리 148만 루블(1kg당 7.44루블)로 집계되어 콩이 가장 비싼 값에 팔린 것으로 나타났다.

매출총액 2669만 루블에서 생산원가 1992만 루블(74.65%)을 공제한 매출이익은 676만 루블(25.35%)이었다. 매출이익에서 판매비와 관리비 271만 루블(10.16%)을 공제한 순수 영업이익은 405만 루블(15.18%)이었는데 농업보조금의 잡수익으로 452만 루블(16.93%)이 발생한 데 힘입어 영업외 비용을 지출하고도 당기순이익이 853만 루블(31.97%)에 달했다.

판매비와 관리비를 구체적으로 분석해보면 지주회사인 아로-프리모리에에서는 모두 263만 루블의 비용이 발생했다. 사무실 회계 등을 담당하는 러시아 직원 5명의 급여 42만 루블, 주재사원의 주재수당 39만 루블, 숙소 임차료 39만 루블(4.66%)이 가장 큰 비중을 차지했고 사무실 임차료도 22만 루블이 지출됐다. 관리비에서는 은행수수료가 39만 루블이 발생했는데 이는 러시아연방 은행법에 따라 예금을 입출금하는 과정에서 발생한 수수료였다. 한국의 경우 예금유치를 위해 은행들이 서비스경쟁에 나서는 것과는 대조적으로 러시아인들은 현금선호도가 높아 대부분 자신의 집에 금고를 두고 있다. 예금이 저조하다 보니 오히려 은행은 예금수수료를 0.6~1.6%까지 징수하고 있다.

콤무나르 농장의 보조금이 많은 이유는 연해주정부가 지급하는 각종

2008년 아로-프리모리에 손익계산서

(단위: 루블)

과목	아로-프리모리에	아그로 미하일로브카	콤무나르	합계	매출액 대비
I. 생산제품 매출액	0	5,723,880	20,690,008	26,690,008	100%
- 콩	0	5,723,880	15,902,128	21,626,008	
- 보리	0	0	1,902,000	1,902,000	
- 밀	0	0	1,674,000	1,674,000	
- 귀리	0	0	1,488,000	1,488,000	
II. 매출(생산)원가	0	3,469,130	16,456,040	19,925,170	74.65%
- 기초제품 재고액	0	0	0	0	
- 당기제품 제조원가	0	3,469,130	16,456,040	19,925,170	
- 기말제품 재고액	0	0	0	0	
III. 매출총이익	0	2,254,750	4,510,087	6,764,837	25.35%
IV. 판매비와 관리비	2,635,457	41,765	35,789	2,713,011	10.16%
- 급여	423,794	0	0	423,794	1.66%
- 주재수당	395,689	0	0	395,689	1.47%
- 은행수수료	339,458	37,429	15,684	392,571	1.54%
- 광고선전비	510	0	0	510	0.00%
- 복리후생비	42,630	0	0	42,630	0.14%
- 보험료	6,700	0	0	6,700	0.03%
- 접대비	38,240	0	0	38,240	0.15%
- 통신비	77,824	88	17,680	95,592	0.38%
- 세금과 공과	114,099	0	0	114,099	0.45%
- 여비교통비	5,574	0	0	5,574	0.02%
- 출장비	195,684	0	0	195,684	0.77%
- 도서인쇄비	3,001	0	0	3,001	0.01%
- 사무용품비	21,016	171	2,425	23,612	0.09%
- 수선비	3,250	0	0	3,250	0.01%
- 소모품비	19,040	0	0	19,040	0.07%
- 지급수수료	106,706	4,077	0	110,783	0.44%
- 숙소 임차료	389,846	0	0	389,846	1.53%
- 숙소관리비	92,314	0	0	92,314	0.36%
- 사무실 임차료	223,800	0	0	223,800	0.88%
- 사무실관리비	29,688	0	0	29,688	0.12%
- 차량유지비	94,558	0	0	94,558	0.36%
- 잡비	12,036	0	0	12,036	0.05%
V. 영업이익	-2,635,457	2,212,985	4,474,298	4,051,826	15.18%
VI. 영업외 수익	550,699	2,321	4,516,696	5,069,716	18.99%
- 외환차익	550,499	0	0	550,499	2.06%
- 잡이익(농업보조금)	200	2,311	4,516,696	4,519,217	16.93%
VII. 영업외 비용	409,136	0	178,836	587,972	2.20%
- 지급이자	0	0	178,836	178,836	0.67%
- 외환차손	409,136	0	0	409,136	1.53%
- 잡손실	0	0	0	0	0.00%
VIII. 경상이익	-2,493,894	2,215,306	8,812,158	8,533,570	31.97%
IX. 특별이익	0	0	0	0	0.00%
X. 특별손실	0	0	0	0	0.00%
XI. 소득세 차감 전 이익	-2,493,894	2,215,306	8,812,158	8,533,570	31.97%
XII. 소득세 등	0	0	0	0	0.00%
XIII. 당기순이익	-2,493,894	2,215,306	8,812,158	8,533,570	31.97%

자료: 아로-프리모리에 내부 자료.

보조금과는 별도로 우량종자를 보급하는 차원에서 종자의 생산과 판매에 따라 일정 비율의 보조금이 지급되기 때문이다. 한편 결산신고 이후에는 소득세 등을 납부한 실적이 없는데 그 이유는 러시아 농장은 소득을 거의 적자로 신고하기 때문이다. 따라서 한국인이 운영하는 농장에서는 러시아 세무서에 신고하는 세무회계시스템을 담당하는 러시아 회계직원과 한국의 해외투자법인 세무를 관리하는 회계직원을 별도로 두는 등 회계체계가 이원화되어 있다.

2) 생산원가

생산원가는 원자재비와 부자재비, 노무비, 생산 제경비로 나뉜다. 생산원가는 모두 1992만 루블이 소요되었는데 그 가운데 원자재비는 288만 루블(14.5%), 부자재비는 701만 루블(35.2%), 노무비는 221만 루블(11.1%), 기타 생산 제경비는 781만 루블(39.2%)로 나타났다.

원자재비는 종자값을 말하는데 콩은 1ha당 평균 100kg의 종자를 파종하며 보리와 밀, 귀리는 1ha당 210~220kg의 종자를 파종한다. 종자대금으로는 콩 193만 루블, 보리 39만 루블, 밀 35만 루블, 귀리 20만 루블이 소요됐다.

부자재비는 비료, 종자소독약, 제초제 구입비와 항공방제비, 농기계와 차량운반구 운행에 필요한 경유, 휘발유, 오일 등의 유류 구입비로 나뉜다. 부자재비용 중 가장 비중이 큰 것은 비료 구입비(53.8%)였으며 유류 구입비(28.4%), 제초제 구입비와 항공방제비(17.8%) 순으로 지출되었다.

비료는 일반적으로 질소·인산·가리가 함유된 복합비료를 사용한다. 총 157톤을 살포했는데 1ha당 평균 76kg이 살포된 셈이며, 비료 구입비는

2008년 아로-프리모리에 생산원가 명세서

(단위: 루블)

과목	아그로 미하일로브카	콤무나르	합계	매출액 대비
Ⅰ. 원자재비	936,000	1,947,490	2,883,490	14.47%
- 기초자재 재고금액	0	0	0	
- 당기자재 매입금액	936,000	1,947,490	2,883,490	
- 기말자재 재고금액	0	0	0	
Ⅱ. 부자재비	1,861,934	5,156,164	7,018,098	35.22%
- 기초부자재 재고금액	0	0	0	
- 당기부자재 매입금액	1,861,934	6,039,478	7,901,413	
- 기말부자재 재고금액	0	883,316	883,315	
Ⅲ. 노무비	236,649	1,975,440	2,212,089	11.10%
- 임금	236,649	1,975,440	2,212,089	
- 상여금	0	0	0	
Ⅳ. 생산 제경비	434,546	7,376,947	7,811,493	39.20%
- 감가상각비	63,095	2,553,462	2,616,557	13.13%
- 복리후생비	0	236,500	236,500	1.18%
- 토양분석비	0	123,478	123,478	0.62%
- 종자검사비	0	77,297	77,297	0.38%
- 신품종개발비	0	33,158	33,158	0.16%
- 전력비	23,500	176,907	200,407	1.01%
- 출장비	0	335,675	335,675	1.68%
- 세금과 공과1	152	87,805	87,957	0.44%
- 세금과 공과2	26,958	247,619	274,577	1.38%
- 농지 임차료	204,441	0	204,441	1.02%
- 농기계 리스비	0	431,585	431,585	2.16%
- 장비부품비	0	1,005,713	1,005,713	5.05%
- 장비수선비	0	1,584,269	1,584,269	7.95%
- 수선비	0	73,456	73,456	0.36%
- 보험료	911	5,582	6,493	0.03%
- 차량유지비	0	215,157	215,157	1.08%
- 지급수수료	23,400	1,662	25,062	0.12%
- 곡물운반비	40,639	77,264	117,903	0.59%
- 소모품비	51,450	110,357	161,807	0.81%
Ⅴ. 당기 총 생산비용	3,469,130	16,456,040	19,925,170	100%
Ⅵ. 기초재공품 재고액	0	0	0	0.00%
Ⅶ. 합계	3,469,130	16,456,040	19,925,170	100%
Ⅷ. 기말재공품 재고액	0	0	0	0.00%
Ⅸ. 당기제품생산원가	3,469,130	16,456,040	19,925,170	100%

자료: 아로-프리모리에 내부 자료

377만 7000루블이었다. 아그로미일로브카의 베스찬노예 농장은 휴경지
인 관계로 1ha당 100kg을 살포했다. 종자소독은 파종 직전에 소독제를 종

종자	아그로 미하일로브카				콤무나르				합계			
	면적 (ha)	수량 (kg)	단가 (kℓ)	금액 (루블)	면적 (ha)	수량 (kg)	단가 (kℓ)	금액 (루블)	면적 (ha)	수량 (kg)	단가 (kℓ)	금액 (루블)
콩	400	46,800	20,00	936,000	1,000	93,600	10,70	1,001,520	1,400	140,400	13,80	1,937,520
보리	0	0	0	0	270	60,000	6,50	390,000	270	60,000	6,50	390,000
밀	0	0	0	0	250	54,000	6,50	351,000	250	54,000	6,50	351,000
귀리	0	0	0	0	150	32,000	6,40	204,970	150	32,000	6,40	204,970
합계	400	46,800	-	936,000	1,670	239,600	-	1,947,490	2,070	286,400	-	2,883,490

자료: 아로-프리모리에 내부 자료.

자에 피복시키는 방법으로 실시하는데, 소요되는 비용은 그리 많지 않다.

제초제는 콩의 경우 콩이 15~20cm 정도 성장할 무렵 콩보다 키가 더 크게 자란 풀의 생육을 중단시키기 위해 새순을 고사시키는 선택적 제초제를 사용한다. 트랙터에 농약살포기를 부착하여 살포하면 콩이 트랙터 바퀴에 깔려 손실이 크므로 항공방제를 한다. 그러나 항공방제는 날씨와 바람의 영향을 많이 받기 때문에 제초제 살포시기를 놓치는 경우도 있다. 제초제 값은 89만 루블, 항공방제비용은 31만 루블(1ha당 260루블, 한화 1만 원)로 나타났다.

유류의 종류를 보면 트랙터, 콤바인, 트럭에는 경유를, 지프차에는 휘발유를, 파종기, 쟁기, 로터리 등 주요 작업장비에는 오일을 사용한다. 농기계와 장비운행에 소요되는 유류 구입비로 200만 루블을 지출했는데 이는 부자재비의 28.4%를 차지한다. 한편 2008년에 구입한 부자재 중 88만 루블에 상당하는 미사용 부자재는 2009년으로 이월했다.

노무비는 모두 221만 루블이 지출되었는데 농상장을 비롯한 전체 노동자 23명의 월평균 임금은 9718루블로 나타났다. 노동자 개인의 기술과 능력, 보직에 따라 급여 차이가 많이 나지만 농장장의 경우 3만 5000루블

(140만 원), 영농기사와 기계기사는 2만 3000루블(100만 원), 트랙터와 콤바인을 담당하는 기사는 1만 5000~2만 루블(70~80만 원), 기타 노동자는 7000~1만 루블(30~40만 원) 수준이다. 그러나 2009년 4월 개별 임금협상을 통해 모든 노동자와 노동계약을 다시 체결했다. 개인별 노동생산성을 조건으로 평균 33%의 처우개선을 단행해 콤무나르 농장은 연해주에서 가장 급여가 높고 노동조건이 좋은 농장으로 평가받고 있다.

생산 제경비로는 781만 루블이 소요되었는데 이는 전체 생산원가의 39.2%에 해당한다. 감가상각비는 261만 루블(13.13%)로 농장 인수 당시 농기계와 장비들이 낡아 대부분 작업이 불가능한 고철상태여서 감가상각한 것이다. 신품으로 구입한 농기계와 장비도 사용 가능 햇수를 7년으로 계산하여 감가상각했다. 농기계와 관련된 비용을 살펴보면 장비수선비 158만 루블, 농기계 수리비 100만 루블, 농기계 리스비 43만 루블이 지출되어 생산원가의 15.16%를 차지해 낡은 농기계와 장비 수리에 과다하게 지출되었음을 알 수 있다. 결과적으로 농기계와 장비 부문에 지출되는 비용, 즉 감가상각비, 장비수선비, 농기계 수리비로 모두 520만 루블이 지출되었는데, 이는 생산원가의 26.13%, 생산 제경비의 66.65%를 차지했다. 이러한 결과는 농기계와 장비의 현대화를 통해 감가상각비와 수리비를 대폭 줄여야 할 필요성을 절실하게 보여주고 있다.

지금까지 적시한 바와 같이 연해주 농업의 성패는 비료, 유류, 제초제 등 부자재 비용 절감 및 농기계와 장비의 현대화를 통한 부품 구입비와 기계 수리비 절감에 달려 있다고 해도 과언이 아니다. 그리고 2008년 영농 개시 3~4개월 만에 영농과정의 여러 문제점을 발본색원하고 관리감독을 엄격하게 시행해 각종 도난사고 예방, 노동자의 근무태도 확립, 언로의 소통과 신뢰 회복, 노동생산성 향상 등을 이끌어낼 수 있었고, 그 결과 진출 첫해에 수익을 창출했다는 점에서 그 의의가 매우 크다.

다시 말해 2008년이 진출 첫해임에도 수익이 창출된 것은 농장의 경영혁신을 통한 결과이지 비료, 유류, 항공방제 등의 부자재는 물론 농기계, 장비의 수리비를 절감했기 때문은 아니었다. 그럼에도 진출 첫해에 비용이 과다하게 지출된 원인은 농장 인수를 위한 실사 진행과 동시에 파종을 시작할 수밖에 없었기에 초기 진단을 제대로 하지 못했고, 부자재 구입비와 농기계 수리비를 포함한 생산경비 지출을 적절하게 판단하지 못했으며, 영농 초기에 노동자들을 철저하게 통제하지 못했고, 러시아인 농장장의 비리가 있었기 때문인 것으로 분석되었다.

여러 차례의 자체 감사와 감독을 통해 이러한 사실을 조기에 파악한 뒤로는 관리매뉴얼을 제도화했다. 따라서 수익창출을 위해 다각적으로 노력한다면, 즉 부자재비용 및 수리비를 절감하고 과학적인 영농기술 혁신을 통해 농기계의 효율성을 제고한다면 연해주정부의 보조금을 제외한 순수 영업이익을 2008년의 15.18%에서 30% 이상까지 끌어올릴 수 있을 것으로 예측된다.

2. 아로-프리모리에의 성공원인 분석

연해주 진출 첫해에 한국 기업이 반드시 해야 할 일은 농장 경영권을 확보하고 노동자들을 장악하는 것이다. 그러나 영농기법이 다르고 무엇보나 언어장벽이 높아 농장 종사원을 장악하거나 그들과 소통하는 일이 쉽지는 않다. 여기서는 내가 연해주 진출 첫해에 겪었던 사례를 중심으로 아로-프리모리에의 경영분석을 통해 연해주 진출에 성공하는 방법을 제

1 밭갈이 직전에 토양을 살피는 필자
3 파종 후 1개월이 지난 밀밭(2009.6.4)
5 파종 후 2개월이 지난 콩밭(2009.8.1)
2 밀 작황 상태를 살피는 필자
4 파종 후 3개월, 수확 직전의 밀밭(2009.7.28)
6 파종 후 4개월, 수확 직전의 콩밭(2009.10.1)

시하려 한다.

나는 2008년 3월 초 콤무나르 농장의 자산을 평가하면서 인수협상을 시작하는 한편, 농장 인수를 전제조건으로 3월 하순부터 밀과 보리 파종을 시작했다. 4월 초에는 아로-프리모리에 법인 설립과 동시에 콤무나르 농장을 인수하고 소유권 이전등기를 마쳤다. 콤무나르 농장 인수는 연해주에 거주하는 이동명의 소개로 이뤄졌다.

나는 인탑스 자회사인 (주)아로가 투자한 연해주 농업법인의 초대사장으로 현지에 파견되었기 때문에 무엇보다도 성공적인 조기연착륙과 경영안정을 목표로 삼았다. 특히 매물로 나온 콤무나르 농장을 서둘러 인수한 것은 이 농장이 연해주의 종자를 생산하는 농장이라서 종자 확보는 물론 안정적인 수익성까지 보장되었기 때문이다.

진출 첫해부터 직접 농사를 시작한 것은 한 해 동안 영농과정을 체험하면서 러시아의 영농방식과 농장운영시스템을 철저하게 분석하기 위해서였다. 이 때문에 영농 첫해에는 러시아인 농장장의 영농방식과 경영체제를 전적으로 수용할 수밖에 없었다. 하지만 농장 운영 과정에서 경영실태를 집중적으로 혁신했기 때문에 농장의 경영권을 확보할 수 있었고, 노동생산성, 부자재 구입, 적기파종과 적기수확, 상품관리, 내부 감사 등 전반적인 경영상황을 분석할 수 있었다.

1) 농장경영권 확보

농장 경영에서는 사장과 농장장의 권한이 절대적이다. 모든 노동자는 사장의 명령(지시)에 원칙적으로 순응해야 한다. 그런데 콤무나르 농장을 인수한 첫날부터 문제가 발생하기 시작했다. 농장 주인이 한국인으로 바뀐 데 대해 러시아 노동자들이 강한 경계심을 나타낸 것이다. 예를 들면 진짜 주인이 누구냐, 누구에게 월급을 받느냐는 의문을 제기하거나 농장 간부들이 집단사표를 제출하기도 하는 등 각양각색의 반응을 보였다. 그

배후에는 유태계 러시아인 농장장 본다리 알랙산드르 아다모비치(이하 본다리)가 버티고 있었다. 본다리는 농장 인수인계의 혼란한 틈을 노리는 일종의 심리전을 전개했다. 자신의 역량을 과시하여 그동안 누려왔던 기득권을 계속 행사하려는 속셈이었다.

본다리가 나에게 요구한 조건은 다양했다. 그는 자신의 사장 임명, 노동자의 임금인상, 제때에 영농자금 전도, 농장 경영 불간섭을 요구했다. 좋게 말하면 자본과 경영을 분리하자는 것이었다. 본다리는 나더러 자본금만 대고 농장 경영에 간섭하지 말라고 경고하면서 농장의 모든 권한을 자신이 행사하겠다고 주장했다. 본다리는 다분히 의도적으로 고압적인 태도를 보였고 성질이 거칠었다. 마치 거세하지 않은 수퇘지와 같았다.

나는 도리 없이 그의 명분을 살려주는 대신 실리를 추구하는 방법을 택했다. 그에게 사장 승진과 임금인상이라는 두 마리의 토끼를 안겨주었다. 대신 여타 노동자의 임금은 인상하지 않았다. 그 이유는 첫해의 농장 경영은 어차피 그의 몫인 상황이었으므로 그의 경영능력과 영농시스템을 더욱 철저하게 분석할 필요가 있었기 때문이다.

현지 법인이 설립되기 전에는 한국 본사에서 외환송금을 받을 수 없었으므로 영농자금 지원은 사후 정산하는 방식을 택했다. 나는 농장을 인수한 직후의 첫 힘겨루기에서 밀고 당기는 협상과정을 거치며 본다리의 속셈과 허점을 찾기 위해 예의주시하고 있었다. 결국 험악했던 분위기는 진정되었고 본다리의 지휘 아래 일사분란하게 파종작업을 진행하여 영농에 차질을 빚지는 않았다.

그러나 본다리가 나의 지시를 묵살하는 중대한 일이 자주 발생했다. 그 원인은 결국 나의 치밀하지 못한 업무처리에서 비롯됐음을 알게 되었다. 내가 설립한 농업법인 아로-프리모리에는 블라디보스토크에 소재하는 지주회사로 이 법인이 농장 인수자금의 분배를 담당했다. 그런데 콤무나르 농장은 우수리스크에 소재하고 있었으므로 콤무나르 농장을 인수하기 위해서는 우수리스크 세무서 관내의 법인이 필요했다. 그러나 법인을 설립하기엔 시간이 너무 촉박했다. 때마침 콤무나르 농장을 소개한 이동명은 이러한 사실을 알고 있었던지 일종의 페이퍼컴퍼니인 아그로 미하일로브카를 설립해 소유하고 있었다. 나는 아그로 미하일로브카를 인수해 콤무나르 농장을 등기 이전했다.

이 과정에서 나는 실수를 범했다. 아그로 미하일로브카 대표자인 이동명의 명의를 나로 바꾸지 않았던 것이다. 그러다 보니 본다리는 아그로 미하일로브카 정관에 등록된 사장은 벨로자(이동명)이므로 아로-프리모리에 사장인 나는 자금을 지원하는 스폰서일 뿐이라고 항변하면서 나의 지시에 불응하는 소동이 자주 발생했다. 이 과정에서 본다리와 이동명 두 사람이 매우 밀착되어 있음을 알 수 있었다.

콤무나르 농장의 중개자인 이동명은 10여 년간 연해주에서 거주해 러시아어에 능통했으며 대순진리회의 대표적인 후견자였다. 이동명은 연해주에 상주하면서 인탑스와 컨설팅계약을 체결했으며 자파드니와 베스찬노예 농장의 인수작업을 진행하고 있었다. 이동명은 나의 통역과 자문도 담당했다. 그러나 초기의 안정적인 연착륙을 위해 이동명에게 도움을 받은 것이 오히려 화근이 되고 말았다. 내가 전혀 예상하지 못했고 원하지도 않았던 일이 발생했다.

2008년 6월, 연해주 진출 4개월 만에 나는 이동명을 배제한 채 블라디보스토크 극농대학교 한국어대학원생 악산아에게 통역을 맡기고 대순진리회 파견근무자 소윤철을 대동해서 불시에 콤무나르 농장의 회계감사를 실시했다. 소윤철은 중앙대 러시아어과를 졸업한 청년으로 남원시 덕과면 출신의 고향 후배였고, 악산아는 러시아 여학생으로 이미 한국 유학을 다녀온 한국통이었다. 나는 두 사람을 동시통역하도록 했다. 정확한 내용을 파악해야만 낭패를 면할 수 있다는 판단에서였다.

영농비 지출과 관련된 회계장부를 기본으로 모든 과정을 낱낱이 점검했다. 본다리는 좌불안석이었고 때로는 벌겋게 상기된 얼굴로 언성을 높이기도 했다. 장부를 들여다볼수록 내용은 가관이었다. 긴장이 고조되고 팽팽한 분위기에서 본다리와 나는 물러설 수 없는 한판 승부를 펼쳤다. 한마디로 엉망진창이었다. 화가 치밀어 오른 나는 언성을 높여가며 낱낱이 추궁하기 시작했다. 억지주장으로 위기를 모면하려는 본다리 앞에서 때로는 주먹으로 책상을 내리치면서 조목조목 따졌다. 특히 내가 사장이지 이동명이 사장이 아님을 강조했다. 만약 계속 이동명이 사장이라고 주장할 경우 해고하겠다며 본다리를 몰아세웠다.

감사 결과는 충격적이었다. 중고 트랙터 한 대를 매각해 횡령한 사실, 회사 공금으로 자신의 지프차를 구입하고 자신의 주택 담장을 설치한 사실, 특히 본다리 자신이 소유한 감자농장의 밭갈이, 파종, 비료살포 등에 모두 농장의 농기계를 사용하고 인부들에게 임금을 지급한 사실, 주유재고와 부품재고가 부족한 사실 등을 적발했다. 더욱 기막힌 일은 이러한 횡령사실을 추궁하자 본다리가 "벨로자의 승낙을 받았다. 당신이 무슨 자격으로 간섭하느냐?"라며 큰소리쳤다. 적반하장이었다.

나는 본다리에게 문서로 변상조치명령서를 발급했다. 그들은 구두명령은 듣는 척도 하지 않지만 문서명령은 매우 두려워한다. 본다리에게 중고 트랙터 매각대금, 지프차 구입비, 사택담장 설치비, 자신의 감자농장 영농비 추계비용을 변상조치하라고 명령했다. 상황은 매우 심각했다.

나는 이 기회를 모든 농장의 관리운영시스템을 혁신하는 계기로 삼았다. 농기계 부품수불과 재고현황, 유류구입과 주유체계, 농기계별 하루 작업시간과 시간당 유류소모량, 직원 출퇴근시간, 영농기간 중 음주상황, 심지어 농장 노동자의 개인 신상과 가족관계, 경제력까지 모두 점검했다.

이 과정에서 이동명의 이중적인 태도를 확실히 파악할 수 있었다. 나는 그를 믿고 통역을 맡겼는데 그는 사실상 본다리에게 사장 행세를 했던 것이다. 결국 두 사람 모두 문제였다. 나는 2008년 10월 아그로 미하일로브카 사장을 사할린 출신의 고려인 통역원 이종만으로 교체해 사실상 콤무나르 경영권을 완전히 장악했다. 도저히 용서할 수 없는 한심한 일이 벌어졌지만 조기에 수습할 수 있어 다행이라 생각했다. 그 결과 농장 인수 8개월 만에 농장을 정상적인 경영체제로 전환시켰다. 이후 2009년 말에는 결국 러시아인 사장 본다리를 해고했다.

러시아인 사장이나 농장장을 임명할 때에는 권한만큼이나 책임과 의무를 다할 수 있는 인물로 신중하게 인선해야 한다. 러시아인 사장이나 농장장은 연해주 농업의 총괄적인 경영을 담당해야 하며 주정부와 지방 자치단체의 관료들과 원활하게 교제함으로써 보조금을 지원받도록 해야 한다. 또한 러시아어에 능통한 한국인이나 정확히 소통할 수 있는 통역이 반드시 필요하다. 통역은 한국어와 러시아어는 물론 농업 전문용어까지 잘 이해하고 정확히 말할 수 있는 사람이어야 한다. 나처럼 러시아어로 소통이 불가능하다면 가급적 두 사람의 통역을 동석시켜 이중통역을 맡김으로써 오류를 방지하고 업무를 정확히 추진해야 한다.

2) 노동생산성 향상

콤무나르 농장의 노동시간은 오전 8시부터 오후 6시까지이다. 출근시간은 일정하지만 농사철에는 불가피하게 노동시간이 연장될 수밖에 없다. 노동자들이 이런 상황을 잘 이해하고 있어 노동시간문제로는 분규가 발생하지 않는다. 그렇다고 연장근무 수당을 주는 것은 아니다. 비영농철에는 근무시간을 탄력적으로 운용하기 때문이다. 노동자를 업무별로 분류해보면 사무직으로 회계, 자산관리(유류, 부품), 상품관리(곡물창고)가 있고, 농사를 담당하는 영농반장, 농기계를 총괄하는 기계반장과 기계기사, 트럭 운전기사, 전기기사, 그리고 곡물창고의 잡부와 경비원이 있다.

회사의 방침은 개인별 노동계약과 내부 공고를 통해 모든 노동자에게 고지한다. 콤무나르 농장의 가장 대표적인 규제는 영농기간의 금주령이다. 연해주 농사는 기계가 하는 것이지 사람이 하는 것이 아니기 때문이다. 대형 농기계 운전기사와 트럭 운전기사가 술을 마시고 운행하면 사고로 연결되기 십상이다. 근무 중 금주는 철칙이다. 나는 출근할 때 술 냄새가 나는 노동자가 있으면 즉시 귀가조치시켰다. 한국과 마찬가지로 새참은 있지만 술은 절대 허용되지 않는다. 음주사실이 3회 이상 적발되면 삼진아웃으로 퇴사시킨다.

노동자들은 이런 규정을 철저하게 지키고 있다. 대신 매년 농사를 시작하는 3월과 추수감사절을 기념하는 12월에 모든 노동자의 가족까지 초청해 위로하고 격려하는 축제를 벌인다. 이때 노동자들은 전통가무를 즐기면서 서로의 노고를 격려한다. 특히 수확한 밀로 대형 빵을 만들어 서로 한 조각씩 떼어 먹는 의식을 통해 추수감사절을 축제로 승화시킨다. 온종일 마시고 노래하고 춤추며 즐기는 이 행사에서는 회사에서 별도로 마련한 상과 선물도 지급된다.

농장에서 가장 중요한 사람은 기계기사이다. 이들은 밭갈이와 파종, 비료살포, 수확의 전 과정에서 모든 농기계를 운전한다. 따라서 기계기사에게는 각자 전용 트랙터와 전용 콤바인이 지급되며 작업과 수리 등 모든 관리책임이 부여된다. 임금도 가장 높아 월 평균 2만 루블 수준이며, 1인 3역을 하면서 영농의 핵심적인 역할을 담당한다. 러시아에서도 농업은 3D업종으로 분류되어 젊은이들의 농업기피현상이 뚜렷하며 이농인구도 급증하고 있다. 이 때문에 농촌에는 젊은 기계기사가 거의 없고 50대 전후의 고령자가 대부분이다. 따라서 기계기사의 안정적인 확보 및 양성이 향후 연해주 영농의 핵심 과제로 대두되고 있다.

노동자들과 자주 접촉하고 많이 소통할수록 노동생산성을 향상시킬 수 있다. 나는 파종기와 수확기에는 아예 매일 밭에서 늦은 밤까지 그들과 함께 고락을 나누면서 소통했다. 때로는 담배, 초콜릿, 과일, 음료수, 빵 등 간식을 제공하면서 그들을 격려했다. 생일이 되면 선물을 일일이 지급했고 여성의 날 등 국경일에는 그들의 전통대로 선물을 챙겼다. 노동자 개개인의 신상을 철저히 파악하고 그들의 애로사항에 대해 개인적으로 관심을 표명하면서 관리한 결과 놀라운 변화가 나타났다. 노동자들이 나와 마주칠 때마다 엄지손가락을 높이 치켜세우면서 환한 미소로 답하게 된 것이다.

한국 업체들이 러시아 노동자들을 어떻게 대우하고 관리하느냐에 따라 농장 분위기와 생산성이 달라진다는 사실을 느꼈다. 무엇보다도 인간적인 친교가 중요함을 깨달았다. 콤무나르 농장은 모두 27명의 노동자가 2008년에는 2070ha, 2009년에는 3000ha를 경작했는데 노동력 대비 경작면적으로 볼 때 연해주 농장 가운데 노동생산성이 가장 높은 것으로 평가되었다. 같은 기간에 150여 명의 노동자가 1500~2000ha를 경작했던 대순진리회의 아그로상생과 비교하면 노동생산성의 격차가 얼마나 큰지 알 수 있다. 그렇다면 그 원인은 무엇일까? 노동자들과의 인간적인 소통,

농장의 독창적인 질서, 복리후생의 개선, 농기계 현대화 등 작업환경의 혁신을 통한 변화가 상호 신뢰를 회복시켜 노동생산성을 향상시켰기 때문이다.

3) 부자재 구입비 절감

부자재 구입은 대단히 중요하다. 구입방식과 시기, 구입처에 따라 가격 차이가 심하기 때문이다. 면장갑 등 단순한 소모품, 잡화, 식료품 구입을 제외한 거의 모든 거래는 매매계약서에 따라 이뤄진다. 계약서에는 품명, 단가, 수량, 세금, 판매금액, 운송비, 납품일자, 대금지급방법, 구입자와 판매자의 사업자등록번호와 은행 계좌번호 등이 기록된다. 대금이 상대방의 은행계좌에 입금되면 물품의 출고가 이뤄진다. 이 때문에 한국에서처럼 무자료거래는 상상할 수도 없다.

연해주 영농에서 가장 중요한 부자재를 비롯한 농기계와 장비, 부품의 구입은 구입시기와 구입처에 따라 가격 차이가 크다. 농기계의 경우 이른 봄에 구입하는 것이 가장 유리하다. 비수기에는 가격이 비교적 적정 수준으로 형성되기 때문이다. 특히 연해주의 농기계와 부품은 매우 비싸다. 대형 농기계가 미국이나 네덜란드, 이탈리아 등 유럽에서 수입되기 때문이기도 하지만 공급처가 지극히 독과점 형태여서 부르는 게 값이다. 한국 기업들이 상호 협력해서 농기계와 부품을 공동구매하는 방식을 선택해야 할 이유가 여기에 있다.

비료나 제초제, 유류는 가급적 12월에 집중적으로 구입하는 것이 경제적이다. 매년 1월 1일 자로 신년도의 인상가격을 고시하기 때문이다. 내가 경험한 비료구입 사례는 매우 흥미롭다. 농장을 인수할 무렵인 2008년

3월에는 비료를 1톤당 2만 4000루블(부가세 18% 포함)에 구입한 것으로 기록되어 있었다. 그러나 2008년 12월 본다리는 1톤당 1만 8000루블에 부가세 3240루블(18%)을 포함해 총 2만 1240루블이고 운송비는 별도라는 견적서를 제출했다.

이미 러시아인 본다리를 신뢰할 수 없었던 나는 인터넷 검색을 통해 비료생산회사와 직거래를 시도했다. 이 과정에서 비료공장이 5000km 이상 떨어진 중앙러시아에 있고 극동러시아에는 없다는 사실을 알게 되었다. 비료공장에 직접 발주를 하고 보니, 부가세 포함가격이 1톤당 1만 268루블(1톤당 8700루블, 부가세 1566루블)이었고 우수리스크 역까지 배송하는 조건이었다. 결과적으로 3월에 2만 4000루블에 구입한 비료를 12월에는 1만 268루블에 구입했으니 참으로 어처구니없고 황당한 일이었다. 이는 농장 인수시기를 틈타 본다리가 비료 값을 착복했기 때문에 벌어진 일이었다. 그 결과 생산원가에 착복한 비료 값이 반영되어 순이익이 그만큼 줄어들었다.

일반적으로 보리, 밀 등의 시비량은 1ha당 100kg, 콩은 1ha당 150kg 정도가 적절하다. 또한 트랙터와 콤바인의 작업시간에 따른 유류소모량을 철저히 분석해서 유류를 원활하게 수급할 필요가 있다. 농장 자체 주유소와 주유차량은 반드시 필요하다. 주유차량은 논밭에서 작업하는 트랙터와 콤바인의 옆에 항상 대기하면서 현장급유를 해야 한다.

나는 2008년도 결산을 통해 부자재비에서 비료사용량과 제초제 항공방제에서 최소 5~10% 정도의 손실이 있었다고 분석했다. 전체 파종면적에 비료를 살포했다는 농장장의 보고는 사실이 아닌 것으로 확인됐다. 작물생육과정을 비교 관찰한 결과 성장속도가 더딘 지역이 확인되어 원인을 조사했더니 비료를 살포하지 않은 것으로 드러났기 때문이다. 그뿐만 아니라 잡초가 무성한 농지가 발견되어 확인한 결과 항공방제를 하지 않은 것으로 조사되었다. 휘발유의 경우 농장장이 비영농철(12~3월)에 차량을 사적으로 운행해 불필요하게 지출한 휘발유가 전체 휘발유 사용량의 30% 정도인 것으로 확인되었다.

특히 생산 제경비에서 가장 주목해야 할 것은 장비의 부품 구입비와 수리비이다. 기종별 부품의 수불상태를 정확히 파악하지 않아 구입한 부품이 입고되었는지를 알 수 없게 되어 부품창고의 재고관리가 엉망이었다. 농장장의 작업지시에 따라 작업반장들은 매일매일 영농일지를 기록하고 있었지만 이를 최종적으로 확인·감독하는 일은 거의 없었다.

이러한 사실을 확인한 직후 나는 모든 분야에 행정명령을 내렸다. 농장 차량은 퇴근 이후 모두 차고에 입고시켜 사적 운행을 금지시켰다. 부품창고는 농기계와 장비별로 부품진열대를 설치해 부품고유번호를 부여해서 수불관리가 가능하도록 재조정했으며, 특히 기계기사가 직접 담당하던 부품수불관리는 주유담당자가 담당하도록 명령했다. 입고와 수불을 이원화함으로써 부품수급관리를 정상화한 것이다.

4) 적기파종과 적기수확

연해주의 농사는 400마력 수준의 대형 트랙터와 250마력 수준의 콤바인 등 대형 농기계를 이용한 조방농업이다. 이처럼 광활한 농지에서는 적기파종과 적기수확이 가장 중요하기 때문에 농기계시스템을 완벽하게 갖춰야 한다. 최소 3000ha를 경작하는 농사를 준비하는 일은 결코 만만치 않다. 매년 10월 말까지는 다음 해의 영농계획을 수립하고 차질 없이 준비해야 한다.

파종면적과 파종곡물 확정, 원자재와 부자재 구입, 밭갈이 계획, 농기계 보강과 정비, 곡물매출 계획, 농번기와 농한기 인력관리, 예산 편성과 결산, 농장의 시설과 장비 정비, 성토작업, 자체 감사를 비롯한 모든 분야별 연중 일정을 확정하고 철저한 계획을 수립해야 한다. 이러한 계획과 준비를 게을리하면 거대한 땅에서 진행되는 모든 영농과정을 일관성 있게 파악할 수 없다. 영농과정에서 인부들의 작업실태와 농기계 운행실태를 파악하지 못하는 사각지대가 발생하면 이는 곧 실패로 귀결된다.

적기파종을 못해 파종시기를 놓치면 작물생육이 더뎌져 결국 생산량 감소로 직결된다. 파종시기별 수확량을 비교 분석해보니 시기별로 수확량이 크게 차이가 났다. 콩의 경우 파종적기인 6월 5~15일에 파종한 244ha의 1ha당 평균 수확량이 2.4톤이었다. 그러나 6월 18일~22일 파종한 126ha의 1ha당 평균 수확량은 1.0~1.2톤으로 격감했으며, 6월 25일경 마지막 파종한 30ha는 생육부진으로 아예 수확을 포기하고 말았다. 적기파종이 얼마나 중요한지가 입증된 것이다.

적기수확도 대단히 중요하다. 연해주에는 겨울이 빨리 오는 편이다. 눈이라도 오면 수확을 미룰 수밖에 없다. 2009년 수확기에는 첫눈이 쌓여 수확을 하지 못하고 다음 해 봄에 콩을 수확하는 일이 발생하기도 했다. 다행히 수확하지 못한 콩은 콩깍지에서 냉동상태로 보관되어 있던 터라 봄철 수확이 가능했다.

콤무나르 농장에는 중국산 존디어, 러시아산 백터르 등 4대의 콤바인이 있어 이 기계들을 풀가동하면 하루 동안 60~80ha를 작업할 수 있다. 2008년에는 10월 10일부터 11월 1일까지 23일간 콩밭 1400ha에서 콩을 수확했다. 그러나 기계가 고장 나거나 비가 오면 작업이 불가해 약 1개월에 걸쳐 수확을 해야 한다. 400ha의 콩밭을 수확하는 데 콤바인 3대로 8일

백터르 콤바인으로 콩을 수확하는 모습(좌)과 콤무나르 농장의 콩 수확 현장을 방문한 에밀리안스바 우스리스크 시 농업국장과 필자(우, 2009.10.25)

간 작업을 진행했다. 1일 평균 50ha를 수확한 것인데 이는 이슬 때문에 오전 작업이 어려워 한낮부터 밤 10시까지 작업을 강행한 결과였다. 따라서 적기수확을 위해서는 파종면적과 콤바인의 1일 평균 작업량을 감안해 최소한 10월 30일까지는 곡물을 완전히 수확할 수 있도록 적정 대수의 콤바인을 보유해야 한다.

이와 함께 곡물수송 트럭이 상시 밭에 대기하면서 수확한 곡물을 사일로에 바로 운송해야 한다. 콤무나르 농장의 경우 트럭 4대(25톤 1대, 10톤 2대, 5톤 1대)를 투입했지만 정상적인 작업에 차질이 있었다. 콤바인 적재함이 만재되었지만 대기 트럭이 없어 콤바인 3대가 동시에 30분간 작업을 중단하는 사례도 있었다.

앞에서 언급한 바 있지만 연간 영농매뉴얼을 충실히 계획하고 실행하는 것이야말로 연해주 농업의 성패를 가름하는 척도이다. 가장 먼저 파종하는 보리, 밀, 귀리, 감자를 비롯해 콩, 벼, 옥수수, 메밀 등을 순차적으로 파종할 수 있도록 철저한 준비를 마치고 적기에 파종과 수확을 해야 하며 파종기와 수확기의 비 피해를 최소화하는 것도 매우 중요한 과제이다.

5) 곡물관리체계 개선

곡물관리는 매우 중요하다. 곡물관리란 들에서 콤바인으로 수확한 곡물을 수송트럭으로 운송해 농장 본부의 사일로에 입고시킨 후 계량, 정선, 건조, 보관, 포장, 출고하는 모든 과정을 말한다. 1년 동안 농사지은 상품을 어떻게 관리하느냐에 따라 손익이 좌우된다. 도난을 막아야 하고 상품의 질을 높여 고가로 판매해야 하기 때문이다. 그러나 관리가 부실하면 곡물의 수송과정과 건조과정에서는 물론 보관창고에서도 도난사고가 빈번하게 발생한다.

아그로상생 안치영 사장에게 확인한 바에 따르면 수송과정에서 발생하는 도난사고의 유형은 다양하다. 곡물을 싣고 운송하는 운전기사도 러시아인이고 농장 본부의 입고 확인자도 러시아인이니 서로 짜고 곡물을 빼돌린다는 것이다. 예를 들면 수확한 곡물을 농장창고로 운송하는 도중에 차를 정차시키고 포대에 담아 빼돌리는가 하면, 아예 트럭째 곡물을 빼돌린 후 곡물창고에서 빈 트럭만 저울에 달아 문서로만 입고하는 경우도 있다고 한다. 건조과정에서와 창고에서의 도난사고도 거의 같은 방식으로 이뤄진다. 모든 도난사고는 운전사와 창고관리자의 사전담합에 의해 저질러진다. 이처럼 간단하게 곡물을 빼돌릴 수 있는 이유는 곡물수송과정에서의 관리가 허술하기 때문이기도 하고 벌크방식으로 야적하는 곡물창고시스템으로는 재고를 전혀 파악할 수 없기 때문이기도 하다.

나는 이런 사실에 주목하고 사전예방에 주력했다. 먼저 수확현장에서 송장 2부를 발부하고 트럭 운전기사의 서명을 받은 후 트럭을 출발시켰다. 농장 본부 곡물창고에 도착한 곡물차량은 저울대에서 곡물을 계량한 후 송장에 한국인 주재사원의 확인을 받도록 했다. 그리고 송장 1부는 한국인 주재사원이 보관하고 1부는 운전기사가 나에게 제출하도록 했다. 그 결과 운송과정에서의 도난을 100% 예방할 수 있었다.

나는 한국에서 1톤 포대를 긴급 수입했다. 곡물창고에 도착한 콩을 이 포대에 1톤씩 담아 보관하면 재고를 한눈에 파악할 수 있기 때문이었다. 그러나 시행과정에서 심각한 문제가 발생했다. 본다리와 창고관리장을 비롯한 잡부들이 사표를 제출하는 사태가 벌어진 것이다. 본다리는 "감시는 이제 그만하라"라며 거칠게 항의했고 창고관리장은 10일간 작업을 거부했다. 그들은 사표를 제출하는 등의 극단적인 방법을 통해 실력행사를 서슴지 않았던 것이다. 왜 그들은 이 문제에 집착하고 민감했을까? 자신들의 먹잇감을 미리 차단한 데에 대해 극단적으로 항의한 것이라 할 수 있다.

나는 물러서지 않았다. 곡물의 위생적인 보관과 재고파악의 용이성을 설명하면서 창고관리장 업무의 효율성을 높이기 위한 수단임을 강조했다. 그러나 그들은 작업을 계속 거부했다. 결국 나는 최후통첩을 보냈다. 끝까지 명령에 불응하면 해고조치와 손해배상청구를 하겠다고 통보했다. 그들은 결국 나의 방침을 수용했다. 이처럼 수확을 앞두고 사전준비를 철저하게 하는 것은 물론 수확현장인 밭과 창고에서 현장감독을 함으로써 모든 도난을 원천적으로 막을 수 있었다.

당시 사용하고 있던 재래식 곡물창고는 문제점이 많았다. 가장 큰 문제는 노상의 시멘트바닥에 하역한 후 재래식으로 정선한다는 점이다. 이 때문에 비가 내리면 정선작업을 할 수 없고 야적된 곡물을 비닐천막으로 덮어도 시멘트바닥에 물이 고이는 바람에 곡물에 곰팡이가 슬어 곡물이 부

재래식 곡물창고의 콩 보관 상태　　　1톤 포대에 콩을 담아 보관한 상태

패할 가능성이 상존했다. 정선기계도 1960년대식 낡은 장비여서 깨진 곡물이나 쭉정이를 걸러내는 수준이었다. 이 같은 재래식 정선기로는 콩을 수출상품 규격으로 정선하는 것이 절대 불가능했다. 한국의 수입규격은 깨진 콩과 이물질 허용치가 3% 미만이기 때문이다.

또 하나의 문제는 건조기가 낡아 사용할 수 없는 형편이라서 건조기능이 사실상 없는 실정이었다. 갓 수확한 밀과 귀리는 수분 함량이 많아 반드시 말려서 보관해야 한다. 그런데 건조기가 없으니 곡물을 시멘트바닥에 산더미처럼 쏟아부어놓고 나무 삽으로 거의 1개월간 뒤집는 수작업을 통해 자연건조를 시키고 있었다. 한 무더기의 곡물을 나무 삽으로 공중부양해 건조시키는 방법은 대단히 원시적이고 비능률적이다. 낮에는 까마귀와 비둘기 등 새떼가 모여들고 밤에는 쥐떼가 들끓는데다 비바람에까지 노출된 곡물은 이 과정에서 변질될 가능성이 다분했다.

특히 복잡하고 다난계인 선근내적 보관과정은 문세가 많았다. 재래식 곡물창고의 입고시스템은 매우 복잡한 경로를 거친다. 콤바인 수확 → 차량 운송 → 농장 본부 계량기에서 계량 → 시멘트바닥 하역 → 정선기 적재(컨베이어)→파쇄입자·이물질 제거→정선곡물 트럭 상차→옥외 시멘트바닥 하역→수작업 건조→트럭 상차(컨베이어)→곡물창고 입구 하역→창고 입고(컨베이어)→트럭 상차 출고(컨베이어)→판매로 이어진다. 이와 같이 목재마루로 설계된 대형 곡물창고의 벌크저장방식은 재고파악 불가, 습도측정 불가, 도난위험 상존, 곡물도난 확인불가 등의 난점을 안고 있으며, 쥐와 새가 먹음으로써 자연감량이 발생하고 통풍에 문제가 있어 품질관리에 어려움이 상존하는 등 경제적 손실이 크다. 나는 이러한 모든 문제를 한 번에 해결하기 위해 2009년 4월부터 6개월간의 공정 끝에 한국형 5000톤급 곡물 사일로를 준공했다.

밭에서 수확한 곡물을 사일로 투입구에 하역하면 자동으로 정선과정을 거쳐 입고된다. 사일로에 입고된 곡물은 전자동 건조를 거쳐 습도까지 측정되어 관리된다. 입·출고현황까지 중앙전산실에서 전자동으로 통합 관리하는 이 사일로는 작업능률이 높은 것은 물론 위생적인 품질관리도 가능해 경제성이 탁월했다. 새떼와 쥐떼의 접근이 원천적으로 봉쇄되고 도난이 방지되어 7~8명이 관리하던 곡물창고를 2명이 담당하게 됨으로써 모든 문제가 일거에 해결되었다.

6) 자체 감사 실시

나는 2008년 6월에 회계감사를 실시함과 동시에 영농일지를 중심으로 영농체계와 경작상황을 점검했다. 2차 확인감사는 그해 12월부터 2009년 1월까지 농장 전반에 걸쳐 집중적으로 실시했다. 회계감사를 통해 영농자금 지출과 계좌관리 등 모든 업무를 확실히 파악할 수 있었고 영농일지를 근거로 영농현장 실사를 통해 정확한 경작실태를 파악할 수 있었다.

그러나 결과는 너무나 참담했다. 믿었던 농장장의 비리와 온갖 부정행위가 밝혀졌기 때문이다.

이미 밝힌 바와 같이 러시아인 농장장 본다리는 콤무나르 농장 소유의 농업자재로 자신의 감자농장을 경작한 사실이 확인되었다. 그런가 하면 자신의 감자농장 직원의 급여, 자신의 승용차와 자택 시멘트담장 설치비용도 콤무나르 농장의 공금으로 지불되었다. 그뿐만 아니라 사전허가 없이 중고 트랙터를 판매하고 대금을 착복했으며 회사 돈을 횡령한 사실도 밝혀졌다.

이 같은 비리는 예견된 것이었다. 내가 영농자금을 본다리에게 맡기고 지출권한을 부여했으니 그야말로 고양이에게 생선을 맡긴 격이었다. 사실 이 모든 부정행위는 러시아인인 본다리 농장장을 너무 믿었던 것과 인수 즉시 농장경영권을 확보하지 못한 것이 원인이었다. 진출 첫해에 농장을 인수하고 바로 파종을 시작하는 과정에서 불가피한 조치였지만 그 파장은 컸다.

사전에 농장 내부에 대한 정보가 전혀 없는 상태에서 3개월 만에 농장의 내면을 들여다본 결과는 충격적이었지만 오히려 천만다행이었다. 무엇보다도 부정과 비리가 일시적인 현상이 아니었음을 알게 된 것이 큰 소득이었다. 나는 조속히 처방을 내렸다. 차량 구입비와 중고 트랙터 판매대금, 담장설치대금, 횡령금액을 전액 변상토록 명령서를 발부하고 본다리에게서 변상을 받아냈다.

러시아에서 구두명령은 아무런 구속력이 없다. 사회주의체제에서 가장 강력한 제제수단은 분서명령이다. 강력한 통제수난에 길들여서 있는 그들에게 문서명령은 대단한 법적 효력을 갖는다. 그래서 그들은 문서명령을 가장 두려워한다. 노동자 개인에게 문서명령을 하달하기도 하지만

콤무나르 농장을 방문한 국회 외교통상위원회 박선영 의원과 김무영 총영사(2009.5.12)

게시판을 통해 노동자 전체에게 문서명령을 내리는 것도 강력한 통제방법 가운데 하나이다.

이와 함께 본다리에게 상시 현금보유금액은 1만 루블을 초과하지 않도록 문서명령을 내렸다. 특히 대내외적인 문서에 대한 서명권한, 즉 예금인출 서명권한, 계약서 서명권한과 법인인감을 회수했으며 모든 문서는 나에게 사전결재를 받은 후 시행토록 명령했다. 설득과 통제는 문서명령을 통해 이뤄졌고 여기에 순응하도록 훈련을 반복했다. 이는 경영시스템의 대폭적인 수술을 예고한 것이기도 했다.

인력관리의 효율성, 혁신적인 경영합리화, 생산성 제고방안 강구는 단순한 원가절감이나 일반관리비 절감과는 차원이 다른 또 하나의 확실한 비전이다. 일사불란한 팀워크와 혁신적인 시스템 구축은 연해주 농업의 성공 가능성을 함축적으로 대변한다. 연해주 진출 초기에 어느 기업이든 다 겪는 과정이기는 하지만 진출 첫해에 당기순이익이 나오기까지 농장 내부의 숱한 도전과 시련을 극복해야 했다. 그나마 걷잡을 수 없이 커진 농장장의 비리와 고질화된 부정부패를 조기에 수습하고 정상화했기 때문에 성공적인 결과를 얻을 수 있었다고 본다.

3. 경상이익을 배가시키는 방안

연해주 진출 업체들의 목표와 공통과제는 확실한 수익창출이다. 천재지변에 따른 파종면적 감소나 수확량 감소로 적자를 기록했다면 납득할 수 있지만 평년작인데도 적자였다면 이는 경영상의 문제가 있음을 드러내는 것이다. 연해주에서 농사를 짓는 것은 초기 투자비용이 많이 들고 회수기간이 길다는 단점이 있다. 그러나 투자비용이 대부분 농기계 구입과 사일로 시설 등 시설투자에 집중되어 있어 위험부담은 비교적 적다. 제조업처럼 신기술 개발 투자비나 영업비가 거의 없다는 장점도 있다.

연해주에서의 농업을 성공시키고 경상이익을 배가시키기 위해서는 무엇보다도 경작할 수 있는 농업환경을 최대한 조성하는 것이 급선무이다. 다시 말해 농업기술의 선진화, 농업기계의 현대화, 저장시설의 현대화, 전문농업인력 양성은 기본적으로 조성해야 할 농업환경이다.

특히 영농과정의 문제점을 개선하고 시스템을 개량한다면 경상이익을 최소한 40% 이상 끌어올릴 수 있다. 이는 내가 2년 동안 직접 농사를 지으면서 현장의 문제점을 조사하고 연구한 결과이다. 불가능은 없다. 실현 가능한 방안으로는 다수확품종 개발, 콤바인의 낙곡 방지, 경영시스템 혁신, 농기계 현대화, 농기계 부품공급권 확보, 곡물보관시설 현대화가 있다. 이러한 개선방안에 따른 비용절감은 바로 소득 증가로 이어져 경상이익을 배가시키는 결과를 낳을 것이다.

1) 종자개량

아무르 주에 있는 아무르콩과학연구소는 1ha당 2~3.5톤까지 생산이 가능하고 단백질 34.2~44.3%, 지방 14.6~23.2%, 탄수화물 25.2~35.0%를 함유한 생산성 높은 콩 종자를 연구하고 있다. 아무르 주 농업국이 2009년에 발표한 「콩: 아무르 주의 주요 농산물」이라는 보고서에 따르면 극동러시아 지역에 적합한 종자로는 악차브리, 비너스1, 자카트, 소나타, 하모니아 등이 있는데 95~107일의 짧은 생육기간에 1ha당 최대 4톤의 생산성을 지니고 있다. 연해주에서는 주로 베네라, 프리모리스키 종을 재배하고 있다.

나는 2008년 베스찬노예 농장 370ha에 프리모리스키69를 재배했는데 당시 콩 한 대에서 최소 15~20깍지, 최대 30~35깍지가 열렸다. 그 결과 평균 25깍지에서 50~60개의 콩이 열려 총 491톤(1.3톤/ha)이 생산된 것으로 조사되었다.

한편 서울대 김완배 교수의 『통일한국의 농업』(2004)에 따르면 남한의 콩 재배면적은 8만 4000ha, 북한의 콩 재배면적은 27만 6000ha로, 북한이 남한보다 3배 이상 많이 재배한다. 그러나 북한은 평균 단수가 1.1톤/ha로 매우 낮아 생산량이 31만 2000톤이며 남한의 평균 단수는 1.6톤/ha로 13만 6000톤의 콩이 생산되고 있다고 한다.

베스찬노예 농장의 콩 단수 1.3톤과 남한의 콩 단수 1.6톤을 비교하면

생산량의 차이는 크지 않다. 그러나 연해주에서 생산하는 콩의 종자는 한국 콩의 종자와 다르다. 연해주 콩은 작은 소두이고 한국 콩은 연해주 콩보다 큰 대두이다. 만약 남한의 대두를 연해주에서 생산할 수 있다면 적어도 30~50% 이상 증산할 수 있다. 따라서 연해주정부에서 종자 개발을 담당하고 있는 우수리스크 농업과학아카데미와 한국의 농업 과학자들이 협력해서 우량종을 개발할 필요가 있다.

러시아와 한국은 기본적으로 유전자변형을 허용하지 않고 있어 상호 이해관계가 충돌하지 않아 협력이 가능하다. 따라서 농촌진흥청은 연해주 농업에서의 다수확을 전제로 우량종자개발에 적극적으로 나서는 한편 한국산 대두가 연해주에서 경작될 수 있도록 시험포를 운영해야 한다. 이것이 바로 한국정부가 가장 우선적으로 시행해야 할 연해주 해외농업 개발 지원사업이라고 판단된다.

2) 토양 개량

아무르 주 농업국이 밝힌 바에 따르면, 콩은 질소로 토양을 비옥하게 하고 토양구조를 개량한다. 여건이 좋은 농지에서는 콩을 심음으로써 320kg/ha의 생물학적 질소가 토양에 축적(평균 50~80kg/ha)된다. 콩의 질소는 화학비료(때로는 유기비료)와 달리 주위 환경을 오염시키지 않으며 다른 식물에 쉽게 흡수된다. 따라서 값비싼 화학비료 구입비를 상당히 절감할 수 있는 이점이 있기 때문에 콩은 많은 농작물을 위한 중요한 선행재 배작물이다.

연해주정부는 생산휴식년을 실시해 윤작을 권장하면서 윤작이 과학영농의 한 방법이라고 설명한다. 이는 엄밀히 말해 콩을 제외한 여타 곡물의 생산성을 높이기 위한 방법이지 콩을 윤작하라는 것은 아니다. 그럼에도 연해주의 각 농장에서는 반드시 콩을 윤작해야 하는 것으로 잘못 알고 있다. 미국의 윤작체계는 철저히 옥수수와 콩의 윤작을 의미한다. 옥수수 재배는 지력 저하를 의미하고 콩 재배는 뿌리혹박테리아를 활용한 지력 회복을 의미하므로 윤작체계를 유지해야 경작에 지장이 없다는 것이다.

연해주 토질은 유기물인 질소가 많고 상대적으로 인산과 가리가 부족하다는 특성이 있다. 특히 콩 농사는 질소보다 인산과 가리를 다량 시비해야 다수확에 도움이 된다. 콩의 경우 질소, 인산, 가리의 비율이 10 대 26 대 26으로 희석된 복합비료를 사용한다. 그럼에도 생산량은 1.3톤/ha에 불과하다. 2009년부터 러시아는 밭갈이를 생략하는 무경간농법(No-Till)으로 파종실험을 하고 있다. 밭갈이의 깊이, 씨앗의 복토, 고랑 간격, 트랙터의 경운속도 등을 표준화하려는 것인데 그 결과는 아직 공개되지 않고 있다.

이러한 연구의 최종 목적은 친환경농업이기는 하지만 토양의 질을 높이기 위한 수단으로도 연구가 진행된다. 이미 미국, 남미, 유럽에서는 무경간농법이 성공한 사례가 있는 만큼 연해주의 조방농업에 도입된다면 토양개량은 물론 영농비 절감으로 일석이조의 경제적 효과를 볼 것으로 예상된다.

3) 콤바인 개량

농업기계 현대화과정에서 가장 절실한 것은 콤바인의 예취기를 개량하는 일이다. 예취기는 디바이더, 리일, 플랫폼, 왕복날개로 구성되는데 대개 콤바인에 세팅되어 출고된다. 밀, 보리, 귀리, 콩 등을 함께 수확하는 복합예취기와 콩과 옥수수 전용예취기가 있다. 곡물이나 옥수수는 예취 과정에서 비교적 문제가 없지만 콩은 심각한 문제가 발생하고 있다.

콩은 콩깍지와 콩대가 완전히 건조된 상태에서 수확해야 한다는 특성 때문에 수확이 매우 까다롭다. 이슬이 내린 오전이나 비가 온 날에는 콩 깍지가 젖어 있어 수확이 불가능하다. 이 때문에 콩깍지가 마른 한낮부터 수확이 가능하다. 그런데 콤바인 앞면에 부착된 예취기의 디바이더(이발 기)가 콩대 밑을 자르는 순간 충격으로 콩깍지가 터지면서 콩이 사방으로 튀어나가게 된다. 이런 현상은 기계수확의 최대 단점으로 지적된다. 따라 서 수확과정에서 땅으로 떨어지는 콩을 최소화할 수 있도록 예취기를 개 량해야 한다.

2008년 베스찬노예 농장의 수확과정을 조사한 결과 파종수량보다 낙 곡수량이 더 많다는 사실을 확인할 수 있었다. 평지와 구릉지의 경사면을 구분해 각각 1m²의 샘플 지역 다섯 곳을 무작위로 선택해 낙곡수량을 조 사했는데 그 결과는 매우 심각했다. 평지의 낙곡수량은 평균 124개, 경사 지 하향 작업의 낙곡수량은 평균 180개, 경사지 상향 작업의 낙곡수량은 평균 133개이었으며, 15개 지역의 평균 낙곡수량은 146개인 것으로 조사 되었다. 콤바인이 구릉지 경사면 아래 방향으로 수확할 때의 낙곡 수가 위쪽 방향으로 작업할 때의 낙곡 수보다 47개 더 많았다.

이처럼 수확과정에서 땅으로 떨어져 유실되는 콩은 전체 수확량의 8~ 10%에 이르는 것으로 조사되었다. 베스찬노예 농장은 370ha에서 491톤 이 생산되었는데 낙곡률을 8%로 계산하면 약 40톤의 콩이 유실된 것이 다. 이러한 낙곡은 1ha당 108kg에 해당하는 양인데 1ha당 파종되는 종사 가 평균 100kg임을 감안하면 종자보다 더 많은 콩이 버려지고 있는 셈이 다. 2009년 연해주의 전체 콩 파종면적이 13만 9200ha임을 감안하면 한해 동안 연해주에서 낙곡으로 인한 콩 손실이 1만 5000톤에 이르는 것으로 분석되었다.

그러나 조방농업에 익숙한 연해주정부와 한국 기업들은 이러한 현황에 대해 별다른 관심이 없다. 하지만 이미 조사된 바와 같이 문제는 심각하기 때문에 이에 대한 개선방안이 매우 절실히 요구된다. 이 문제를 해결하기 위해 한국의 농기계 생산 업체가 연구에 착수해 콤바인의 예취기를 개량한다면 새로운 농기계시장이 개척되어 부가가치가 창출될 것이며, 이는 콩 수확량을 증가시켜 경상이익을 배가할 수 있는 중요한 요인이 될 것이다.

4) 사일로 현대화

연해주 농장의 정선·건조·보관 시설은 대부분 스탈린 시대에 축조된 낡은 시설이다. 정선기는 깨진 콩과 콩깍지 등 이물질을 골라낼 수 없는 정도로 시설이 낡아 제대로 가동되는 경우가 거의 없다. 보일러 부착 형식의 건조기 역시 방치된 지 오래여서 가동할 수 없다. 그러다 보니 1차 정선을 끝낸 곡물을 시멘트바닥에 퍼부어놓았다가 수작업으로 뒤적거리는 방법을 반복하면서 20여 일 동안 건조시키고 있다. 농장의 건조장에서 한시적으로 일용직을 운영하는 것도 이 때문이다.

건조시킨 곡물을 트럭에 실어 창고 앞에 하역한 후 다시 컨베이어로 창고에 입고한다. 이러한 시스템은 대단히 비능률적이고 비경제적이다. 곡물창고는 사실상 야적상태와 같은 수준이어서 품질관리와 재고파악이 원천적으로 불가능하다. 건조과정에서 쥐와 새떼가 곡물을 먹어치우는가 하면 배설물이 뒤섞여 대단히 비위생적이다. 결국 창고에 적재한 곡물은 사람과 쥐들에게 완전히 노출되어 있어 몇 트럭씩 도난을 당해도 그 흔적을 찾을 수 없다.

연해주에서 한국인이 경영하는 농장은 창고수준과 관리방법이 각각 다르고 경영의 특성상 내부 자료를 밝히지 않고 있어 도난곡물에 대한 정확한 통계는 없다. 나는 2008년 5월, 아그로상생 안치영 사장에게 도난사고의 유형에 대해 상세한 이야기를 들은 바 있다. 그는 "들에서 창고로 운송하는 도중에 차떼기로 도난을 당하기도 하고 곡물창고에서도 수시로 도난을 당하고 있다. 도난당한 곡물은 전체 곡물생산량의 15~20% 정도로 추산된다"라고 말했다.

또한 그는 "농장에서 일하고 있는 고려인 또는 러시아인으로 구성된 운전기사와 창고계량 담당, 경비원이 서로 짜고 곡물을 빼돌린다. 장부상으로는 입고되었는데 실제는 입고되지 않는 것이다. 그들은 곡물을 개인의 가축사료로 빼돌리기도 하고 더러는 콩기름 착유공장에 팔아치우기도 한다. 그런데도 곡물이 산더미처럼 쌓여 있어 재고를 파악할 수 없다"라고 상세히 설명했다.

이러한 문제를 해결하기 위해 나는 콤무나르 농장에 5000톤급(500톤 10기) 한국형 사일로를 신축했다. 이 사일로의 제작과 시공은 대구 영일기계에서 맡았다. 원스톱 자동화시스템인 영일사일로는 밭에서 수확한 곡물이 사일로에 도착하면 트럭째 무게를 측정한 후 즉시 사일로 입구에 하적한다. 그러면 자동으로 정선이 시작되어 사일로에 자동 입고된다. 이 과정에서 곡물의 수분, 생산이력, 입고량이 자동으로 측정되어 컴퓨터에 입력된다. 또 사일로 내부에서 자동 건조하기 때문에 수분 함량이 많은 곡물도 즉시 저장할 수 있다. 출고할 때는 포장 단위에 따라 100kg, 50kg 단위로 자동 포장할 수 있고 5톤, 10톤 단위의 트럭 출고도 가능하도록 설

낡은 곡물건조시설

완공된 한국형 사일로

계되었다.

콤무나르 농장의 곡물창고에는 계량기, 건조기, 건조장, 정선기, 창고 등의 시설이 갖춰져 있었고, 기타 부속장비로는 컨베이어 등이 있었다. 나는 현대식 사일로를 건축함과 동시에 낡은 시설들을 모두 철거하거나 폐기처분했다. 그러나 곡물창고 2동은 남겨두었다. 이 재래식 창고를 남겨둔 것은 연해주정부의 종자관리규정에서 슈퍼엘리트(특급) 종자를 50kg 씩 포장해 목재바닥이 있는 창고에 보관하도록 정하고 있기 때문이다.

러시아식 정선기의 작업량은 시간당 5톤 정도였지만 영일사일로는 시간당 20톤 정선이 가능하다. 그러나 무엇보다도 별도의 건조과정 없이 곧바로 사일로에 입고시킴에 따라 인적·시간적·기술적·경제적·관리적인 측면에서 모든 문제를 한 번에 다 해결할 수 있다는 것이 가장 큰 장점이었다.

사일로 준공 전에는 창고 근무자 7명과 건조장 일용직 3명 등 10명의 근로자가 필요했다. 그러나 사일로를 준공한 이후에는 관리자 2명과 경비원 2명 등 4명이 모든 과정을 담당함으로써 노동력이 절감되었다. 또한 새떼와 쥐떼가 먹어치우는 곡물을 줄일 수 있고 도난사고를 원천적으로 예방할 수 있어 안정적인 곡물관리가 가능해졌다.

앞에서 제시한 경상이익 배가방안 중에서 콩의 종자개량은 장기간의 연구가 필요하다는 점에서 성공 가능성을 예측할 수 없다. 그러나 연해주에서 생육이 가능한 대두의 종자개량에 성공한다면 30% 이상 다수확이 확실하게 보장된다는 점에서 판매수익구조에 획기적인 변화를 가져올 수 있다.

또 농기계와 부품을 한국의 진출 업체들이 공동으로 구매하거나 한국의 농기계 업체가 연해주 시장에 진출해 적기에 정상적인 가격으로 농기계와 부품을 공급하는 체계를 갖춘다면 러시아 농기계 업체가 폭리를 취하는 관행이 상당히 해소되어 최소한 10%의 원가절감을 달성할 수 있을 것이다. 이 같은 개선방안은 협의만 이뤄진다면 즉시 시행이 가능하다.

특히 콤바인의 예취기 개량은 수확과정에서 땅에 버려지는 자연감소율 8~10%를 회수함으로써 생산량 증가로 이어지게 만들 수 있는 중요한 과제이다. 이는 매출총이익 및 경상이익을 배가시키는 요인으로 작용할 것이 분명하다. 예취기 개량은 낙곡방지장치를 통해 콩깍지에서 공중으로 튀어나가는 콩을 회수하는 것을 말한다. 로터리 전문제작사인 (주)위캔글로벌 조래일 전무는 2009년 6월 콤무나르 농장을 방문한 자리에서 "낙곡의 회수방법이 문제이지, 기술적인 문제는 없다. 제작사의 입장에서 필요성은 인정하지만 개발비용에 비해 시장성이 있느냐가 관심사항일 것이다"라고 말한 바 있다.

내 상식으로는 도저히 납득할 수 없는 것이 바로 낙곡유실문제였다. 1년 동안 열심히 농사지은 콩을 마지막 수확 단계에서 버릴 수밖에 없는 현실이 너무나 안타까웠다. 이는 단위생산량 증가를 위해 해결해야 할 당면과제이기도 하지만 수확한 곡물이 버려진다는 것은 자연의 섭리에 반하는 일이기도 했기 때문이다.

한편 과다한 시설비투자가 부담되기는 하지만 곡물의 위생적인 관리와 정선, 보관, 건조, 포장이 전자동으로 이뤄지는 사일로 신축은 연해주 농업에서 필수적이다. 사일로를 신축하면 정확한 재고관리는 물론 도난예방을 통해 손실을 10% 이상 막을 수 있다. 이밖에 곡물관리에 따른 인건비와 작업시간, 기타 부대비용을 절감하는 효과도 얻을 수 있다.

4. 농업 관련 산업의 연해주 진출 가능성

러시아의 극동 지역에도 새로운 변화의 물결이 일고 있다. 2012년 APEC 정상회담이 블라디보스토크에서 개최된 것을 계기로 푸틴 정부는 신극동 지역 개발정책을 통해 블라디보스토크를 중심으로 한 연해주 개발에 박차를 가하고 있다.

예를 들면 2014년 동계올림픽을 개최한 소치 지역의 개발예산은 3130억 루블이었는데 2013년 신극동 지역의 개발예산은 5660억 루블이었다. 소치보다 약 2550억 루블이 더 많다. 특히 신극동 지역 개발은 APEC 정상회담에 맞춰 블라디보스토크를 개발하기 위해 '아·태지역 국제협력센터로서 블라디보스토크 시의 발전'이라는 하위 프로그램으로 포함되어 있었는데 이것이 전체 프로그램에서 매우 중요한 위치를 차지했다.

푸틴의 신극동 지역 개발정책과 맞물려 극동러시아의 농업시장은 성장 가능성과 잠재력이 풍부해 경쟁력을 갖추고 있다. 산업구조상 가장 취약한 분야가 농업인데도 이에 대한 외국인 투자가 거의 없는 실정이기 때문이다. 투자자 입장에서 보면 경제성이 낮아 불안할 수 있지만 러시아정부 입장에서 보면 외국인이 투자해주기를 바라는 분야가 농업이다. 따라서 연해주 농업에 진출하고 있는 한국으로서는 농업 관련 산업에 진출하는 데 유리한 환경이 조성되고 있음에 주목해야 한다.

2010년 4월 21일 러시아 연방정부의 제1부총리 주프코프는 "2010년 러시아의 곡물수출은 2200만~2250만 톤으로 예상된다. 이 곡물은 대부분 남부관구의 항만을 통해 수출되고 있지만 앞으로 수출통로는 반드시 극동항만 되어야 한다. 러시아는 앞으로 극동러시아의 곡물수출 전용항만과 엘리베이터, 내륙의 곡물전용 터미널 건설사업에 매우 적극적으로 임하게 될 것이다"라고 드미트리 메드베데프 대통령에게 곡물수출계획을 보고했다.

최근 동북아의 주변국들이 새로운 상품시장의 개척이나 안정적인 자원확보를 이유로 극동 지역으로 진출을 가속화하고 있는 것도 이와 맥을 같이한다. 러시아 전체의 콩 파종면적 67만 2000ha의 84%인 56만 4400ha가 극동러시아 지역인 아무르 주, 연해주, 하바롭스크 주, 유태인자치주에 분포되어 있음은 이미 앞에서 밝힌 바 있다. 특히 극동러시아 지역은 1인당 평균 25ha의 토지를 점유하고 있는 데 비해 한국은 1인당 평균 0.05ha의 토지를 점유하고 있는 현실을 감안하면 극동러시아의 농업시장과 잠재력이 얼마나 큰지를 알 수 있다.

극동러시아에는 농업 관련 산업인 농기계 제조 판매업, 비료 제조업, 현대식 사일로 건설업 등 제조업이 전혀 없다. 이 때문에 독일, 프랑스, 네덜란드, 이탈리아 등 유럽이나 미국, 캐나다 등 북미에서 농기계를 수입한다. 특히 비료는 중앙러시아에서 생산된 비료를 사용하는데 결국 유럽의 비료를 극동에서 사다 쓰는 모양새이다. 이처럼 극동러시아는 기초농업의 인프라가 전혀 갖춰지지 않았다는 점에서 한국의 농업 관련 산업의 진출 전망은 매우 밝다.

농업 분야의 한·러 교류가 성사되면 농업이 비약적으로 발전할 가능성이 크다. 무엇보다 양국의 이해관계가 상호 호혜적이기 때문이다. 양국은 지리적 인접성, 경제구조의 상호 보완성, 역사적 문화교류에 기초해 좋은 관계를 유지하고 있다. 1990년 한·러수교 이후 지난 25년간 인적·물적 왕래가 비교적 활발했다.

특히 양국은 자원과 산업구조를 상호 보완하는 차원에서의 협력 가능성을 역설해왔다. 한국은 자본과 농업기술에서 높은 경쟁력을 가지고 있고 극동러시아는 광활한 농지와 막대한 천연자원을 보유하고 있어 양국이 곡물생산요소에 대해 상호에게 이익을 주는 방향으로 협력한다면 무한히 발전할 수 있을 것이다.

이런 차원에서 한국은 연해주 등 극동러시아의 농업개발 잠재력을 단기적인 이익추구 관점에서 볼 것이 아니라 장기적인 안목을 가지고 경제적 실리를 추구하는 차원에서 접근해야 한다. 1991년 이후 한국 업체들이 연해주 농업에서 거듭한 실패를 반면교사로 삼아 실패요인을 극복하는데 그치지 말고 정부가 나서서 연해주 농업을 주도해야 한다. 정부는 단기적 이익이 아닌 장기적 안목에서 한·러 양국의 관계를 발전시키는 것은 물론 나아가 북한까지 포함한 3국의 농업협력방안을 강구하고 실현할 수있도록 여건을 조성해야 한다.

이를 위해 농업 관련 산업, 즉 농기계제조업, 비료제조업, 사일로건설업, 농자재제조업, 식품가공업, 양돈업과 낙농업, 사료제조업 등을 연해주에 진출시켜 극동러시아의 농축산품과 식품 관련 소비자시장을 선점한다면 경제적 파장과 효과가 대단히 클 것이다. 이를 위해 양국 정부는 극동러시아의 농업개발을 주요 의제로 삼아 긴밀히 협력해나가야 한다. 다음에서는 연해주에서의 성공 가능성이 높은 농업 관련 산업에 대해 알아보자.

1) 농기계제조업

러시아는 구소련 시절 농업이 전성기였던 1950년대 이후 농업생산력이 저하된 이유를 경제난으로 인한 농기계 부족현상이라고 본다. 러시아 국내 농기계 제조 업체는 자국 농기계 수요의 4~5%만 공급하고 있는 실정이다.

러시아산 대형 콤바인 가운데 절반 이상을 생산하고 있는 로스트셀마시 사는 1929년 회사를 창립한 이후 2013년까지 300만 대 이상의 농기계를 세계 48개국에 수출해왔다. 로스트셀마시는 은행대출을 통한 신용판매시스템을 구축하여 판매가 급속히 신장되었다. 이 회사의 제품은 러시아, 우크라이나, 카자흐스탄 등 CIS 주요 국가의 대형 콤바인 시장에서 53%를 차지하고 있다.

한편 러시아의 주요 농기계는 이탈리아의 피아타그리, 독일의 크라스, 미국의 존디어, 네덜란드의 뉴홀랜드 등의 업체를 통해 수입되고 있는데, 이들 국가의 농기계 제조 업체들은 모스크바에 지사를 설립하고 러시아 전역에 농기계를 공급하고 있다. 특히 연해주의 각 농장에서 보유하고 있는 기종은 존디어를 중심으로 크라스, 뉴홀랜드가 주종을 이루는데, 트랙터는 뉴홀랜드 제품을, 콤바인은 존디어 제품을 선호하고 있다.

그러나 연해주와 하바롭스크, 아무르 지역의 농업개발과 생산성의 잠재력을 고려할 때 극동러시아 지역에는 농기계 생산공장이 없어서 적기구매가 어려울 뿐 아니라 가격도 비싸 비용부담이 가중되고 있다. 소비자인 농업법인이 자체적으로 농기계를 수입할 여건이 되지 않으며, 설사 농기계를 수입한다 해도 부품공급이 어려워 영농에 많은 지장이 초래되고 있다. 특히 우수리스크에 있는 중고 농기계 및 부품수입 판매회사는 완전 독점체제여서 가격이 비싸고 사후봉사가 거의 없어 횡포가 극심하다.

현재 연해주정부의 식량농업공사에서는 대형 농기계를 9년 분할상환하는 조건으로 장기 리스를 시행하고 있지만 이자부담이 크고 부품공급이 원활하지 못해 실효성이 별로 없다. 연해주에 진출한 한국 기업들이 연합해서 농기계와 부품을 공동구매하는 방안을 적극 검토할 필요성이 제기되기도 하지만 이를 실행하기란 사실상 요원하다.

우리나라 농기계가 연해주에 도입된 사례는 극히 드물다. 동북아평화연대는 동양물산이 기증한 소형 트랙터 1대를 보유하고 있으며, 아그로상생은 2009년 8월 국제종합기계로부터 구입한 벼 수확용 소형 콤바인 10대를 보유하고 있을 뿐이다. 따라서 이제는 정부가 나서서 한국 농기계 제작 업체들과 함께 농기계산업의 연해주 진출방안을 적극 검토해야 할 때이다.

한국의 농기계 생산 업체들이 세계 1위의 농기계메이커인 미국의 존디어와 제휴해서 연해주에 농기계 공급체계를 구축하는 것도 하나의 방법이다. 한국의 국제종합기계는 미국산 존디어의 동남아 판권을 보유하고 있는데 연해주 진출에 상당한 관심을 갖고 공격적인 마케팅을 전개하고 있다. 그러나 아직 가시적인 성과는 없다.

나는 2009년 10월 충북 옥천에 소재한 국제종합기계를 방문해 간담회를 가진 바 있다. 이 자리에서 김상조 사장은 연해주 진출계획을 밝혔다. 김 사장은 국내 농기계산업의 내수시장 한계를 극복하기 위한 해외시장 진출, 해외농업 개발을 통한 식량기지 확보, 우수한 국내 농업기술의 해외 이전, 후진국 농업개발 지원을 목표로 연해주 진출을 검토하고 있다고 말했다. 그는 존디어 제품의 조립공장을 연해주에 설립하는 것에 대한 타당성을 검증하고 조립된 농기계를 극동러시아 전 지역에 적정가격으로 공급하며 원활한 부품공급과 철저한 현장방문 사후봉사를 통해 각 농장의 신뢰를 얻는다면 극동 지역에서 한국 농기계산업이 성공할 수 있을 것이라고 진단했다.

지금은 한국 농기계산업의 글로벌화가 전략적으로 절실한 상황이며 그 결과는 국가산업의 경쟁력 제고와 맞물릴 것이다. 대동공업은 존디어와의 제휴를 통해 거대한 중국시장을 공략할 것이라고 선언해 관심을 모았다. 2010년 9월 8일 대동공업은 중국의 현지 공장에서 주문자 상표부착생산(OEM) 방식으로 농기계를 생산해 존디어에 공급하는 방안을 협의하고 있다고 밝혔다. 존디어와 대동공업이 제휴를 맺는 가장 큰 이유는 2011년부터 중국 농기계시장이 급성장할 것으로 전망됐기 때문이다.

중국은 인구의 60%가 농업에 종사해, 농기계 시장규모가 20조 원에 달하는 것으로 추정된다. 중국에서는 정부보조금 지급이 확대됨에 따라 농기계 수요가 급증하고 있다. 전문가들은 향후 미국, EU와 함께 중국이 세계 3대 농기계 시장으로 급부상할 것으로 예상하고 있다. 대동공업은 존디어에 OEM 방식으로 농기계를 납품하고 존디어가 중국시장에서 판매를 확대할 경우 두 회사가 중장기적으로 상호 성공할 수 있는 마케팅이 될 것으로 기대하고 있다.

이처럼 존디어와의 협약을 통해 중국시장에 진출한다면 연해수시상을 공략할 가능성은 한층 높아질 것으로 보인다. 대동공업이나 국제종합기계가 연해주에 진출한다면 극동러시아와 중국 헤이룽장 성 일대의 농기계시장을 공략하기가 용이해진다. 특히 질 좋은 사후봉사를 실시한다면 극동러시아 농기계시장을 석권할 가능성이 매우 높다. 각 농장에 농기계 부품을 원활하게 공급하고 농기계 기술교육을 진행하며 영농철의 잦은 기계고장을 현장에서 즉시 수리하는 이른바 현장방문 사후봉사를 실시한다면 연해주의 모든 농장은 대환영할 것이다.

연해주에는 전문적인 농기계 수리센터가 없고 농장 노동자들이 전통적인 재래식 방법으로 농기계를 수리하고 있어 기술적으로 한계가 있는 데다 농기계 수리방식이 대단히 비효율적이다. 그러므로 농기계산업은 러시아나 한국이 상호 성공할 수 있는 경제모델이 될 것으로 보인다. 이는 결국 농기계 가동률을 높여 극동러시아의 농업생산성이 크게 제고될 것이고, 한국은 질 좋은 서비스로 러시아 고객을 확실하게 확보하여 농기계산업 진출에 성공하게 될 것이다.

2) 비료제조업

영농에서 가장 중요한 부자재 가운데 하나가 비료이다. 구소련체제에서는 중화학공업을 비롯한 대부분의 공업단지와 소비재 생산공장이 모스크바 근교의 중앙러시아에 집중되어 있었다. 따라서 연해주에서는 모스크바의 북반부에 있는 북캅카스 연방관구의 비료공장에서 비료를 공급받고 있다.

극동 지역인 연해주, 하바롭스크, 아무르 지역의 농업법인들은 6000~1만 km 이상 떨어진 비료공장에서 비료를 구입하는 실정이다. 비료공장에서 극동 지역까지 열차로 운송되는 데에는 25~30일이 걸린다. 세계에서 가장 넓은 대륙을 소유하고 있는 러시아가 자국의 모든 산업을 중앙러시아 중심으로 발전시킨 결과 극동러시아 지역은 경제개발에서 완전히 소외되어 있다. 이러한 상황은 한국 농민이 유럽에서 비료를 수입해 사용하는 것과 같은 격이다.

작물과 종류에 따라 차이는 있지만 나의 경험으로 볼 때 일반적으로 1ha당 200kg의 비료를 살포한다. 이를 근거로 2009년 연해주 전체 경작면적 25만ha에 소요되었을 시비량을 계산했더니 최소 5만 톤의 비료가 필요했다. 시비는 3~4월에 파종과 동시에 이뤄지기 때문에 비료는 늦어도 4~5개월 전인 11~12월에 구매해야 한다. 공장에서 출하된 비료의 포장단위는 방수처리된 1톤 비닐포대 포장이다. 우수리스크 역에 도착한 비료를 크레인을 이용해 하역하고 트럭에 상차하기 때문에 작업비와 물류비가 과다하게 소요된다.

이러한 비료유통과정은 연해주 농업발전의 저해요인 중 하나이다. 제때에 비료를 구입하지 못한 농장은 영농에 차질이 생겨 낭패를 보게 된다. 공급가격이 일정하지 않고 업자들의 독점으로 매점매석하는 경우도 많아 농장들이 개별적으로 대응하기에는 역부족이라는 문제도 있다. 따라서 연해주에는 연해주와 하바롭스크, 아무르의 극동러시아 지역에 비료를 공급하는 비료공장이 반드시 설립되어야 한다. 단기적으로는 한국에서 비료를 수입하는 방안도 검토할 수 있지만 양국 정부가 긴밀하게 협력해 연해주에 한국 자본의 비료공장이 진출할 수 있도록 노력해야 한다.

극동러시아 지역의 비료산업시장은 전망이 매우 밝으며, 한국의 비료산업이 연해주에 진출하면 인접 국가인 중국 둥베이 3성 지역에도 비료를 수출할 수 있다는 이점이 있다. 특히 한국의 비료산업은 토질의 성분에 따라 맞춤형 복합비료를 생산할 수 있다는 것이 최대 장점이므로 경쟁력이 우수할 것으로 전망된다.

3) 사일로제조업

연해주에서 현대식 사일로를 보유한 업체는 현대중공업의 현대하롤·미하일로브카 농장과 내가 운영했던 콤무나르 농장이다. 현대하롤·미하일로브카 농장의 사일로는 원통형의 미국식 사일로로 미국 현지에서 중고 사일로를 해체해 도입한 후 재조립한 것이다. 단순한 보관기능만 보유하고 있어 최신형 전자동 사일로는 아니다.

그러나 콤무나르 농장에 시공했던 한국형 건조저장시설인 사일로는 앞에서 언급한 바와 같이 러시아 연방정부와 연해주정부로부터 호평을 받기도 했던 시설이다. 2009년 여름 콤무나르 농장에 시공한 사일로는 극동러시아 농업법인들의 주요 견학시설물 중 하나였다. 이 때문에 한국의 사일로 산업은 이미 연해주에 진출했다고 평가된다.

연해주에 진출한 한국 업체들은 물론 러시아 농장도 현재의 목재 곡물 저장시설을 모두 전자동 건조저장시설로 현대화할 것으로 예상된다. 한국은 기술력이나 지리적 입지조건에서 경쟁력이 우수하므로 한국형 사일로를 선택할 가능성이 매우 높다. 이제 한국의 사일로 업체들은 연해주를 비롯한 극동러시아 지역의 방만한 농업시장이 갖고 있는 잠재성과 성공 가능성을 인식하고 시장개척에 적극 나서야 한다. 무엇보다도 안정적인 투자를 유도하기 위한 양국 당국자의 협력이 필요하다.

4) 사료제조업

연해주의 축산업은 거의 소규모 축산농가에서 이뤄지고 있다. 러시아 정부가 중국산 돼지고기의 수입쿼터를 감축하는 정책을 펼쳤던 2010년에는 중국산 돼지고기 수입량이 감소하면서 돼지고기 가격이 상승했다. 중국산 수입쿼터 감축정책은 연해주 축산농가의 소득 증가를 꾀하고 가축사육 규모를 확대하기 위한 정책이었다. 규모가 작은 축산농가에서는 건초를 곡물사료로 쓰고 있으며 대부분의 농가에서는 재래식 자가제조 시설을 갖추고 있다. 규모가 큰 축산농가에서는 축산물의 생산성을 높이기 위해 자체적으로 질이 낮은 배합사료를 제조하면서 항생제나 영양제를 투여하는 등 사료의 품질개선을 위해 노력하고 있다. 사료 전문가가 없는 소규모 농가에서는 사료공장에서 사료를 구입해서 먹이거나 믹서를 구입해 자가제조한 사료를 먹이고 있다.

이처럼 대부분의 축산농가가 자가제조한 사료를 먹이고 있지만 품질이 우수한 사료를 선호하는 경향이 뚜렷이 나타난다. 연해주정부의 축산장려보조금 지원정책이 계속되는 한 값은 비싸더라도 생산성이 높은 사료의 수요가 지속될 것으로 전망된다.

연해주에는 배합사료에 대한 인식이나 소비가 거의 없는 실정이지만 축산물 가격이 상승함에 따라 사료품질의 중요성에 대한 인식이 높아지고 있다. 연해주에는 배합사료를 전문적으로 생산하는 기업이 없다. 그러나 사료의 원료인 대두, 대두박, 옥수수, 귀리, 보리 등의 곡물이 풍부하고 가격이 저렴해 배합사료 생산에 매우 유리한 여건을 갖추고 있다.

연해주에서 한국 기업이 배합사료를 생산하면 시베리아횡단철도와 도로를 이용해 하바롭스크, 유태인자치주, 아무르 등 극동러시아는 물론 러시아 중·서부 지역에까지 판매를 할 수 있을 것으로 보인다. 특히 중국의 헤이룽장 성을 비롯해 북한 및 주요 사료작물 수입국인 일본으로도 수출이 가능할 것으로 예상된다.

제5장

연해주에서의 남·북·러 농업협력방안

한국정부는 21세기 한민족의 기상을 대륙으로 확장하고 대륙과 해양을 연결하는 교량역할을 적극 수행함으로써 우리나라가 동북아시아와 유라시아의 중심으로 도약할 수 있는 원대한 비전을 제시해야 한다. 한국과 러시아 양국의 이해관계가 맞물리는 접점을 보면 러시아는 자국이 아·태지역으로 진출하는 데 있어 한반도가 교두보가 될 것으로 기대하고 있고, 한국은 자국이 대륙으로 진출하는 데 있어 러시아의 극동 지역이 중심무대가 될 것으로 기대하고 있다. 최근 러시아 경제가 급성장하면서 글로벌기업들이 모스크바 중심의 대도시로 진출함에 따라 중앙러시아는 이미 포화상태에 이르렀다. 따라서 한국 기업의 러시아 진출은 극동 지역으로 다변화되어야 한다.

지금은 한국 업체들의 연해주 농업 진출이 절대적으로 필요한 시점이며 이에 맞춰 정부도 적극 나서야 할 때이다. 연해주는 구소련의 몰락과 동시에 국영농장체제가 붕괴되면서 농촌경제의 기반이 무너져 이농인구가 급증하고 있으며 농업을 기피하는 현상이 두드러지고 있다. 국영농장 시절인 1950년대에 건설된 농수로 등 농업기반시설도 붕괴되어 재건이 필요하다. 소련이 자랑하던 트랙터 등 농기계는 고철덩어리에 불과해 폐기처분해야 한다. 이 때문에 연해주에 진출하려면 초기 투자비용이 많이 소요된다.

연해주 농업개발을 활성화하기 위해서는 노동력 부족도 해결해야 할 과제이다. 이런 측면에서 러시아는 자원, 즉 연해주의 휴경농지를 제공하고 한국은 자본과 기술을 제공하며 북한은 노동력을 제공한다면 상호 보완작용으로 시너지효과가 발생해 식량개발을 위한 3국의 협력관계를 유도할 수 있다.

연해주의 쌀 생산 가능 경지면적과 소비량을 고려할 때 연해주는 잠재적으로 인접 국가인 중국과 한국에까지 쌀을 공급할 수 있는 여건을 보유하고 있다고 나는 평가한다. 특히 연해주에서의 콩 재배에 주목할 필요가 있다. 콩은 연해주 농업의 전략적인 생산품목이다. 식용유 원료로서도 중요하지만 안정적인 공급이 요구되는 축산사료의 원료로도 콩 찌꺼기가 사용되기 때문이다.

세계 곡물시장의 흐름을 보면 상황이 매우 심각하다. 2000년 이후 국제곡물의 수급불안이 지속되어 2006년에는 국제곡물 재고가 최저 수준을 기록했으며, 급기야 2008년에는 2005년 대비 소맥 가격이 94%, 옥수수 가격이 138%, 중립 쌀 가격이 168% 상승해 세계적인 식량파동이 일어났다. 이처럼 국제 식량시장은 매우 불안정하다. 국제곡물가격은 매년 급등하고 있고 지구온난화의 영향으로 식량생산량은 계속 감소하고 있다. 설상가상으로 옥수수 등 곡물을 이용한 바이오디젤 생산과 국제유가 급등은 생산원가를 상승시키는 촉매역할을 하고 있다.

특히 친환경 바이오디젤 개발로 옥수수 등 곡물의 수요가 급증하고 있다. 국제연합식량농업기구의 발표에 따르면 2017년까지 밀의 국제가격은 매년 60% 이상 상승할 것으로 전망된다. 이런 추세를 지켜보던 중국은 2008년 자국의 곡물수출금지령을 발동했고 러시아도 2008년 자국의 곡물수출에 대해 부과하는 수출세를 40% 인상했다. 이처럼 강대국과 세계 곡물메이저의 식량무기화는 가속되고 있는 실정이다.

식량위기는 매년 10억의 인구가 기아에 허덕이는 악순환의 반복과 지속적인 인구 증가로 인해 더욱 가중될 것으로 보인다. 유엔 보고서는 2025년 세계 인구를 지금보다 28억 명이 늘어난 85억 명으로 전망하고 있다. 문제의 심각성은 이러한 인구 증가가 대부분 식량부족에 시달리는 개발도상국에서 발생하고 있다는 점이다. 개도국의 식량수요 증가, 사료용 곡물수요 증가, 대체에너지 곡물수요 증가로 식량부족 현상이 더욱 심각해질 것은 자명하다.

따라서 지금이야말로 한국과 러시아가 서로 상생하는 연해주 농업을 개발해야 할 때이다. 낙후된 연해주 농업의 인프라를 구축하는 일을 한국의 자본과 기술이 담당해 연해주의 농업기술 혁신, 농기계와 사일로 등 시설의 현대화, 고용 창출, 극동 지역경제 활성화에 기여함으로써 궁극적으로 한국과 러시아가 상호 이익을 극대화하는 전략을 시급히 구축해야 한다.

더 나아가 연해주를 통해 남·북·러 3국의 농업협력을 적극 추진해야 할 필요성도 제기되고 있다. 이러한 농업협력을 시작으로 남·북·러 3국의 경제협력방안이 동시에 추진된다면 일석삼조의 효과를 기대할 수 있을 것이다. 러시아의 풍부한 농경지와 원목을 비롯한 지하자원, 북한의 노동력과 건설자재, 남한의 자본과 기술은 이러한 협력을 실현 가능하게 만들

최대공약수이다.

남·북·러의 경제협력을 실현하기 위해서는 무엇보다도 각국의 이해관계가 상충되지 않고 상호 보완되어 3국 모두에 도움이 될 수 있어야 한다. 당장은 한·러 양국의 협력방안을 심도 있게 논의하고 추진해야 하겠지만 무엇보다도 남북대화가 시급히 재개되어야 한다. 이명박 정부 이후 박근혜 정부에서 경색되고 단절된 남북관계를 조속히 복원해야 한다. 지금이라도 당장 김대중·노무현 대통령의 남북정상 간 발표했던 공동선언을 조건 없이 이행해야 한다. 단절된 남북경제교류협력을 모두 정상으로 회복시키는 일이 가장 우선되어야 한다.

정부는 흡수통일이 아니라 평화통일을 추구해야 한다. 김대중·노무현 대통령은 두 차례의 남북정상회담을 통해 남북화해와 평화적 경제교류협력을 진전시킴으로써 남북화해협력의 시대를 개척했다. 분단 이후 반세기 만에 사실상 처음으로 평화통일의 가능성을 열어놓았던 것이다.

특히 민주정부 10년 동안 세계 10위권의 경제강국 진입, 반기문 UN사무총장 배출로 외교적 지위 향상, 한반도 평화통일의 시대정신 등장, 식량난이 심각한 북한에 대한 식량지원, 금강산 관광, 개성공단 등 경제교류 및 인적 교류의 진전, 남북의 철도 개통과 육로 개방, 미국의 대북협상정책 전환 등으로 우리의 소원인 통일의 꿈이 실현될 가능성이 열리는 듯했다. 그러나 이명박 정부가 들어서면서 이러한 남북화해협력은 완전히 단절되었고 오히려 과거로 회귀하고 말았다. 이명박 정부를 승계한 박근혜 정부의 대북정책과 역사인식 역시 반통일적 사고에 기초한 것으로 평가된다.

나는 연해주에서 2년간 농사를 지으면서 연해주를 비롯한 극동러시아에서 남·북·러 3국의 농업협력이 가능한지 몹시 궁금했다. 이 때문에 한국의 대북전략과 한·러 협력방안이 무엇인지 관심을 갖게 되었다. 특히 연해주, 하바롭스크, 아무르 주 등 극동러시아의 지역경제 활성화와 함께 남·북·러 3국의 경제적 이익을 도모할 수 있는 시베리아횡단철도와 한반도종단철도(TKR)의 연계사업 추진방안이 주요 관심사였다. 따라서 그동안 검토하고 연구한 나의 정책적 대안을 실현하기 위해 국회에서의 역할을 도모하려 한다.

1. 한국정부의 연해주 농업협력 구상방안 분석

1) 김대중 정부

남·북·러 3국의 농업협력방안을 최초로 검토한 것은 김대중 정부였다. 2001년 2월 당시 한갑수 농림부 장관은 김대중 대통령에게 업무보고를 하는 자리에서 남북한이 공동으로 연해주에서 벼와 콩을 경작하는 방안을 건국 이래 최초로 보고했다. 농업 관련 전문가로 이뤄진 북한농업지원협력단(단장 농림부 차관)을 구성하고 민간 차원의 남북농업협력사업계획의 수립, 기술 자문 및 전수 등을 통해 적극적인 대북지원을 하겠다는 것이 골자였다.

특히 김대중 정부는 남북한의 인구 증가와 한반도 전체 식량수급을 전망하고 경작면적을 예측해 농업생산성 목표를 정하는 이른바 통일 이후의 신한반도 농정지표를 공식적으로 마련한다고 발표했다. 이는 남한은 쌀 재고가 쌓이는 반면 북한은 만성적인 식량부족에 시달리는 상황을 극복하기 위한 방법이었다. 그리고 이는 궁극적으로 통일한국의 한반도 농산물 수급문제에 적극 대처하기 위한 작업이었다.

이는 헌정사상 처음으로 남북이 공동으로 연해주에 진출해 곡물을 생산하겠다는 의지를 김대중 정부가 표명한 것이었다. 김대중 정부는 이 같은 계획을 구체화하고 농업투자 여건을 조사하기 위해 2001년 4월 17일 농림부, 농촌진흥청, 농협, 농업기반공사, 농수산물유통공사 등 관계 전문가들로 구성된 조사단을 연해주에 파견했다.

2001년 4월 19일 자 연합뉴스는 농림부 관계자의 말을 인용해 "현재 연해주에는 연간 1만 5000여 명의 북한 노동자가 농업에 종사하고 있는 것으로 파악되고 있다. 최근 남북협력 분위기가 고조되면서 북한농업 지원 차원에서 북한 노동력을 이용해 연해주에서 경작하는 방안의 필요성이 제기되고 있다"라고 보도했다.

농림부 합동조사단의 보고서는 러시아 연방정부와 연해주정부가 항카호 주변의 벼농사 경작지 개발에 한국의 참여를 강력히 요청하고 있다면서 이 지역에 민간 차원의 투자를 유도하여 북한의 노동력을 이용해 생산된 곡물을 북한에 지원하는 방안을 검토해야 한다고 밝혔다. 또한 보고서는 1000ha의 농장에서 쌀 2000톤의 수확이 예상되는데 이를 매입하려면 5억 원의 자금원이 필요하다며 남북협력기금을 활용하는 방안도 검토해야 한다고 밝혔다.

보고서는 또 정부 차원에서 농업기반공사 등 정부투자기관이 참여해 현지에 진출한 한국 업체에 위탁 경작하되 북한과의 합작투자를 유도하여 생산된 곡물을 투자비율만큼 북한에 제공하는 방안도 제시했다. 그러나 곡물생산량이 벼의 경우 1ha당 2.5톤(한국의 경우 7톤)에 불과한데다 장기간 방치된 휴경지임을 감안하면 초기 기반시설 투자비가 과다해 단기 수익을 얻기는 어렵다고 전망하기도 했다.

이 조사는 2001년 2월 김대중 정부의 한·북·러 3국 농업협력방안 검토 계획에 따라 이뤄진 것으로, 그해 7월 한국농촌경제연구원은 '연해주 한·북·러 농업협력사업 추진 기본전략연구'를 발표하고 시범농장 예비타당성조사를 실시했다. 김대중 정부의 연해주 농업협력 목표는 단기적인 경제적 이익을 얻기보다는 북한에 대한 식량지원을 위한 곡물생산기지를 마련하고 생산과정에서 남북협력을 추진하는 것에 방점을 찍고 있다. 장기적으로는 연해주를 한반도의 식량안보기능을 보완하고 수출농산물을 생산하는 농업기지로 발전시킴으로써 한·북·러 3국의 농업 분야에서 공동협력 기반을 구축한다는 것이다.

이처럼 의욕적으로 추진한 김대중 정부의 연해주 해외농업 진출사업은 결국 아무런 성과 없이 끝나고 말았다. 이는 추진 시기가 임기 말이어서 동력이 부족한 탓도 있었지만 무엇보다도 국회에서 야당의 반대로 더 이상 추진할 수 없었기 때문이다. 2001년 9월 정기국회에서 한나라당 이상배 의원은 "국내 쌀 재고가 급증해 이 쌀을 북한에 지원해주자는 얘기까지 나오는 판에 대북 식량지원을 위해 수익성도 없는 연해주 지역 농업개발에 참여하는 문제는 신중하게 결정해야 한다"라며 반대 입장을 분명히 했다.

그러나 이 사업이 성과 없이 끝난 것은 무엇보다도 분단 이후 처음으로 열린 2000년 남북정상의 6·15공동선언 이후 급속히 진행된 남북 간 화해협력 및 경제교류협력의 진전 등을 통해 한반도 평화와 통일의 새로운 전기가 마련되자 이 분위기에 편승한 한갑수 농림부 장관이 성급하게 사업을 추진한 결과라고 본다. 북한이나 러시아와의 사전조율 없이 일방적으로 사업을 추진했기 때문이다.

내가 볼 때 남북정상의 6·15공동선언 후속조치로 가장 먼저 논의했어야 할 의제는 남북의 농업교류 협력방안이었다. 그러나 농림부 장관은 남북정상의 공동선언을 추진할 후속조치를 전혀 검토하지 않았다. 김대중 정부의 남북 농업교류협력은 정부와 민간 간 그리고 민간단체끼리의 정보교류 및 협력체계 미흡, 사업에 대한 중장기 방향 제시 및 조정기능이 전혀 검토되지 않았다. 결국 농업 분야에 대한 남북 당국자 간의 대화창구가 없어 정부의 역할에 한계를 드러냈던 것이다.

이처럼 남북의 농업교류협력에 관해서는 언급조차 없던 농림부가 남북정상의 6·15공동선언 이후 6개월 만에 연해주에서 남·북·러 3국의 협력으로 벼와 콩을 재배하겠다고 선언한 것은 객관적으로 납득할 수 없는 일이었다. 사전에 충분한 내부 검토가 없었으므로 연해주에서 북한 노동자를 고용해 3국의 농업협력사업을 실시하겠다는 구상에 대해 사람들은 처음부터 회의적일 수밖에 없었다. 이 같은 구상이 제기된 과정은 향후 조사해야 할 또 하나의 연구대상이라고 생각한다.

2) 노무현 정부

노무현 정부는 연해주에서의 남·북·러 농업협력을 추진하지 않았다. 다만 제2차 남북정상회담을 앞둔 2007년 9월 21일, 대통령 직속기구인 농어업·농어촌특별대책위원회가 개최한 통일농수산포럼에서 「남북정상회담과 농업개발협력 의제」라는 보고서를 통해 가칭 '남북농업과학 기술교류협력센터'를 설치해서 남북농업협력 인력 및 해외 진출 인력을 육성한 뒤 연해주 등 동북아 지역에 남북이 공동으로 진출하는 방안을 모색할 필요가 있다고 발표했다. 농특위는 '남북의 공동 농업정책추진(안)'을 통해 남측의 쌀과 북측의 임산물·잡곡(옥수수·콩·감자 등)을 서로 교역하고 중장기적으로는 남북공공식량계획을 추진해 한반도 전체의 식량안보를 높일 것을 제안했다.

또한 2007년 말 해외농업을 적극적으로 지원하기 위해 「해외자원개발사업법」을 개정했다. 기존 법에는 해외자원의 범위가 석유·가스·광물·원목으로 규정되고 농축산물은 제외되어 있어 해외농업개발을 지원할 법적 근거가 없었기 때문이다. 개정된 「해외자원개발사업법」 제5조는 농축산물을 해외자원으로 규정했으며, 제12조는 국가가 해외자원 개발사업을 촉진하기 위해 소득세·법인세 등을 감면할 수 있도록 규정했다.

특히 동법 제17조는 국내외 자원수급의 악화로 자원수급에 중대한 차질이 생길 우려가 있어 국민경제의 안정과 원활한 운용을 해치거나 해칠 우려가 있는 경우 해외자원개발 사업자에게 해외자원의 전부 또는 일부를 국내에 반입할 것을 명할 수 있다고 규정했다. 이는 식량을 국내에 반입할 수 있도록 법적근거를 마련한 것이다. 동법 시행령 제1조는 농축산물을 밀, 옥수수, 콩, 면화 기타 농림수산식품부 장관이 정하는 농축산물로 규정했다.

한편 노무현 정부는 2004년 8월 20일 김대중 대통령의 6·15공동선언 후속조치를 추진하기 위해 남북농업협력추진협의회를 구성했다. 협의회에는 대북지원민간단체협의회, 한국농기계공업협동조합, 경제정의실천시민연합, 현대아산, 우리민족서로돕기운동, 북한경제전문가포럼, 통일농수산포럼 등 7개 민간단체와 정부기관인 농촌진흥청, 산림청, 농림부 산하 유관기관인 한국농촌공사, 농수산물유통공사, 농협중앙회, 한국농촌경제연구원이 참여했다.

2005년 6월 23일 서울에서 개최된 남북장관급회담에서는 남북농업협력위원회를 구성키로 합의하고 같은 해 8월 18~19일 개성에서 제1차 남북농업협력위원회를 개최했다. 당시 이명수 농림부 차관이 참석한 회담에서 남측은 상징성과 파급성이 높은 분야를 시범사업으로 제시하면서 남북 공동영농단지 조성과 농업전문기술 인력의 방북을, 북측은 우량종자의 생산과 가공, 보관시설의 현대화, 육묘공업화 지원을 요구했다. 이 회담에서는 뚜렷한 성과를 내지는 못했지만 남북의 책임 있는 당국자가 공식적인 농업협력채널을 구축했다는 점에서 중요한 의의를 지니는 것으로 평가됐다. 그러나 2005년 8월 제1차 남북농업협력위원회가 열린 이후 노무현 대통령과 김정일 국방위원장의 제2차 남북정상회담이 열렸던 2007년 10월까지 협력사업을 구체화하기 위한 후속조치나 실무자 접촉은 없었다. 이로 인해 통일부는 이 회담을 실패한 사례로 규정했다.

통일부는 2007년에 발간한 자료집 『남북농업협력위원회 회담 그 이후』에서 "남북농업협력위원회 회담은 북한농업 생산성 향상을 위한 구조적 개선을 목표로 하는 구체적인 실천사항을 합의한 성공적인 회담이었다. 그러나 합의사항들은 북한의 체제유지에 부담이 되어 제대로 시행하지 못했다. 북측은 필요하면서도 적실성 있는 정책을 추진하지 못함으로써 실패를 경험한 사례"라고 평가했다.

이처럼 합의사항의 성실한 이행을 위해 필요한 협조체계나 추진체계를 마련하지 못함으로써 급기야 제2차 남북정상회담 직후인 2007년 11월 16일 남북의 부총리급으로 구성된 남북경제협력공동위원회에서는 남북농업협력위원회의 효력을 정지하고 말았다.

이후 남북경제협력공동위원회 제1차 회의에서 합의한 농수산 분야의 협력사업을 적극 추진하기 위해 2007년 12월 14일 개성에서 남북농수산협력분과위원회 제1차 회의를 열고 종자생산 및 가공시설 건설과 유전자원 저장고 건설을 2007년 내에 착수키로 하는 등 6개 항을 합의했다. 이어 남북은 2007년 12월 18일 제1차 남북농업협력실무회의를 열고 「남북농업협력 자재·장비 제공에 관한 합의서」를 통해 남측은 북측의 양돈사업에 필요한 자재와 장비를 제공하고 북측은 남측 인원의 북측 체류를 보장하는 등 7개 항을 합의했다.

결론적으로 남북농업협력사업은 다음과 같은 특징을 가진 것으로 평가된다. 첫째, 정부 차원의 식량지원은 북한의 당면한 식량난 완화 및 남북관계 신뢰구축에 크게 기여했지만 실질적인 농업협력사업의 추진이 미흡했다. 둘째, 민간의 대북지원은 점차 전문화·조직화·다양화되는 추세에 있다. 셋째, 비료와 종자지원, 축산개발, 농기계수리공장 건설 등이 활발히 진행되었지만 일부 사업은 지속적으로 진행되지 못했으며 지원단체 간 중복되는 경향이 있었다. 넷째, 남북경협에 따른 인적 교류 및 기술교류 확대는 오히려 북한체제 유지에 심각한 위험요인으로 작동하는 부작용도 나타났다.

3) 이명박 정부

이명박 정부에서는 지방자치단체가 남북 공동의 연해주개발 사업성을 검토한 사례도 있다. 2008년 경상남도 김태호 지사는 남측의 뛰어난 기술력과 자본, 북측의 노동력이 서로 힘을 모은다면 연해주의 광활한 지역에서 경작을 통해 식량을 안정적으로 공급할 수 있다면서 사업성을 검토했다. 김 지사는 "농업투자를 위해 경남도가 연해주에 인도적 차원의 농장을 세운다면 지방자치단체가 새로운 가능성 모델을 만든다는 점에서 큰 의미를 가질 것"이라고 밝힌 바 있다.

그러나 경상남도의 연해주 진출은 성공하지 못했다. 가장 큰 이유는 이

경상남도가 위탁경영한 연해주 미하일로브카 옥수수 시험포 농장. 파종 50일이 지났지만 잡초만 무성하다.

명박 정부의 자원외교, 해외개발 등 정권의 주요 어젠다에 편승해서 정치적 홍보와 실적주의를 우선시한 도지사의 과욕과, 한국농촌경제연구원이 발주한 사업타당성 조사용역이 끝나기도 전에 시험농장부터 임차했을 정도의 졸속행정 때문이었다. 경상남도가 지방공기업인 경남개발공사에 연해주 개발사업을 위탁하고 경남개발공사는 동북아평화연대와 (주)서울사료에 시험농장을 위탁경영시켰는데, 의사결정 단계가 복잡하고 현지 영농과정에서 관리감독이 전혀 이뤄지지 않아 실패하고 말았다.

나는 2009년 경상남도가 위탁경영한 미하일로브카의 옥수수 시험포를 살펴볼 기회가 있었다. 옥수수 시험포는 밭이라기보다 잡초가 무성한 풀밭이었다. 참으로 한심하고 부끄럽기 짝이 없는 현장이었다. 그럼에도 경남 지역 언론은 장밋빛 전망으로 가득한 홍보용 기사를 계속 보도하고 있었다. 이는 또 하나의 적폐이자 실패사례로 기억될 것이다.

이명박 정부의 농림수산식품부는 2008년 6월 3일 해외농업개발협력단을 구성하고 해외농업개발을 성공적으로 추진하기 위한 민·관 협력방안을 강구했다. 이는 당시 국내 주요 곡물의 자급률은 26.5%인데 쌀의 자급률은 98%로, 쌀이 절대적인 비중을 차지하고 있는 반면 밀, 옥수수, 콩의 자급률은 0.2~7%에 불과한 상황에서 안정적인 식량자원의 공급원을 확보하기 위해 장기적인 측면에서 해외농업개발을 추진해야 할 필요성이 제기된 데 따른 것이었다.

이러한 정책을 바탕으로 2009년에는 해외농업개발을 목적으로 진출한 업체에 대해 한국농촌공사가 농어촌개발기금을 장기저리 조건으로 융자하기 시작했다. 이 자금을 첫 번째로 융자받은 업체는 콤무나르 농장이었다. 나는 50억 원을 15년 거치 5년 균등분할상환, 연리 1.5%의 금리로 융자받아 5000톤급 사일로 신축과 콤바인, 트랙터 등 농업기계 보강, 농기계 보관창고 및 농장식당 건축에 사용했다.

그러나 연해주에서 본격적인 남·북·러 농업협력을 추진하지는 못했다. 이명박 정부의 대북정책에 근본적인 문제가 있었기 때문이다. 이명박 정부는 대외정책의 제1목표로 북핵문제 해결을 내세웠지만 이를 실현하기 위해 노력하지 않고 노무현 정부와의 차별화를 시도하면서 대북 강경기조를 유지했다.

불변의 상호주의에 입각한 대북정책, 북한 인권문제에 대한 적극적인 비판, 국제사회에서의 적대적인 대북비판, 대북압박을 통한 공조모색을 일삼으면서 민주정부 10년의 남북경협을 일방적인 퍼주기로 매도하고 북한을 일방적인 수혜자로 격하시키는 지각없는 정책을 폈다. 그 결과 북핵문제를 해결하기는커녕 대북관계를 냉전체제로 회귀시키고 말았다.

결과적으로 이명박 정부의 대북정책은 실패로 귀결되고 말았다. 이명박 정부의 대북정책이 실패한 것은 전략적 사고에 입각한 중장기 대북정책을 세우지 않았기 때문이다. 대북정책을 입안하고 수행하는 데 있어 유연성과 탄력성은 찾아볼 수 없었다. 특히 이명박 정부는 대북정책과 관련해서 국내 보수층 결집을 통해 새누리당의 재집권을 도모했다는 면에서 정치적 의도를 중시했다는 비판을 면하기 어렵다.

4) 박근혜 정부

실패한 이명박 정부의 대북정책은 박근혜 정부가 고스란히 승계했다. 박근혜 대통령은 "통일은 대박이다"라고 말했지만 전혀 감동을 주지 못했다. 말과 행동이 전혀 다르기 때문이다. 그래서 공허한 메아리에 불과하다는 혹평을 받고 있다. 국민적 신뢰를 회복하고 공감대를 형성하기 위해서는 대북기조를 바꾸고 남북관계를 정상화해야 한다. 그래야 진정성이 회복될 수 있다. 이런 노력이 선행되지 않는다면 청와대에 설치된 통일위원회가 무슨 일을 할 수 있겠는가.

2014년 4월, 한국철도공사 최연혜 사장은 국제철도협력기구의 회의에 참석하기 위해 북한을 방문했을 때 남·북·러 3자 철도연수센터 설립을 제안한 바 있다. 철도연수센터는 철도수송 분야의 한국 경험을 전수하고 러시아 및 북한과의 경험교환을 장려하기 위한 시설인 것으로 알려졌다. 하지만 이것도 하나의 메아리 없는 선언에 불과하다.

무엇보다도 박근혜 정부는 남북경협을 원천적으로 차단하고 있는 5·24조치를 즉각 해제해야 한다. 5·24조치 해제는 남북경협을 정상화하고 남·북·러 경제협력의 토대를 마련하는 지름길이기 때문이다. 현재 박근혜 정부는 5·24조치는 풀지 않으면서 국익 차원이라는 다소 엉뚱한 논리로 북·러가 추진하는 나진-하산 물류사업에 코레일, 포스코, 현대상선의 투자를 추진하고 있다. 심지어 이들 회사에 남북협력기금을 지원하겠다고도 했다. 이렇게 되면 5·24조치를 남북 정부 차원에서는 적용하지 않고 일반 기업에는 적용하는 모순을 정부 스스로 인정하는 꼴이 된다.

이처럼 박근혜 정부는 스스로 모순적이고 이중적인 정책을 펼칠 게 아니라 5·24조치를 근본적으로 해제해야 한다. 거듭 밝히지만 이러한 정책 변화는 핵 보유를 통한 모험주의적 외교를 구사하고 있는 김정은 정권을 결국 남북경협·개혁개방·체제보장을 통한 핵포기정책으로 선회하도록 유도하는 계기가 될 것이기 때문이다.

북핵문제의 평화적인 해결도 결국 남북관계가 정상화되어야 가능하다. 남북의 상생과 공영이라는 방향으로 정책이 먼저 전환되어야만 상호 신뢰성 회복은 물론 화해와 협력도 가능하다. 남북관계의 정상화는 북·미 간 국교수교를 비롯한 한반도 평화무드 조성, 남북대화의 선순환 등 상호 작용으로 진전될 것이다.

"통일은 대박이다"라고 말한 박근혜 대통령과 "설령 지옥이라 하더라도 무조건 해야 하는 것이 통일"이라고 말한 류길재 통일부 장관의 이중 적인 대북관은 후일 역사의 준엄한 평가를 받을 것이다. 겉과 속이 분명히 다르기 때문이다. 특히 류길재 장관은 2014년 6월 24일 민주평통 서울 지역회의에서 "많은 사람이 5·24조치를 해제하라고 얘기하는데 그러면 남북관계가 좋아지겠지만 그런 남북관계는 우리가 바라는 남북관계가 아니다"라고 밝혔다.

이 얼마나 음흉하고 저급한 이중적 통일관인가. 다시 말하면 장관 스스로 5·24조치를 해제하면 남북관계가 좋아지지만 우리(박근혜 정부)는 남북관계가 좋아지는 것을 원치 않는다는 속셈을 분명히 드러낸 것이다. 결과적으로 '통일은 대박'이라고 말한 박근혜 대통령의 반통일적·반민족적 통일관을 고백한 것이나 다름없다. 박근혜 대통령은 바로 이 점을 명심해야 한다.

2. 남·북·러 농업협력방안

1) 한국과 러시아가 정치·외교적으로 풀어야 할 과제

러시아정부는 낙후된 극동 지역 개발을 위해 남·북·러 3국의 경제협력에 강한 의지를 보여왔다. 최근 러시아 민간자본은 상업성만 확인되면 해외자본도 적극적으로 받아들이고 있다. 이러한 변화는 분명 남·북·러 3국 경제협력의 실현 가능성을 높여주는 긍정적인 요소라는 데 동의한다.

러시아는 남·북한에 등거리 외교를 구사하는 한편, 한반도문제는 남북의 당사자가 해결해야 한다는 원칙하에 남북한 교차승인을 지지하는 등 한반도 냉전구도 해체에 관심을 보여왔다. 특히 한반도 주변 4강국 중 동북아 다자안보협력체제 구축에 가장 적극적일 뿐만 아니라 북한의 개혁·개방, 한반도의 평화·안정, 나아가 평화통일을 지지하고 있다.

한국정부가 러시아와의 효율적인 협력방안을 국가전략으로 수립하려면 먼저 러시아가 우리에게 전략적으로 어떠한 의미를 갖고 있고 러시아가 무엇을 줄 수 있는가를 생각해야 한다. 또한 우리는 러시아에 어떤 존재이고 러시아가 소중히 생각하는 가치를 어떤 방식으로 협력해야 가장 효과적으로 보장할 수 있는지를 성찰해야 한다. 양국이 기본적으로 필요로 하는 바를 명확히 인식한 뒤 러시아의 전략적 가치를 충분히 존중하면서 우호적인 입장이 지속되도록 양국 간 호혜적인 협력을 증진하는 데 힘써야 한다.

특히 우리가 주목할 것은 러시아가 정치안정을 통해 경제회복과 성상기반 구축은 물론 낙후지역인 극동 지역 개발에도 주력하고 있으며, 한반도에 대해서도 군사·안보보다 경제적 협력 부문을 중시하고 있다는 점이다. 현실은 핵실험, 미사일 발사 등 북한의 도발로 한반도 정세가 정치·외교·군사적 갈등과 대립 위주로 전개되고 있지만 러시아는 한반도의 긴장 완화를 원하고 있다.

김대중·노무현 정부가 반세기 동안 단절되었던 남북문제를 교류협력, 평화구축의 방향으로 전개할 당시 러시아의 적극적인 지지와 협력이 있었음을 알아야 한다. 따라서 박근혜 정부는 이명박 정부가 망쳐놓은 남북관계를 남북의 호혜적인 경제협력을 통해 평화통일의 기반을 조성하는 데 집중해야 할 책임과 의무가 있다. 이를 위해서는 북한의 도발을 억제하는 한편 북핵문제를 해결과정으로 복귀시켜야 한다. 군사·안보적 위기 정국을 평화와 교류협력의 정국으로 전환해야 한다. 이를 위해서는 미국이나 중국과의 협력 못지않게 러시아와의 협력을 강화해야 한다.

러시아는 미국과의 대립보다는 협력을 도모하기 위해 한반도에서 남북이 당사자 간의 화해와 협력을 통해 점진적으로 평화통일하기를 바라고 있다. 러시아는 김정은의 모험주의 행동을 주시하면서 북한의 급격한 붕괴를 예방하기 위해 노력하는 한편, 한반도 정세에 대해 발언권을 확보하기 위해서도 노력하고 있다. 러시아는 이러한 목표를 실현하기 위해 북한과 한국, 북한과 서방의 관계에서 공정한 중재자 역할을 수행하는 한편, 한반도의 평화와 화해 및 협력을 남북한 당사자와 주변 강대국들이 제도적으로 보장하는 6자회담을 적극 지지하고 있다.

이런 측면에서 한국은 러시아에 대해 국가전략 및 안보 분야에서는 한미동맹을 보완하는 차원에서 협력을 도모하되 경제협력 분야에서는 적극적이고 긍정적인 태도로 나서야 한다. 물론 한·러 경협이나 남·북·러 3국의 경협이 탄력을 받으려면 북한이 적극적으로 호응해야 하며, 한편으로는 한국 기업의 러시아 진출이 탄력을 받도록 까다로운 수입통관이나 신용장 개설 등의 절차를 개선해야 한다. 2013년 한·러 양국의 정상회담을 통해 매년 갱신해야 했던 노동비자제도를 무비자로 개선한 것은 매우 고무적인 협력사례이다. 하지만 러시아정부의 조달입찰 관련 정보의 공개 등 양국이 풀어야 할 제도적 과제도 주요 의제로 상정하고 꾸준히 개선해야 한다.

우리나라는 1990년 9월 한·러 국교수교 이후 평화와 번영을 위해 러시아와 호혜적으로 협력해오면서 '상호 신뢰하는 포괄적 동반자 관계'를 발전시켜왔다. 한국의 입장에서는 지속적인 경제발전과 한반도 평화통일을 위해 러시아의 협력이 절실히 필요한 실정이다. 이런 관점에서 볼 때 러시아와의 협력에서 가장 중요한 전진기지 역할을 할 수 있는 지역이 바로 극동러시아이다. 특히 극동러시아는 한국의 에너지·자원 외교의 핵심 대상지역으로, 이명박 정부는 주블라디보스토크 한국총영사관을 해외자원공관으로 지정해 운영한 바 있다. 하지만 성과는 거의 없었다.

한국은 극동러시아를 활용할 많은 아이디어를 갖고 있지만 이를 현실화하지 못하고 있다. 우선 러시아에서 석유와 가스를 도입하기 위해서는 북한을 경유하는 파이프라인이 필수적인데 이는 남북관계와 직결되는 사안이다. 하지만 남한 입장에서는 지리적으로 북한이 러시아와 중국을 가로막고 있다는 것이 가장 큰 난관이다.

남·북·러 3국 경제협력의 최적지가 한반도와 러시아가 인접한 연해주라는 데 대해서는 누구도 이견이 없다. 철도연결도 같은 맥락이다. 그동안 한국은 TKR-TSR 연결문제를 놓고 러시아와 긴밀한 철도협력을 진행해왔다. 하지만 앞으로는 철도와 함께 도로, 공항, 항만으로 투자 대상을 확대해야 한다.

내가 연해주에 거주하던 2008년 당시 한국의 KT(한국통신)는 연해주를 비롯한 극동러시아의 통신사업을 석권해 성공적인 결과를 이루어냈다는 평가를 받았다. 하지만 한국통신의 이석채 사장은 가장 부가가치가 높고 최고의 경영수익을 올리던 연해주의 통신회사(NTK)를 이유 없이 매각해 국부유출이라는 오명을 남겼다. 이석채 사장은 이 사실에 대해 책임을 져야 한다. 한국통신은 국민의 기업이기 때문이다.

연해주에 거주하는 러시아인들은 한국을 선진국으로 인식하고 있으며 한국과의 교역으로 신흥 재력가들이 탄생하고 있다. 이런 정서를 갖고 있는 데다 이미 양자 간 경제협력의 경험이 축적되어 있기 때문에 남·북·러 3국이 쉽게 합의할 수 있는 분야부터 대화를 시작하면 된다. 예를 들어 연해주의 탄광개발 및 벌목에 남북이 공동으로 진출해 생산된 석탄과 목재를 투자한 몫에 따라 분배하는 방식을 검토할 수 있다.

우리는 러시아가 한반도의 비핵화를 포함한 한반도의 안정과 평화를 지지하고 있으며 어느 주변 강국보다도 남북 당사자 간의 대화와 협력을 통한 한반도 통일을 원하고 있다는 점을 잘 활용해야 한다. 러시아는 한반도 주변의 다른 나라들과 달리 통일한국이 러시아에 많은 기회를 제공해줄 것이라고 강조한다.

러시아는 한민족의 통일은 역사적인 순리이며 통일한국의 출현은 극동 국경지방의 안보불안을 해소할 것이라고 분석한다. TSR-TKR이 연결되면 유라시아대륙에서의 러시아의 물류중심지화, 러시아 상품수출경로의 다양화, 시베리아 및 극동 지역 개발을 위한 투자유치, 러시아의 동아시아 경제권 편입이 가능하다고 주장한다. 러시아는 일본이나 중국과 달리 한국을 부담 없이 협력할 수 있는 경제적·전략적 동반자로 여기고 있는 것이다. 러시아는 자체적으로 이러한 정책방향을 세우고 있으므로 한반도의 평화통일과정에서 부당한 외세의 간섭이 있을 경우 이를 공정한 입장에서 견제해주는 중재자 역할을 자임하려 노력한다.

따라서 우리는 미국, 중국, 일본이 통일에 반대하지 않도록 외교적 노력을 다하는 한편 러시아의 우호적인 개입을 활용할 수 있는 전략을 세워야 한다. 러시아는 기회주의적인 관점에서 한반도의 평화와 안정, 남북대화와 협력을 지원하는 것이 아니라 중장기적인 아·태시대의 동반자로서 통일한국의 출현과 한반도 평화체제의 구축을 바라고 있기 때문이다.

러시아의 전략적 지지를 확보하기 위해서는 충족해야 할 몇 가지 조건이 있다. 첫째, 우리 외교가 한·미동맹이 주축이지만 지나치게 미국에 치우치지 말고 러시아와 적절한 균형을 유지해야 한다. 둘째, 통일한국은 비핵지대일 것을 선언하고 통일 이후 북한 지역에 미군을 주둔시키지 않는다는 것을 보장해야 한다. 셋째, 러시아의 강대국 지위를 존중해야 한다. 넷째, 한·러 간 호혜적인 경제협력을 더욱 적극적으로 추진해야 한다.

우리는 러시아의 전략적 가치를 재인식하고 한·미 동맹관계의 제약을 슬기롭게 극복하면서 동북아 다자안보협력 구축을 위한 동반자관계를 강화해야 한다. 또한 북핵문제 해결이나 한반도 평화구축과정에서도 러시아와 협력을 증진해나가야 할 뿐 아니라 북한을 개혁·개방으로 유도하고 남·북·러 3국 모두 호혜적인 이익을 추구하기 위해 남·북·러 3국의 경제협력을 더욱 적극적으로 추진해야 한다.

2014년 7월, 현대경제연구원은 「최근 북·러 경제협력의 특징과 시사점」이라는 보고서를 통해 남북경협의 큰 진전 없이 북·러 경제협력이 가속화될 경우 북한경제의 대러시아 의존도가 심화될 수 있으며 이는 통일이익의 해외유출로 이어질 수 있다고 지적했다.

최근 들어 북·러 경협이 교역뿐 아니라 교통·물류, 에너지 등 다방면에 걸쳐 급속히 확대되고 있다면서 이에 대한 증거로 2013년 북·러 교역이

전년 대비 37% 증가한 1억 400만 달러를 기록했고 양국은 2020년 교역액 10억 달러 달성 목표를 합의했다고 밝혔다.

러시아는 경제협력 활성화를 위해 북한의 구소련 부채 90%를 탕감해 주되 나머지 10%에 대해서는 한국과 연결되는 가스관·철도선 건설에 필요한 대지를 자국에 임차하도록 북한에 요구했다. 북한의 대러시아 경협 정책은 북한 경제 활성화의 토대를 마련하는 한편 중국에 과도하게 치중되어 있는 북한의 경제의존도를 낮추기 위한 것이다. 김정은 체제에 들어와 북한은 주민생활 향상과 외자유치를 통한 경제강국 건설을 강조하면서 대내외적인 개혁·개방 확대를 추진 중이라고 밝혔다.

최근 북한은 추진 중인 경제정책의 성공을 위해 러시아와 교통·물류 협력, 가스관 연결, 노동협력 강화 등 다양한 경제협력을 추구하고 있다. 러시아는 극동러시아의 성공적인 개발을 위해 경제·산업 분야를 중심으로 북한과의 경제협력을 다양하게 확대하고 있는 것이다. 러시아는 극동 지역의 인구감소 등으로 경제발전이 지체되는 문제를 해소하기 위해 인프라 구축 등의 포괄적인 투자계획을 밝히고 있는 실정이다. 러시아의 극동러시아 개발의지와 북한의 경제개선 의도가 맞물려 향후 북·러 경제협력은 더욱 확대될 것으로 전망된다.

2) 남·북·러 3국의 정치·경제적 상황

남·북·러 3국의 농업협력이 가능하려면 농업협력을 통한 각국의 상호 경제적 이익이 담보되어야 한다. 경제적 요인으로 보자면 남·북·러 3국은 경제협력을 비롯한 농업협력을 추진하기 위한 충분조건을 갖추고 있지만 이를 적극적으로 실행에 옮길 수 없는 현실에 봉착해 있다. 남북의 정치적 요인이 큰 장애가 되고 있기 때문이다.

이는 남북과 적극적인 협력관계 및 우호적인 외교관계를 유지하고 있는 러시아의 입장을 어렵게 하고 있다. 러시아는 정치적으로 일본이나 중국에 배타적인 입장을 취하고 있다. 하지만 남북의 적대적인 관계는 결국 동북아의 일원으로서 극동러시아의 에너지 개발을 비롯한 각 분야의 개발협력사업에 적극적인 일본과 중국의 입지를 강화시킬 가능성이 있다.

남·북·러 협력을 가능케 하는 경제적 요인을 분석해보면 우리나라의 경우 첫째, 한국의 우수한 농업과학기술과 풍부한 자본력으로 연해주에 해외식량기지를 건설함으로써 식량을 안정적으로 확보할 수 있다. 둘째, 김대중 정부가 추진했던 것처럼 연해주에서 생산한 식량을 인도적 차원에서 북한에 지원함으로써 통일농업을 준비하고 민족의 동질성 회복을 기할 수 있다. 셋째, 연해주를 중심으로 하바롭스크, 아무르, 유태인자치주 등 극동러시아 지역의 농업시장에 한국의 우수한 농기계, 비료, 사일로, 농업자재 산업을 진출시킬 기회를 확보할 수 있다. 넷째, 극동러시아 지역의 에너지 개발사업에 본격적으로 진출함으로써 천연가스, 석유, 전기, 지하자원, 원목, 식량 등의 에너지를 저렴하게 확보할 수 있다.

북한의 경우 첫째, 농업 노동력의 연해주 진출로 남한의 영농기술 습득이 가능하며 무엇보다도 외화를 획득할 수 있다. 둘째, 남과 북이 협력해 생산한 식량을 안정적으로 확보해 북한에 가져갈 수 있으므로 북한의 당면한 식량난 해결에 도움을 줄 수 있다. 셋째, 북한은 지정학적으로 한국과 러시아의 중간에 위치하고 있으므로 한·러 간에 추진하고 있는 천연가스관과 송유관 매설공사, 전력의 송전탑 북한 영내 설치공사, TSR-TKR 연결공사 등이 실현되면 부가가치 창출로 이익을 얻을 수 있다. 넷째, 이 같이 남·북·러 3국의 공동참여로 추진되는 사업을 통해 북한의 심각한 에

구분	경제적 요인
남한	1. 농업기술과 자본력으로 연해주에 해외식량기지를 건설해 식량을 안정적으로 확보 2. 연해주 생산 곡물을 인도적 대북 식량지원으로 사용 3. 극동러시아 지역으로의 농업시장(농기계, 비료, 사일로, 농업자재) 진출 기회 4. 극동러시아 지역의 에너지 개발사업으로 천연가스 등 에너지 확보
북한	1. 노동력 진출로 외화 획득 및 식량확보 2. 에너지난과 경제난 해소 3. 노후화된 러시아산 산업시설의 복구, 재건 4. 천연가스 송유관과 전력 송전탑 북한 영내 설치, TSR-TKR 철도 연결 등을 통한 부가가치 창출
러시아	1. 연해주 농촌경제 회생, 식량증산, 이농인구 억제 2. 극동러시아 자원개발 3. 극동 에너지의 동남아시아로의 판로 확대 4. 북한의 대러시아 채무상환 여건 개선
3국 공통	1. TSR-TKR 철도 연결사업 추진 가능 2. 시베리아 천연가스 송유관 건설사업 추진 가능 3. 사할린 유전 송유관 건설 추진 가능 4. 극동러시아 전력 남북 송전사업 추진 가능

너지난과 경제난을 해소할 수 있고 특히 북한 내 노후화된 러시아제 산업시설을 복구 및 개건할 수 있다.

러시아의 경우 첫째, 연해주를 비롯한 극동러시아의 심각한 인구 감소현상을 막을 수 있다. 특히 농촌경제를 회생시켜 이농현상을 막을 수 있으며 식량증산을 통한 농가소득 증대와 고용창출을 기대할 수 있다. 둘째, 극동시베리아를 비롯한 사할린의 가스, 원유, 전력, 원목, 석탄 등 자원개발이 탄력을 받아 러시아에서 가장 낙후된 극동러시아의 지역경제를 회생시킬 수 있다. 셋째, 극동항구나 TSR-TKR을 통해 동남아시아를 비롯한 태평양 지역으로 개발된 에너지의 판로를 확대할 수 있으며, 역으로 환태평양 각국의 대유럽 물류가 시베리아철도를 이용하게 될 수도 있다.

결과적으로 남·북·러 3국의 공통적인 경제적 요인으로는 TSR-TKR 철도 연결사업, 시베리아 천연가스 송유관 건설사업, 사할린 유전의 송유관

남·북·러 3국의 협력을 어렵게 하는 정치적 요인

구분	정치적 요인
남한	1. '비핵개방 3000 구상'을 통해 북한의 핵포기를 남북협력의 조건으로 제시 2. 이명박 정부는 김대중 정부의 햇볕정책과 노무현 정부의 포용정책을 실패로 규정 3. 이명박 정부의 강경한 대북정책 선회로 남북관계가 최악의 상황에 처함 4. 박근혜 정부의 한반도 신뢰프로세스 천명과 개성공단 철수
북한	1. 6·15공동선언과 10·4공동선언의 이행을 촉구 2. 미사일 발사, 핵실험 등으로 6자회담 결렬 3. 금강산 관광객 피격, 천안함 침몰, 연평도 피격 등 군사적 도발 4. 김정은 체제의 불안정성과 대남 강경정책
러시아	1. 한반도의 영구적인 비핵화 추진이 동북아 평화유지와 러시아 국익에 우선되지만 한·미 동맹관계가 남·북·러 정치협력에 장애가 되고 있음 2. 한반도 통일에 대해 당사자 해결원칙에 따른 남북대화를 지지하지만 이명박 정부 출범 이후 남북대화는 단절되고 긴장관계가 고조됨 3. 한반도의 지정학적인 상호작용의 강화로 정치적 협력 강화

건설사업, 극동러시아 전력의 남북 송전사업 등이 추진 가능하다는 점을 들 수 있다.

반면, 남·북·러 3국의 협력을 어렵게 만드는 정치적 요인으로는 두말할 나위 없이 남북의 긴장국면을 들 수 있다. 이명박 정부는 대북정책의 기조로 '비핵개방 3000 구상', 즉 북한의 핵포기를 남북협력의 조건으로 내세우면서 김대중 정부의 햇볕정책과 노무현 정부의 포용정책을 원천적으로 부정했다.

이러한 이명박 정부의 대북정책에 맞서 북한이 6·15공동선언과 10·4공동선언의 성실한 이행을 촉구하면서 남북 간의 정면충돌이 시작되었다. 결국 북한은 이명박 정부 출범 1개월 만인 2008년 3월에 당국대화 중단을 선언했고, 이후로 금강산 관광객 피격(2008.7), 판문점 직통전화 단절(2008.11), 개성 육로통행 제한(2008.12), 장거리 로켓 발사(2009.4), 2차 핵실험(2009.5), 천안함 침몰(2010.3), 연평도 피격(2010.11) 같은 조치를 단행했다. 게다가 김정일이 사망하고(2011.12) 김정은이 정권을 승계(2012.7) 하면서 남북관계는 돌이킬 수 없는 파국을 맞고 말았다. 이명박 정권의 대북정책은 도발 - 제재 - 협상 - 도발이라는 기존의 패턴을 무너뜨리고 남북의 협상테이블 자체를 없애는 결과를 초래해 도발 - 제재만 존재하는 불행한 남북관계를 가져왔다.

박근혜 정부가 출범하면서 대북정책 기조를 한반도 신뢰프로세스로 천명하자 북한은 개성공단 폐쇄라는 초강수로 대응했다. 또한 북한은 3차 핵실험을 강행하고(2013.2) 정전협정 백지화를 선언했으며(2013.3), 남한의 한미 키리졸브 훈련과 미 전폭기 B52 한반도 출격을 계기로 남북 간의 모든 공식 통신선 차단 및 전시상황 선언(2013.3)을 하기도 했다. 이후 영변의 모든 핵시설 재가동, 개성공단 진입 금지, 개성공단 북한근로자 전원 철수, 반북행위에 대한 남한정부의 사과를 요구하는 최후통첩장 발표(2013.4)가 이어지면서 남북관계는 정부 출범 초기부터 최악의 상황으로 돌변하고 말았다. 결국 이명박 정부의 전철을 고스란히 밟고 있는 박근혜 정부의 대북경제정책 역시 실종위기에 직면했다.

이같이 남북의 긴장이 고조되고 있는 상황에서 러시아는 매우 난처한 입장에 처해 있다. 우선 러시아는 한반도의 영구적인 비핵화 추진이 동북아 평화유지와 러시아 국익에 우선된다는 점에서 한·미 동맹관계가 남·북·러의 정치적 이해관계에 장애가 되고 있다고 분석한다. 그럼에도 당사자 해결원칙에 따른 한반도의 통일과 남북대화, 평화공존을 지지하고 있는 형국이다.

하버드식 협상론에 따른 접근

그렇다면 남·북·러 3국의 협상은 어떻게 추진되어야 할까? 협상의 종류는 협상 대상국의 입장에 따라 다양하다. 일률적으로 협상을 분류하는 특정한 기준은 없다. 다만, 협상국의 주관적인 접근방식에 따라 역사적 변수, 구조적 변수, 전략적 변수, 행태적 변수, 기술적 변수, 과정의 변수를 다양하게 적용할 수 있다. 일반적으로 잘 알려진 협상방식은 '대안적 중재해결(ADR: Alternative Dispute Resolution) 방식'으로, 이 방식은 협상주체가 남·북·러 3국이라는 차원에서 한반도의 이해당사국인 미국, 중국, 일본 등 제3국의 중재를 기대해야 하므로 한계가 있다. 중재국 자체의 이해관계가 얽혀 있는 상황에서는 이 방식을 적용하기가 어렵다.

이명박 정부가 주창한 이른바 '비핵개방 3000 구상'은 본질적으로 북한의 핵 폐기 결단을 전제로 하는 전형적인 경성협상방식이다. 그런가 하면 김대중·노무현 정부 10년의 대북정책은 포용정책으로 상징되듯 남북한 공동의 이익에 초점을 맞춘 문제해결식 협상전략을 취해왔다. 협상론의 시각에서 보면 남북한 중 어느 일방이 경성협상전략을 완고하게 고집할 경우 문제해결식 협상전략이 무기력해진다.

내가 판단하기에 남북관계의 특수성을 고려할 때 실현 가능한 최상의 협상방식은 하버드대학 협상문제연구소의 로저 피셔 교수가 주창한 하버드식 협상론이다.

하버드식 협상론은 승부나 거래의 차원에서 협상하는 것이 아니라 쌍방 또는 다자간에 공동으로 문제를 해결함으로써 서로의 관심이익이 최대가 되도록 합의를 이끌어내는 방식이다. '원칙입각형 협상이론' 또는 '상호이익형 협상론'이라고도 불리는 이 협상론은 우선 협상 당사자들이 추구하는 목표를 정확히 파악하는 것이 중요하다. 특징적인 것은 사사로운 감정이 협상을 방해하지 않도록 하기 위해 교섭상대틀 석으로 인식해서 공격하거나 이기려 하지 않고 파트너로 인식해 상대방과 함께 문제에 접근한다는 점이다.

하버드식 협상론의 7대 요소 분석

구분	남한	북한	러시아(연해주)
관심이익(Interest)	대북 식량지원, 해외식량기지화	노동력 외화수입, 식량확보	농촌경제회생, 이농억제
옵션(Options)	자본과 경영기술	노동력	농지
대안(Alternatives)	한국 기업 단독투자	없음	한국 기업 단독투자 허용
정당성(Legitimacy)	정당함	정당함	정당함
소통(Communication)	남·러 소통, 남·북 불통	북·러 소통, 북·남 불통	러·한 소통, 러·북 소통
관계(Relationship)	남·러 원만, 남·북 경색	북·러 원만, 북·남 경색	러·한 원만, 러·북 원만
수행의무(Commitment)	완수	완수	완수

이 협상론에서 우선적으로 중요한 것은 사전준비이다. 협상을 잘 이끌어나가기 위해서는 상대와 만나기 전에 치밀한 준비를 해야 한다. 하버드식 협상론의 7가지 요소를 각 나라별로 분석하면 위의 표와 같이 정리할 수 있다.

3국의 협상에서는 우리나라에 유리한 합의점을 이끌어내기 위해 노력해야 하는데 이러한 일련의 프로세스를 정리한 이론이 MIT의 로렌스 서스킨드 교수와 CBI(Consensus Building Institute)가 개발한 '상호이익형 협상 프로세스'이다. '상호이익형 협상프로세스'의 1단계는 준비 단계로, 협상을 시작하기 전에 상대국의 입장을 이해하고 협상을 통한 합의 외에 도출할 수 있는 최선의 차선책을 검토하는 것을 말한다.

예컨대 북한의 입장이 노동력을 제공하고 외화를 획득하는 것이라면, 북한의 이해는 극심한 식량난과 경제난을 해결하기 위한 수단을 확보하는 것이라고 볼 수 있다. 따라서 한국의 입장에서는 설사 북한과의 협상이 결렬되어 연해주에서의 3국 농업협력 추진이 어려워진다 하더라도 연해주에서 한국 기업이 생산한 식량을 인도적 차원에서 북한에 지원한다

블라디보스토크 극동국립대학에서 열린 국제학술심포지엄(발해, 고려인, 그리고 연해주)에 참석한 국회 정의화·박선영 의원과 필자(2009.7.16)

우스리스크 콤무나르 농장 사일로 신축현장을 방문한 국회 정의화·박선영 의원, 김무영 총영사 (2009.7.16)

는 차선책을 제시할 필요가 있다.

2단계는 쌍방의 이해를 모색하는 가치생산 단계를 말한다. 상대국과의 신뢰관계를 해치지 않도록 3국 또는 양국 간에 납득할 수 있는 객관적 기준을 마련한 후 그 기준에 입각해 합의사항을 결정해야 한다. 이를 토대로 3단계에서는 상호 신뢰를 바탕으로 양호한 커뮤니케이션을 구축하면서 3국 또는 양국 간의 이해를 촉구하고 서로 이익을 얻는 협상을 모색해 가치배분을 해야 한다. 마지막 4단계에서는 협상에 합의한 후에도 협상 내용을 지속적으로 지켜나갈 수 있는 환경을 만들도록 하는 후속조치에 신경을 써야 한다. 이것이 바로 우리가 진행해야 할 협상의 방식이다.

이처럼 상호이익형 협상에서는 이해를 파악할 수 있도록 대화를 유도하는 것이 가장 중요하다. 그런데 기본적으로 대화를 유도해야할 남북이 대화를 단절하고 서로를 적대시해 협상시도조차 하지 못하고 있으니 참으로 안타까운 현실이다. 따라서 이해당사국인 러시아가 중재자로서 협상에 개입하는 것이 합의과정에서 중요하고도 효과적이다.

이런 협상의 대표적인 사례가 바로 1978년 이집트와 이스라엘 간에 체결된 캠프데이비드 협정(Camp David Accords)으로, 러시아는 이 협상에서 카터 대통령이 보여준 것과 같은 역할을 남북관계에서 담당해야 한다. 당시 이스라엘은 이집트 영토인 시나이 반도를 점령했다. 이집트가 시나이 반도의 반환을 요구하자 이스라엘은 이를 거부했고 결국 사나이 반도를 둘러싼 양국의 입장 차이로 인해 이스라엘과 이집트는 전쟁위기에 직면했다. 이때 카터 대통령이 중재자로 나서서 표면적인 주장의 배후에 숨어 있는 이해를 파악한 결과, 이스라엘은 국토방위를 이유로 시나이 반도를 점령했고 이집트는 국가의 위신 때문에 반환 주장을 하고 있음을 알아냈다. 따라서 시나이 반도 전역을 이집트 주권하에 두고 비무장화하여 이스라엘의 안전을 확보한다는 협상안을 제시해 양국은 협상에 성공했다.

남·북·러 농업협력방안을 하버드식 협상론에서 제시하는 7대 요소와 상호이익형 협상프로세스에 따라 검토하면 3국의 관계가 매우 복잡다기한 형태로 얽혀 있음을 알 수 있다. 그렇지만 심각한 불신과 대립으로 꼬여 있는 남북의 신뢰를 회복하고 3국의 협력을 끌어내기 위해서는 남북대화의 재개라는 과제를 가장 먼저 풀어야 한다는 데에는 이론의 여지가 없다. 그리고 러시아가 이해당사국이자 제3의 중재자로서 이 협상에서 어떠한 역할을 하느냐에 협상의 성패가 달려 있다고 해도 과언이 아니다.

3국의 협력이 이루어지기 위해서 우리 정부는 북한과의 대화를 통한 식량지원과 경제협력을 재개하고, 러시아는 연해주의 농업개발은 물론 북한을 이용한 3국 경제협력체계를 가동시켜 극동시베리아의 에너지 개발, 천연가스 파이프라인 북한 지역 매설, 러시아 전기의 남북송전, TSR-TKR의 연결 등 굵직한 이해관계 관련 사업을 동시에 연계해서 추진하는 것이 가장 바람직하다.

사실상 러시아의 입장에서 보자면 연해주에서의 농업협력방안은 그리 규모가 크지 않은 연해주정부 차원의 사업일 수도 있지만 광의적으로 남·북·러 3국 경제협력체계는 러시아 국책사업으로서 러시아에 막대한 이익을 담보하고 있다. 바로 이러한 옵션을 러시아에 제시하면서 연해주에서의 농업협력방안을 동시에 추진한다면 러시아는 적극적으로 협상에 임할 것으로 보인다.

결국 남·북, 한·러, 남·북·러 간에 다양한 협상이 이뤄져야 하는데 기본적으로 남북협상의 선결조건이 남북대화 새개인 만큼 민주정부 10년 동안 진행하다가 중단된 각종 대화채널을 반드시 회복시켜야 하며, 여기에는 한·러 간에 새롭게 진행되어야 할 대화창구 개설이 전제되어야 한다.

3) 범정부적인 남·북·러 경제협력위원회의 구성

연해주에서 남·북·러 3국의 농업협력사업을 추진하기 위해서는 범정부적 전담기구 설치가 필수적이다. 범정부적 전담기구는 총리 또는 부총리를 위원장으로 하고 관련 부처 장관이 위원으로 참여하는 형식의 가칭 '남·북·러 경제협력위원회' 설치가 바람직하다. 2008년 5월, 기획재정부 제1차관 최중경은 제1차 극동시베리아 개발사업 진출지원단 회의를 주재한 바 있다. 극동시베리아 개발사업 진출지원단은 극동러시아의 에너지 개발을 위한 사실상의 범정부 전담기구로 볼 수 있다. 따라서 차관이 주재하는 실·국장급의 전담기구를 격상시켜 총리가 주재하는 남·북·러 경제협력위원회를 구성하고 분야별 협의체는 남·북·러 경제협력위원회의 하부조직으로 운영한다면 효율적으로 조직을 운영할 수 있을 것이다.

남·북·러 경제협력위원회는 그동안 한·러가 추진했던 천연가스관의 북한구역 매설, TSR-TKR 연결사업, 한·러 전력연계망사업, 원목과 식량 등 자원의 공동개발, 수산가공과 물류개발 등 다양한 사업을 지속시켜야 한다. 이를 위해서는 기획재정부, 외교부, 통일부, 농림축산식품부, 산업통상자원부, 국토교통부, 해양수산부, 국가정보원, 농촌진흥청 등 정부기관과 한국가스공사, 한국석유공사, 한국광물자원공사, 한국전력공사, 한국철도공사, 한국도로공사, 한국농어촌공사, 한국농수산식품유통공사, 한국국제협력단 등 공공기관이 남·북·러 경제협력위원회에 참여해 상호 유기적으로 협력해야 한다.

그렇다면 남·북·러 경제협력위원회 설치는 왜 필요할까? 첫째, 한·러 간에 진행되고 있거나 추진해야 할 모든 경제협력사업이 대부분 북한과 직간접적으로 연계되어 있기 때문이다. 따라서 북한의 참여와 협력이 없을 경우 추진하려는 모든 사업이 동력을 상실할 수밖에 없으며 그 결과 자원이 부족한 우리나라가 가장 큰 타격을 입게 될 것이 자명하다.

둘째, 경색된 남북관계를 조속히 회복해 북한의 참여와 협력을 끌어내기 위해서는 남·북 양국의 협상테이블보다 남·북·러 3국의 협상테이블이 남북의 협력과 상생전략을 마련하는 데 용이하기 때문이다. 북한을 설득하고 협력을 강화하는 과정에서는 러시아의 역할이 어떤 형태로든 반드시 필요하다.

셋째, 지정학적으로나 경제협력 차원에서 남·북·러 3국은 떼려야 뗄 수 없는 상린관계에 있기 때문이다. 따라서 남·북·러 3국의 경제협력을 위한 공동체 구성은 극동러시아 자원개발은 물론 동북아 정세에 매우 안정적인 역할을 기대할 수 있다. 러시아의 입장에서는 남북관계의 개선은 물론 더 나아가 남북의 평화적 통일이 러시아 국익에 절대적으로 도움이 되기 때문이다.

해외농업개발위원회의 구성

범정부적 기구인 남·북·러 경제협력위원회가 구성되면 산하에 해외농업개발위원회를 구성해 주부장관인 농림축산식품부 장관이 주도해야 한다. 이와 함께 관련 부처 장관을 위원장으로 하는 또 다른 위원회, 예컨대 극동시베리아 에너지개발위원회, TKR-TSR 연결사업 추진위원회 등을 구성해 분야별로 추진체계를 구축해야 한다.

해외농업개발위원회는 정부 관련 부처의 차관, 공공기관단체의 장, 농업 관련 민간단체의 장, 학계 전문가 등으로 구성할 수 있다. 성부위원으로는 기획재정부, 외교부, 통일부, 산업통상자원부, 농림축산식품부, 농촌진흥청을, 공공기관 단체로는 한국농어촌공사, 한국농수산식품유통공사, 한국국제협력단, 한국농촌경제연구원, 농업협동조합중앙회를, 민간 단체로는 연해주 진출 업체와 한국농기계공업협동조합, 사료협회, 비료 협회를 참여시키는 한편 학계 및 민간인 전문가까지 포함시켜 운영한다 면 사업을 체계적으로 검토할 수 있을 것이다.

4) 낮은 단계에서의 경제협력 추진방안

남·북·러 경제협력위원회 산하에 해외농업개발위원회를 설치했다면 논의된 사업을 성공적으로 추진하기 위해서 낮은 단계의 방안을 시작으 로 점차 높은 단계로 올라가도록 사업추진을 유도해야 한다. 이러한 단계 적인 과정을 거쳐야 사업을 효과적으로 추진할 수 있고 성공적인 결실도 맺을 수 있다.

특히 남·북·러 3국의 입장이 서로 다른 만큼 국가별 관심사항을 점검하 고 효과적으로 추진할 수 있는 최대공약수를 찾아 성사시키도록 해야 한 다. 남·북·러 농업협력을 추진하기 위해서는 먼저 남·북 농업협력 방안과 한·러 농업협력 방안을 검토한 이후 마지막 단계에서 남·북·러 3국이 공 동으로 추진해야 할 방안을 협상하는 지혜가 필요하다. 여기서는 이러한 과정을 낮은 단계에서의 추진방안이라고 정의하려 한다.

남북농수산협력분과위원회 정상 가동

그렇다면 먼저 남북 간 농업협력은 어떻게 추진해야 할까? 남북 농업협 력을 위해서는 무엇보다도 먼저 남북농수산협력분과위원회가 정상 가동 해야 한다. 2007년 10월 체결된 노무현 대통령과 김정일 국방위원장의 10·4공동선언(남북관계 발전과 평화번영을 위한 선언)에서 명시한 농업협력사업을 적극 추진하기 위해 2007년 11월 5일 개성에서 제1차 남북농업협력실무회의가 개최되었다.

이후 2007년 12월 14일 개성에서 제1차 남북농수산협력분과위원회를 열고 모두 6개 항에 합의했다. 이날 합의내용은 종자생산 및 가공시설 및 유전자저장고 건설을 2007년 안에 착수해 조속히 완료하며, 이를 위해 12월 21일부터 5일간 20명 이내의 조사단이 현지 조사를 실시하기로 한 것이다. 또 우량종자 생산 및 관리기술 교류, 유전자원 교환, 유전자원 수집·보존·이용 등을 위한 공동연구를 추진키로 하고 전문가 기술협의를 2008년 3월 개성에서 개최하기로 합의했다.

이러한 합의가 나오기까지는 여러 과정을 거쳤다. 남북은 2007년 11월 16일 서울에서 제1차 남북총리회담을 열어 10·4공동선언에서 합의한 남북경제협력공동위원회 회의를 2007년 12월 4~6일까지 서울에서 개최키로 합의하고 「남북경제협력공동위원회 구성·운영에 관한 합의서」를 채택했다. 남북경제협력공동위원회는 양측의 공동위원장을 부총리급으로 하며 7~9명의 위원을 두도록 했다. 공동위원회 산하에는 남북도로협력분과위원회, 남북철도협력분과위원회, 남북조선 및 해운협력분과위원회, 개성공단협력분과위원회, 남북농수산협력분과위원회, 남북보건의료·환경보호협력분과위원회 등을 설치, 운영키로 합의했다.

2007년 12월 18일 열린 제2차 남북농업협력실무회의에서는 「남북 농업협력 자재·장비 제공에 관한 합의서」를 발표했다. 합의내용을 보면 남측은 2년 내에 상시 사육두수 5000두에 해당하는 양돈시설 건축에 필요한 자재와 장비·종돈·사료·약품 등을 차관형식으로 북측에 제공하기로 했다.

그러나 이러한 합의는 2008년 2월 이명박 정부의 출범으로 더 이상 진전을 보지 못하고 모두 중단되고 말았다. 따라서 박근혜 정부는 단절된 남북대화를 조속히 재개하고 6·15공동선언, 10·4공동선언을 성실히 이행하여 남북의 모든 경제교류협력사업을 원상회복해야 할 책무가 있다.

통일농업준비위원회 구성

통일을 전제로 남북의 식량주권을 확보하기 위해서는 곡류를 중심으로 작물의 경작면적을 유지할 수 있는 방안이 수립되어야 한다. 특히 논의 면적이 많은 남한의 경우 쌀 자급률을 유지하기 위한 정책 마련이 시급하게 요청되고 있다. 북한의 경우 극심한 영양부족과 식량난을 해소하기 위해 최소 영양권장량을 보장하는 수준으로 농업생산이 확대되어야 한다. 북한의 농업생산 기반시설은 통일 이후 안정적인 농업생산에 매우 중요하다. 그뿐만 아니라 통일을 전후한 남북의 공동농업정책 추진을 통해 남측의 쌀과 북측의 임산물·잡곡(옥수수·콩·감자)을 서로 교역해야 하며 중장기적으로는 '남북 공동 식량생산 계획'을 추진해 한반도 전체의 식량주권을 확보해야 한다.

바로 이러한 현안사업을 중장기적으로 추진하고 통일한국의 농업정책을 남북이 공동으로 추진하기 위해서는 남북 간 상설협력기구의 설치와 운영이 반드시 필요하다. 이를 위해서는 남북농수산협력분과위원회의 정상적인 가동이 선행되어야 하며 동 위원회의 직속기구로 통일농업준비위원회를 설치·운영하는 방안을 적극 고려해야 한다. 이를 통해 남북이 식량의 공동생산과 공동운용체계를 수립할 수 있으며 더 나아가 연해주 등 해외농업의 공동진출도 추진할 수 있을 것이다.

연해주 해외농업 공동개발 추진

하바롭스크, 아무르, 연해주 등 러시아 극동지방에는 농업개발이라는 명분으로 북한 노동자들이 들어와 있는데 대부분 벌목공, 건설노동자, 농업기술자들이다. 최근의 통계는 밝혀진 바가 없지만 1997년 7월 기준으로 러시아 내 북한 노동자는 벌목공 7200명, 건설노동자 320명, 농업기술자 270명, 이 노동자들의 감시요원 300명 등 모두 9600명이 진출해 있었다.* 이들은 대부분 러시아의 벌목현장, 수산현장, 건설현장에서 일하고 있다. 그러나 순수 농업기술자가 파견되어 영농을 하는 경우는 거의 없다. 대부분 건설노동자로 일하고 있다.

2010년 7월 1일 연해주의회의 '식량정책 및 자원이용위원회'에서 밝힌 연해주 농업 분야의 외국인 노동자현황을 보면 2010년 현재 총 6600명의 외국인 노동자가 83개 영농기업에 고용된 것으로 조사되어 있다. 이 중 72%(4200명)는 단기 노동자이며, 직종별로는 채소농사(46%), 기타(45%), 벼농사(4%), 농업 관련 관리자와 전문가(3%), 축산(2%) 등에 종사하고 있다. 대부분의 노동자가 중국 국적의 한족과 조선족이며 북한 노동자의 통계는 확인되지 않았다.

연해주에서 남북이 공동으로 농업투자를 하려면 별도의 프로그램을 가동해야 한다. 이것은 너무나 당연한 일이다. 남북이 공동으로 해외농업이나 통일농업을 염두에 둔 농업 전문가를 반드시 육성해야 한다. 이를 위해 남북의 농업 전문가 집단을 대상으로 전문서적 및 자료교환, 농업과학자들의 인적 교류, 학술대회 공동개최, 핵심 과제의 공동연구 등을 실

---

* 채경석, 「극동 러시아에서의 남·북한 농업협력에 대한 탐색연구」, 124~125쪽.

현하고 이를 통해 남북의 농업기술 수준을 평준화하면서 동질화하는 것이 필요하다.

한·러 농업개발협의체 구성

다음으로 러시아와 한국은 어떠한 농업협력방안이 필요한가를 정리해보자. 무엇보다도 러시아 연방정부나 연해주정부의 입장을 파악해야 한다. 러시아 연방정부와 연해주정부는 연해주 농업개발의 파트너로서 한국을 선호하고 있어 한국에 대해 상당히 우호적이다. 주변국인 일본이나 중국은 과거 역사적인 관계나 현실적인 이해관계로 인해 상호간에 충돌하고 있어 불편한 관계임이 틀림없다.

따라서 우리는 연해주 농업개발에 적극 진출할 수 있는 절호의 기회를 놓치지 말아야 한다. 한국정부는 연해주정부와의 유기적인 대화를 통해 농업협력사업을 적극 추진해야 한다. 이를 위해서는 무엇보다도 당사자간의 실무협의체를 구성해 협력사업을 체계적으로 추진하는 한편 이러한 사업이 외교적으로 결실을 맺도록 유도해야 한다.

당면한 의제는 무엇보다도 연해주정부가 한국 기업의 안전한 투자를 유인할 수 있는 투자유인책과 함께 영농사업이 성공할 수 있도록 지원하는 적극적인 지원책을 제시하는 것이다. 이를 위해 49년 장기임대 보장, 농기계·시설·장비 등에 대한 수입부가세 면세와 통관절차 간소화, 농장시설(사일로·창고·주유소 등) 신축허가 간소화, 농업용 전력공급 보장, 농축산물 가공·유통보장, 북한 노동자 고용 허용, 콩·옥수수 등의 한반도 반출문제 등을 주요 의제로 상정해 협상해야 한다.

특히 한국 농업 관련 산업의 진출방안은 대단히 중요하다. 이 방안은 반드시 주요 의제로 상정해 협상해야 한다. 비료·농기계·사일로·농자재

산업이 중앙러시아 또는 유럽에 집중되어 있어 극동 지역의 판매가격이 상대적으로 높기 때문에 극동 지역에서는 영농비용부담이 클 수밖에 없다. 결국 과다한 비용지출은 고스란히 생산원가에 반영되어 영농의 수익구조 개선에 역기능으로 나타나고 있음을 연해주정부도 인식하고 있다. 따라서 한국 농업 관련 산업의 연해주 진출 여건은 그 어느 때보다도 성숙되어 있다.

한국의 선진농업기술과 농업 관련 산업이 연해주에 진출하게 되면 하바롭스크, 아무르 등 극동러시아 시장은 물론 중국의 헤이룽장 성을 비롯한 둥베이 3성의 농업시장도 겨냥할 수 있어 연해주의 지역경제 활성화에도 크게 기여할 것으로 예상된다. 한국 농업 관련 산업의 연해주 진출은 양국 간의 이해관계가 일치하고 상호 이익을 도모할 수 있으므로 양국의 협상으로 타개될 가능성이 크다.

이와 함께 물류시스템 및 식품가공업 분야에서의 협력방안도 주요 의제가 되어야 한다. 이미 러시아 연방정부는 극동 지역에 곡물전용 항만과 엘리베이터를 건설할 계획이라고 발표한 바 있다. 그럼에도 한국 기업 전용 내륙엘리베이터와 벌크 선적이 가능한 전용항구, 항만엘리베이터 확보가 필수적이다.

나는 2008년 겨울 연해주 영농법인 아로-프리모리에 사장의 자격으로 나홋카 항구의 항만시설 인수를 추진한 적이 있다. 당시의 경험을 토대로 판단하자면 반드시 한국 기업 전용 내륙엘리베이터와 항만엘리베이터를 확보하도록 협상해야 한다. 특히 내륙엘리베이터는 향후 TSR-TKR의 연결을 대비해 내륙 철도운송의 중심적인 역할을 담당해야 하는데, 이런 관점에서 보면 우수리스크 지역이 가장 좋은 입지 여건을 갖추고 있다. 전용항구와 항만엘리베이터는 지정학적으로 볼 때 나홋카 항이 가장 적지로 판단된다.

세계 곡물유통 시장에서의 물류시스템은 다국적기업인 곡물메이저가 모두 장악하고 있다. 엘리베이터가 없는 곡물생산과 곡물확보는 아무런 의미가 없다. 곡물전쟁에서 살아남기 위해서는 엘리베이터와 전용항구가 필수불가결한 조건이다. 지금 러시아는 자본주의 권력구조와 시장경제가 서서히 연착륙하고 있으며 국내 경제회복과 함께 국가질서가 빠르게 정착되고 있다. 따라서 지금이야말로 우리 정부가 적극적으로 협상에 나서야 할 절호의 기회라고 거듭 주장한다.

이와 함께 극동러시아의 열악한 식품가공산업, 즉 제분업, 치즈·우유 등 유가공업, 햄·소시지 등 축산물가공업, 식음료제조업, 가축의 도축업, 통조림공장, 냉동·냉장산업 등이 진출에 유리한 분야로 꼽힌다. 러시아 시장에서는 이 분야의 모든 제품이 수입품이므로 한국 기업이 진출한다면 시장성과 경쟁력에서 우위를 점할 것으로 예상되는 만큼 적극적인 협상을 통해 진출을 모색해야 한다.

남·북·러 농업협력추진단 구성

앞에서 밝힌 바와 같이 남·북, 한·러 협력관계를 진행시킴과 동시에 마지막 단계에서 남·북·러 3국의 농업협력방안을 논의해야 한다. 지금까지 남·북·러 경제협력 의제는 주로 천연가스 등 에너지와 철도, 전력 등에 치중되어 있었을 뿐 연해주에서의 농업협력방안은 제대로 논의된 적이 없었다. 다만, 러시아정부가 1994년 초 연해주에서의 농업, 임업, 어업을 비롯한 석탄 및 에너지 개발에 한국의 자본과 기술, 북한의 노동력, 러시아의 자원을 결합하는 3각 경협을 제의한 것이 유일하다.

1996년에는 연해주에 파견한 북한 농업기술자를 이용해 벼를 생산하는 계약이 러시아와 남·북한 간에 체결된 바 있다. 이후 북한은 코왈렌코 농장의 논 100ha를 임차해 벼를 생산했는데, 당시 1ha에서 무려 4톤의 쌀이 생산되었다. 톤당 생산비가 135달러에 불과해 북한 노동자들의 농업 기술이 높이 평가되었다. 이 사례를 통해 연해주에서의 남북한 공동 농업 개발사업이 생산성 향상과 생산비 절감 차원에서 필요하다는 사실을 확인할 수 있었다. 더구나 북한 노동자들은 개인소득이 생기는 인센티브가 있는 작업에 매우 능동적이라는 사실도 밝혀졌다.

3국 간 농업협력의 추진에 앞서 당면한 현실적인 문제들을 해결하기 위해 남·북·러 각국의 책임 있는 당국자가 대화할 수 있는 가칭 남·북·러 농업협력추진단을 구성하고, 3국의 당국자가 정기적인 협의를 통해 중요한 농업개발정책을 수립하는 한편 이를 단계적으로 시행해나가야 한다. 이를 조율하고 추진하기 위해서는 연해주 지역의 정치, 경제, 사회, 문화, 산업, 예술 등 제반 현상을 정확히 분석하고 있는 외교라인의 역할이 매우 중요하다.

연해주청사가 있는 블라디보스토크에는 북한과 한국의 영사관이 설치되어 있고 총영사를 비롯한 외교관들이 상주하고 있다. 남북의 총영사와 연해주 농업부지사가 정기적인 협상통로(남·북·러 농업협력추진단)를 통해 연해주 농업문제를 포함한 현안을 의제로 상정하고 협상한다면 3국의 경제협력체제는 급속도로 진전될 것으로 예상된다.

이와 함께 북한 노동력의 연해주 진출을 협상해야 한다. 러시아 연방정부는 1994년 초부터 극동 지역의 농업·어업·임업과 에너지 개발, 북한의 기업 현대화와 원자력발전소 건설, 한반도의 종단철도 재건 등 17개 분야에서 한국의 자본과 기술, 북한의 노동력, 러시아의 자원을 결합하는 3국 경협을 제의했다.

이와는 별도로 극동러시아정부의 코샥프리모(극동농공위원회)는 1998년 러시아의 자원, 한국의 기술, 북한(또는 중국의 조선족)의 노동력이 결합한 삼위일체 공생농업을 국가정책으로 채택하기도 했다. 또한 1999년 5월에는 북한 노동자를 고용하기 위한 여섯 가지 소득증대 방안을 마련해 한국에 권장했다. 여섯 가지 소득증대 방안이란 버섯·장뇌삼·한우·사슴·밍크·여우의 생육 및 모피가공, 관광자원 개발 등을 말한다. 이러한 사업을 통해 극동러시아정부는 한국 자본이 유입되기를 희망하고 있다.

연해주에서 북한이 단독으로 농업을 하는 것은 기술적인 면뿐만 아니라 경제력 면에서도 사실상 불가능하다. 앞에서 누차 강조한 바와 같이 러시아와 남북 간에는 서로 이해관계가 상충하기 때문에 3국 간의 이해를 조정하는 것이 가장 큰 과제이다.

러시아 연해주는 휴경지의 경작면적 증가를 통해 식량증산을 꾀하고 있다. 전체 농경지 119만ha의 80%가 방치되어 있는 휴경지임을 감안하면 휴경지 경작면적 증가가 얼마나 절실한 사업인지 알 수 있다. 러시아는 피폐해진 농촌을 재건하고 이농현상을 막는 동시에 고용창출과 곡물생산량 증가를 통해 지역경제를 회생시키기를 원하고 있다.

특히 연해주정부가 북한의 탈북자조차 수용할 의사를 밝힌 바 있어 북한과의 관계에서 매우 미묘하고 민감한 문제로 대두되기도 했다. 2003년 12월 18일, 일본 도쿄를 방문했던 세르게이 다르킨 연해주지사는 기자회견을 통해 "우리는 북한의 난민들을 수용할 계획을 갖고 있으며, 중국 내의 탈북자들이 연해주에 정착을 원한다면 20만 명을 받아들일 수 있다"라고 밝혔다.

북한은 무엇보다도 북한 노동자들이 개인 또는 집단으로 탈출할 가능성에 대해 우려하고 있을 것이다. 그럼에도 2012년 연해주에서 개최된

APEC의 노동현장에 북한 노동자들이 집중 투입된 사실을 보면 별다른 문제는 없는 것으로 보인다. 다만, 다르킨 연해주지사가 공개적으로 밝힌 탈북자 수용의사에 대해 북한 당국이 일체 반응을 보이지 않고 있어 경우에 따라 북·러 간 최대의 정치적 쟁점이 될 가능성이 있다.

5) 높은 단계에서의 경제협력 추진방안

앞에서 밝힌 낮은 단계에서의 추진방안이 성숙해 3국의 책임 있는 당국자들이 상호 협상을 통해 추진방향을 결정하고 주요 사업계획이 확정되는 단계에 도달하면 마지막으로 양국 간 또는 3국 간 정상회담을 개최해야 한다. 그동안 협상에서 얻은 결과물은 정상회담을 통해 최종 확인되고 서명되어야 효력이 발생하기 때문이다. 이렇게 되면 양국 또는 3국이 상호 신뢰할 수 있는 장기적 사업을 차질 없이 추진할 수 있으며 각국이 상호 상생하는 방향으로 사업을 추진할 수 있을 것이다.

남북정상회담

남북정상회담은 반드시 추진되고 성사되어야 한다. 남북정상회담이 성사되어야 한다는 것은 단순히 정권 차원의 문제도 아니고 이념의 문제도 아니다. 남북정상회담은 궁극적으로 민족의 장래에 대한 솔직한 입장을 개진함으로써 상호 이해를 증진시키고 반세기 동안 지속되어온 우리 민족의 반목과 대립의 역사를 청산하는 계기를 만든다는 차원에서 우리 민족사에 미치는 영향이 매우 크다.

분단 이후 남북정상회담은 두 차례 열렸다. 2000년 6월 13~15일 분단 55년 만에 제1차 남북정상회담이 평양에서 열렸고, 제2차 정상회담은

2007년 10월 2~4일 역시 평양에서 열렸다. 김대중 대통령과 김정일 국방위원장의 제1차 남북정상회담은 지난 반세기 동안 상호 대립과 갈등으로 점철된 분단 55년사를 극복하고 화해와 협력의 새 시대를 열었다는 점에서 높이 평가받고 있다. 두 정상의 상봉과 회담을 계기로 남북 당국 간의 분야별 후속회담이 이어졌고 그 결과 경제, 문화 등 각 분야의 민간교류가 급속도로 진전되었다.

2000년 6·15공동선언을 통해 이루어진 화해협력이 남북관계의 새로운 길을 열었다면 2007년의 10·4공동선언은 6·15공동선언의 기본정신을 기초로 남북관계를 더욱 확대발전시키는 계기를 만들었다. 노무현 대통령과 김정일 국방위원장의 10·4공동선언은 한반도의 평화, 남북의 공동번영, 조국통일의 새로운 국면을 조성했다. 그 핵심은 한반도의 평화정착과 경제협력의 질적인 발전으로 이어져 남북의 평화통일을 진전시키는 새로운 전기를 마련했다. 그러나 남북대화의 지속성은 이명박 정부에서 더이상 유지되지 못하고 단절되고 말았다. 지금이라도 박근혜 정부는 반드시 남북정상회담을 재개하고 정례화해야 한다.

한·러 정상회담

한·러 정상회담은 비교적 자주 열려왔다. 김대중 대통령과 노무현 대통령은 집권기간에 모스크바와 서울을 상호 방문하는 형식으로 블라디미르 푸틴 대통령 및 드미트리 메드베데프 대통령과의 정상회담을 자주 가졌으며 APEC이나 G8, G20 회의에서도 회원국으로 자주 만나 양국의 관심사를 심도 있게 논의했다. TSR-TKR 연결사업은 사실상 김대중 대통령이 6·15공동선언에서 밝힌 남북 간 경제협력에서 시작되었고 이를 계기로 2001년 북·러 정상의 모스크바선언에서 이 사업이 구체화되었다.

이명박 대통령은 2008년 7월 일본 도야코 G8 확대정상회의를 시작으로 임기를 마칠 때까지 러시아와 모두 여섯 번의 정상회담을 가졌다. 양국 정상은 전략적 협력 동반자 관계를 전제로 러시아 극동·시베리아 지역의 경제발전을 위한 과제와 인프라, 농업·어업·수산업 가공, 교통 및 물류개발을 위한 한·러 공동 프로젝트 연계협력에 대해 논의했다. 또 TKR와 TSR의 연결, 한·러 간 가스관 건설, 송전망 부설사업이 양국의 교류증진과 동북아 국가의 협력강화에 기여할 것이라는 데에도 의견을 같이했다. 하지만 정상회담의 결과는 선언적 의미에 그쳤을 뿐 후속조치는 없었다.

　박근혜 대통령은 2013년 9월 4일 러시아 상트페테르부르크에서 열린 G20 정상회의에 참석해 러시아와 첫 정상회담을 가진 데 이어 블라디미르 푸틴 대통령이 2013년 11월 한국을 공식 방문하면서 3개월 만에 정상회담을 두 차례나 했다. 두 번째 정상회담에서는 남·북·러 3국 공동사업의 시범사업으로 포스코, 현대상선, 코레일 등 우리 기업이 나진-하산 물류협력사업의 철도·항만 사업에 참여하는 내용을 담은 양해각서를 체결했다. 특히 협상을 통해 러시아의 비자면제를 이끌어냄으로써 양국 간 관계가 진일보된 것으로 평가된다. 그동안 농업에 종사하던 한국인에게 가장 까다로웠던 비자문제가 해결되었기 때문이다.

　박근혜 대통령이 2차 한·러 정상회담에서 제안한 '유라시아 이니셔티브 실현'과 독일 드레스덴에서 선언한 '남북 공동번영을 위한 민생 인프라 구축'을 뒷받침하기 위해 철도시설공단은 2014년 4월 유라시아 철도추진단을 운영하기로 결정했다. 유라시아 철도추진단은 유라시아 철도추진전략 및 중장기 마스터플랜을 수립함으로써 한반도 철도와 대륙철도의 연계운행을 위한 실크로드 익스프레스 실현 방안을 제시하는 것이 주된 업무인 것으로 알려졌다.

남·북·러 정상회담

남·북·러 3국의 정상회담은 결코 쉽지 않을 것이다. 그러나 그 가능성을 전혀 배제할 수는 없다. 특히 남북 간 협상에 진척이 없을 경우 제3자 또는 이해당사자로서 러시아가 중재자 역할을 담당할 수 있기 때문이다.

극동러시아의 자원개발을 위해서는 남·북·러 3국의 협력이 필수이다. 극동러시아에서 생산된 천연가스를 파이프라인을 통해 한국으로 공급하기 위해서는 필연적으로 북한을 경유해야 한다. 또한 3국이 상호 보완적으로 협력해야만 상호 이익을 증대시킬 수 있다는 차원에서 3국의 협력은 필수적으로 이뤄져야 한다. 다시 말해 한·러 양국의 경제협력과 협상만으로는 불가능한 사업이 존재하며, 이 경우 북한의 협력과 협상이 필수적이라는 것이다.

2008년 9월 29일 이명박 대통령은 모스크바에서 열린 한·러 정상회담에서 2015년부터 연간 750만 톤(국내 총 수요의 20%) 규모의 러시아산 천연가스를 우리나라로 도입하는 사업을 추진키로 합의했다. 그러나 이 사업은 북한의 협조 없이 결코 추진할 수 없는데도 가장 중요한 당사자인 북한을 배제한 채 한·러 양국의 정상이 합의한 대표적인 사례이다. 이 때문에 이후 후속조치를 전혀 취할 수 없어 사실상 정치적인 선언, 즉 정치적 쇼에 불과한 결과를 초래했다.

다행스러운 사실은 2011년 8월 24일 러시아를 방문한 북한의 김정일 국방위원장과 드미트리 메드베데프 러시아 대통령 간의 정상회담에서 북한 지역에 가스배관을 매설하기로 합의했다는 것이다. 북·러 경제협력의 대표적 사업인 가스관 매설사업은 단순한 경제협력 차원이 아닌 양국의 대외정책 노선변화를 상징하는 것으로 평가된다. 이 정상회담의 배경에는 장기적으로 아시아태평양 국가에 대해 적극적인 대외전략을 펼치려는 러시아의 속내와 자국 내 균형 발전을 도모하기 위해서는 한반도의 안정이 필요한 러시아의 상황이 자리 잡고 있다.

가스관 사업은 아시아 국가들에 대한 러시아의 위상을 강화할 수 있는 단초이자 북핵문제 해결의 전제인 북한의 에너지문제를 해결하고 경제발전을 유도할 수 있는 카드이다. 그러나 가스관 매설공사는 북·러 관계로 풀 문제라기보다 남북경협으로 풀어가야 할 문제라는 사실을 간과해서는 안 된다. 이는 6·15공동선언과 10·4공동선언을 존중하고 철저히 이행하는 과정에서 자연스럽게 해결할 수 있다.

철도문제도 3국이 풀어야 할 과제이자 공동목표이다. 2003년 6월 남·북·러 3국은 철도 대표자 회담을 개최하고 TSR-TKR 연결을 위해 상호 협력한다는 공식성명을 채택하면서 남·북·러 3국 실무운영자 회의를 정례화하기로 합의했다. 이후 TSR의 운임인상에 따라 부산항에서 연해주 보스토니치 항 구간의 한국 화물이 감소하자 국영 러시아철도는 부산에서 북한의 나진항으로 화물을 운송한 후 TSR과 연계하는 운송사업을 제시했고, 2006년 3월 남·북·러 3국은 하산 - 나진 간의 철도복구에 합의했다. 이에 따라 2007년 7월, 러시아와 북한은 하산 - 나진 구간 철도복구를 2007년 내에 완료한다는 내용의 의정서를 체결했고 한국은 해당 사업을 위한 자본참여와 물량확보 등을 적극 검토하기로 했다.

현재 남·북·러 3국이 유일하게 경제협력을 실현하고 있는 나진-하산 사업은 남·북·러 3국의 협력사업 중 가장 개연성이 큰 사업임에 틀림없다. 현실이 이러하므로 러시아도 극동 지역 발전을 위해 한반도 통일에 긍정적인 입장을 가지고 있음이 분명하다. 러시아가 6자회남 내 동북아평화안보체제 워킹그룹의 의장국가인 만큼 러시아는 다자안보영역을 맡고 한국은 에너지, 원자력, 해양, 환경 등 소프트이슈를 주도하는 식의 상호 보완적 협력을 모색해야 한다.

그러나 설사 북·러 간의 협상으로 여러 문제가 해결된다 하더라도 박근혜 정부의 적대적 대북정책으로는 남북관계를 개선할 수 없다. 더 나아가 향후 전력망 연계사업이나 남·북·러 철도협력사업을 추진할 수 없다면 이는 남북 경제협력에 큰 장애가 될 것이 분명하다. 결국 남·북·러의 경제협력은 물론 연해주에서의 농업협력을 추진하기 위해서는 북한이 참여하는 3국의 정상회담이 반드시 열려야 한다.

2014년 8월 21일 블라디보스토크에서 개최된 동북아포럼에서 '고려인이주 150주년, 과거와 현재'라는 주제로 토론하고 있다. 왼쪽부터 고려인 타마라 트로야코바 교수(극동연방대), 신주백 교수(연세대), 필자, 고려인 송지나 교수(극동연방대 한국학과), 고려인 전광근(연해주 아르촘 시장 특보)이다.

2014년 8월 21일 블라디보스토크에서 열린 동북아포럼에서 '유라시아 구상, 무엇을 어떻게 해야 할 것인가'라는 주제로 라운드 테이블 토론을 하고 있다. 왼쪽부터 이상규 의원, 이찬열 의원, 이해찬 의원, 필자, 이헌승 의원, 문정인 교수(연세대)이다.

[싱크탱크 광장] "연해주 협력 통해 남·북·러 정상회담 추진 가능"

　박근혜 대통령은 주요 20개국(G20) 정상회의 참석차 방문한 러시아 상트페테르부르크에서 지난 6일 블라디미르 푸틴 러시아 대통령과 남북한 및 러시아가 참여하는 다양한 협력사업에 대해 논의했다. 박 대통령과 푸틴 대통령은 특히 러시아 극동지방의 항만 개발 협력사업, 남북한 철도를 잇고 이를 다시 시베리아횡단철도(TSR)에 연결하는 대륙물류사업 등의 추진 속도를 높이는 데 의견의 일치를 보았다.

　이와 관련해 강동원 의원(무소속, 남원·순창)은 "러시아 연해주 지방은 앞으로 한반도의 식량문제나 평화·화해 방향에서 중요한 의의를 가질 것"이라고 강조하며 "이런 협력이 무르익으면 남·북·러 3자 정상회담도 고려해볼 만하다"고 밝혔다.

　강 의원은 한겨레통일문화재단이 지난 8월 24일 시베리아의 행정중심도시인 이르쿠츠크에서 연 '제3회 시베리아 남·북·러 포럼'의 발제자로 참여했다. 박 대통령의 방러에 앞서 러시아에서 열린 시베리아 남·북·러 포럼은 남북 화해에서 러시아가 중요한 역할을 할 것이라는 문제의식 아래 2011년부터 진행해오고 있는 포럼이다. '극동 러시아 지역 남·북·러 협력과 한반도 신뢰 프로세스'라는 주제로 열린 이번 제3회 남·북·러 포럼에서는 강 의원이 '연해주 지역 농업개발과 남·북·러 협력 방안'을 주제로, 안병민 교통연구원 동북아북한연구실장이 '러시아 극동 지역 경제환경 및 남·북·러 3각 협력 공단의 조성 가능성'을 주제로 각각 발제자로 나섰다. 한국에스지아이(SGI)가 후원한 이 심포지엄에서는 세르게이 수레노비치 오바네산 이르쿠츠크 국립농업대학 교수가 러시아 쪽 발제자로, 안희준 에스케이네트웍스 고문과 송명규 단국대 도시계획·부동산학부 교수가 토론자로 참여했다.

강동원 의원은 누구나 인정하는 연해주 농업 전문가다. 2008년부터 2년 동안 연해주에 거주하며 현지에서 직접 농사를 지었던 경험이 있기 때문이다. 강 의원은 당시 현지 영농법인 '아로-프리모리에'를 이끌면서 여의도 면적의 10배에 이르는 3000ha의 토지에 농사를 지으면서 영농법인을 흑자로 만들었다.

또 자신의 현지 영농 경험을 바탕으로 연해주 농업과 관련한 기초데이터와 영농 매뉴얼을 만들어 학계에 도움을 주기도 했다. "연해주에 한반도 평화의 미래가 있다"고 강조해온 강 의원은, 이번 박근혜-푸틴 정상회담에서 논의된 한-러 극동 개발 협력을 "만시지탄이 있지만 환영한다"고 밝혔다.

- 박근혜 대통령과 푸틴 대통령이 지난 6일 극동러시아 개발 협력을 강화하자고 논의했다.

"박근혜 대통령이 러시아 극동 지역의 협력을 강화하기로 한 것을 보면서 늦었지만, 방향을 올바로 잡은 것이라고 생각한다. 박 대통령이 당시 회담에서 '부산에서 출발해 러시아를 거쳐 유럽까지 가는 철도가 있으면 좋겠다는 꿈을 꾸었다'고 말했다. 이것이 개인의 꿈에 그쳐서는 안 된다고 본다. 그런 꿈이 실현되기 위해서는 남북관계 개선이 정말 중요하다고 생각한다."

- 극동러시아 개발 협력이 성과를 내기 위해 우리 정부가 해야 할 일은 무엇인가?

"무엇보다 정부 내에 연해주 등 러시아 극동 개발과 관련한 컨트롤 타워를 세우는 것이 중요하다. 지금은 이 지역의 개발과 관련된 일들이 너무 흩어져 있고 중복돼 있다. 한마디로 체계가 없다. 러시아 연해주가 미래 식량생산에서 차지할 중요성이나 남-북-러 협력을 통한 한반도 평화에 대한 기여 가능성을 고려할 때, 총리가 위원장이 되는 '남-북-러 경제협력위원회' 정도는 만들어야 한다. 이 위원회가 가스 등 협력 가능한 자원 개발을 총괄하고, 그 아래 농업협력위원회를 둬야 한다고 생각한다."

남한 자본, 북한 노동, 러시아 토지 결합

- 박 대통령의 방러에 앞서 한겨레통일문화재단이 주최한 '제3회 시베리아 남·
북·러 포럼'에서도 연해주에서의 남-북-러 협력을 강하게 주장한 바 있다.
"연해주를 비롯한 러시아 극동 지역은 한반도의 장래에서 매우 중요한 지역이
다. 특히 우리나라 국토의 70% 규모인 연해주는 미래 식량생산기지와 남북의
화해에서도 중요한 역할을 할 수 있다. 무엇보다 연해주에 식량생산기지를 건
설해 식량을 안정적으로 확보하는 노력을 기울여야 한다. 일본은 이미 남미 등
지에 자국 경지면적의 3배에 이르는 넓은 식량생산기지를 확보해놓고 있다. 더
욱이 최근에는 러시아 극동 지역에 대한 관심도 높여가고 있는 실정이다.
우리의 경우 식량생산 방식으로 특별히 남-북-러 협력방안을 검토할 필요가 있
다. 남한의 자본력과 수확기술, 북한의 노동력, 러시아의 토지자원이 융합할 때
큰 시너지를 낼 수 있다. 그렇게 생산되는 식량은 남한의 식량안보에도 도움을
주고, 북한을 지원할 수도 있고, 러시아 극동 지역 시장 진출의 교두보로 삼을
수도 있다."

연해주 농사조건 강원도 평창과 비슷

- 아직은 연해주에서의 농업 경쟁력이 약하다는 평가도 있다. 연해주에
진출한 기업 중 성공 사례를 찾는 게 쉽지 않다는 얘기가 나온다.
"러시아에서 농사가 가능하냐는 의문을 제기하는 사람도 있다. 하지만 가능하
다. 겨울이 길고 눈이 많긴 하다. 그러나 평균적으로 강원도 평창의 영농조건과
비슷하다. 무엇보다 토지가 굉장히 비옥하다.

문제는 현재 농사와 관련된 단위비용이 높다는 점이다. 가령 비료의 경우, 비료 공장이 극동에 없기 때문에 모스크바에서 화차로 가져온다. 수송기간도 오래 걸리고 비용도 높아진다. 또 수확물을 항구까지 수송할 도로도, 항구에서 선적하거나 하역할 시스템도 매우 취약하다. 물류시스템이 제대로 안 돼 있는 것이다. 만일 한·러 두 정부가 협력해 항만을 비롯한 물류시스템을 갖춘다면 경쟁력 문제는 해결될 수 있을 것으로 본다."

– 러시아도 이런 협력에 관심이 있을 것으로 보나?

"물론이다. 우선 러시아는 극동 지역 농촌경제 회생을 위해서도 필요성을 강하게 느낄 것이다. 현재 연해주 인구가 180만 정도인데 이농현상이 확산돼 고민하고 있다. 한-러 농업협력이 확대되면 이농을 막는 효과가 클 것이기 때문에 러시아는 환영하고 있다."

북한도 관심 높아져 … "100만 달러 투자 계획"

– 남-북-러 농업협력에 대한 북한의 입장은 어떻다고 보나?

"북한도 궁극적으로는 환영할 것이라고 생각한다. 러시아 연해주정부는 지난 8월 중순 북한이 내년부터 러시아 극동 연해주에서 옥수수 재배를 시작할 계획이라고 밝혔다. 8월 19일 김춘성 조선대외경제협력위원회 부위원장을 단장으로 하는 북한 대표단이 세르게이 시도로프 연해주 부지사를 만났다는 것이다. 이 만남에서 북·러는 내년부터 연해주 달네레첸스크 지역에서 옥수수 재배를 함께 진행하기로 했다고 한다.

북한은 또 지난 6월에는 연해주와의 농업 합작사업에 100만 달러(약 11억 원)를 투자할 계획을 밝히는 등 러시아 극동 지역과의 교류·협력에 적극적인 모습이다. 농업인구가 많은 북한으로서도 연해주 농업개발이 중요할 것이다. 따라서 남한의 자본 참여로 생산성이 높아질 남-북-러 농업협력에 관심이 있을 것이다. 문제는 남북관계의 회복이 어느 정도까지 이루어질 것인가이다."

– 남북관계 개선에 대한 러시아의 입장은 무엇이라고 보는가?

"러시아에는 남북한의 관계개선을 원하는 정치적 질서가 형성되고 있다. 러시아 입장에서는 송유관이나 가스관이 한반도를 관통해 태평양까지 나가는 게 중요한데, 그러기 위해서는 남북관계가 좋아져야 한다. 이에 따라 남북한이 조속히 화해무대로 가기를 바라고 있다. 따라서 박근혜 대통령으로서도 러시아의 이런 입장을 활용해 남북관계 개선에 나설 필요가 있다. 남북관계가 질적으로 높아지려면 남북정상회담이 필요하다. 꼭 남북만의 정상회담이 아니라, 러시아를 포함한 남-북-러 정상회담도 가능성이 있다고 생각한다. 무엇보다 러시아가 남북한 모두와 대화가 되는 상대이며, 남북관계 개선을 바라고 있기 때문에 가능하다고 생각한다."

(≪한겨레신문≫ 2013년 9월 19일 자 기사)

제6장

/

결론

지금까지 언급한 바와 같이 남북이 함께 해외농업 개발사업을 추진할수 있는 유일한 지역이 극동러시아 연해주라는 사실에 이의를 제기하는 사람은 없다. 이 사업은 남북정상이 6·15공동선언에서 밝힌 "우리 민족끼리 서로 힘을 합쳐 자주적으로 해결해나가자"라는 취지에도 부합한다. 그뿐만 아니라 남북은 연해주 농업개발사업을 통해 통일한국의 식량문제를 해결할 수 있다는 점에서 앞으로 남북이 농업협력과 교류를 더욱 활성화해야 한다는 데에는 이견이 없어 보인다.

나는 이 책에서 2008년부터 2년간 연해주에서 실제 농장을 경영했던 경험을 근거로 현지의 농업정보와 기술, 정책을 분석해 미래의 비전을 제시하려고 노력했다. 그리고 연해주 해외농업개발을 둘러싼 각 분야의 쟁점을 객관적으로 점검하고 사실에 입각한 대안을 제시하려 했다. 궁극적으로 통일한국의 식량문제는 한반도와 국경을 이루고 있는 연해주의 식량생산기지를 통해 해결할 수 있다는 확신을 가지고 그 가능성을 입증하려고 노력했다.

동북아 정치안정과 경제적 균형발전의 차원에서 볼 때 연해주에서의 남·북·러 3국의 농업협력은 결과적으로 남북통일을 앞당기는 데 순기능을 할 것이며, 또 하나의 남북협력 모델을 창출하기에 충분하다고 믿고 있다. 이 때문에 우리 민족에게 꿈과 희망을 선사하는 생산의 경제협력이 반드시 성공할 수 있다는 믿음으로 연해주 농업에 몰입하기도 했다.

남·북·러 농업협력의 대표적인 사례로는 2010년 2월 연해주의 발해통일농장에서 생산한 '평화의 콩' 90톤이 우수리스크를 출발한 열차편으로 러시아 국경역인 하산을 통과해 북한의 나진·선봉을 거쳐 평양 만경대구역 발효콩 빵공장에 도착한 것을 들 수 있다. 이는 민간단체를 통한 대북 식량지원이라는 점에서 남북이 평화적으로 농업교류협력을 진행하고 있음을 의미한다. 또한 러시아와 북한(하산 – 평양)의 철도 운행과 함께 남한과 북한(파주 – 개성) 간 철도가 개통됨으로써 사실상 TSR-TKR의 연결사업이 본격적으로 시작되고 있음을 상징적으로 보여준다.

이를 계기로 향후 남·북·러의 다양한 경제협력과 에너지 개발이 전개될 것이며, 한반도가 유럽으로 진출하는 관문으로서 발돋움해 새로운 동북아의 질서가 형성하게 될 것으로 기대된다. 대외경제정책연구원의 분석에 따르면, TSR-TKR이 연결되면 30년 후에는 물동량이 총 1700만 톤까지 증가할 것으로 전망된다고 하니 TSR-TKR 연결은 한반도에 또 다른 기적을 가져올 것으로 믿는다.

연해주 농업 진출은 천문학적인 경제효과를 창출할 수 있다. 우리나라가 미국에서 콩을 사들여 오는 과정을 살펴보면 더욱 그렇다. 미국산 수입 콩은 주산지인 일리노이의 미시시피 강 상류에서 바지선에 선적되어 뉴올리언스 걸프 항에 도착하는 데 30일이 걸리고, 걸프 항에서 다시 벌크선박에 선적되어 파나마운하와 태평양을 건너 인천항에 도착하는 데 평균 5~6개월이 소요된다. 하지만 연해주 우수리스크 역에서 출발하면 한반도 전역에 1~2일 내에 도착한다. 미국 콩의 운송기간과 물류비용, 선적과 하역비용, 인천항에 도착한 콩의 내륙운송비 등을 감안하면 연해 주에서의 콩 수입은 결국 천문학적인 물류비용을 절감하는 효과는 물론 양질의 콩을 확보할 수 있다는 이점이 있다.

내가 그토록 연해주 농업에 몰입하면서 헌신했던 이유는 과연 무엇이 었을까 자문자답해본다. 그동안 연해주 농업 진출에 관한 연구는 현지 정 보에 대한 접근성과 신뢰성, 다양성의 관점에서 매우 심각한 문제를 안고 있었다. 그야말로 알맹이도 없고 실체도 없는 허구에 찬 정보에 기만당한 경우가 많았다. 나는 이를 바로잡고 연해주의 현실을 정확히 인식시키기 위해 무척 힘들고 어려운 과정을 몸소 겪어야 했다.

나는 한국정부가 발표한 연해주 현지조사보고서를 보면서 출처가 불 분명한 자료가 선행연구에서 인용되고 다시 재인용되는 과정을 거치면 서 터무니없는 연구결과가 초래되고 있음을 발견했다. 한국의 언론조차 아무런 검증이나 사실확인조차 하지 않고 보도함으로써 연해주 해외농 업의 실상이 왜곡되었다. 나는 이를 바로잡기 위해 연해주의 농경지 통계 를 비롯한 주요 농업지표와 연해주 진출 기업의 영농상황 등을 재조명했 으며 선행연구의 오류를 지적했다. 동시에 객관적인 자료와 출처를 명확 하게 제시했다.

한·러 국교 수교 직후 러시아의 사회질서가 혼란한 시기에 연해주에 진출했던 한국 기업은 대부분 사업에 실패했다. 그 여파로 일부 학자는 연해주 농업투자는 경제성이 없다는 주장을 제기하기도 했다. 그러나 경 제성이 없다는 논리적 근거, 즉 손익계산서와 원가계산서 등을 제시하지는 못했다. 이 때문에 나는 연해주 농업이 반드시 성공할 수 있다는 가능성을 입증하기 위해 노력했다. 이는 나의 사명감이기도 했다. 밤낮으로 영농현장을 뛰어다니면서 연해주 농업의 제반 문제점을 파악하고 해결방안을 강구했다. 한국정부와 학계, 기업에 성공사례를 제시하기 위해 흑자경영의 모델을 만들려고 온몸을 던졌던 것이다.

결과적으로 나는 연해주 농업의 경제성이 있음을 증명했다. 경영혁신을 통한 인력관리의 적정화, 영농기술의 선진화, 농업기계의 현대화, 곡물관리의 전산화를 통해 일반관리비 및 제조원가인 영농 제비용 절감에 성공한다면 흑자경영이 가능하다는 사실을 확인했다. 이를 입증하기 위해 곡물생산의 핵심인 러시아 집단농장의 경영시스템과 영농과정, 수확된 곡물의 관리시스템, 한국 기업이 실패한 사유를 분석했으며, 2년간 현장 경영을 통해 수익을 올렸던 콤무나르 농장의 경영실태를 토대로 흑자경영의 가능성을 제시했다.

더 나아가 연해주에서 남·북·러 3국의 협력방안이 무엇인지를 밝혔다. 우선 남한은 자본과 영농기술을 지원하고 북한은 노동력을 지원하며 러시아는 농지와 행정을 지원해 연해주 농업협력사업을 시행한다면 3국의 농업협력체계가 성공할 수 있다는 가설을 세웠다. 그리고 이 가설이 실행 가능하다는 것을 입증하기 위해 남·북 농업협력, 북·러 경제협력, 남·북·러 3국의 협력에 대한 각국의 입장을 분석하고 실현 가능한 방안을 제시했다.

또한 연해주에서 생산한 식량을 TSR과 TKR을 연결하는 철도물류시스템을 이용해 한반도에 운송할 수 있다는 사실에 주목해 그동안 3국이 진행한 TSR 협력방안을 분석했으며 3국 철도운행의 가능성에 대해서도 알아보았다.

나는 극동러시아의 연해주 해외농업개발을 둘러싼 각 분야별 쟁점의 양상을 객관적으로 점검하고 이에 대한 대응방안을 제시함으로써 일부에서 제기하고 있는 경제성 논란에 종지부를 찍고, 남과 북은 물론 남·북·러 3국의 농업협력사업이 조기에 착수되는 데 기여할 수 있다고 평가한다. 또한 이 책에서 제시한 내용이 한국정부의 해외농업 개발정책에 대한 이해를 높이고 연해주 해외농업개발을 통해 통일한국의 식량문제를 해결하는 데 기초자료로 활용될 수 있기를 기대한다.

그럼에도 지금까지 기술한 내용은 효용가치의 한계성을 내재하고 있음을 고백한다. 어제의 정보가 오늘에 이르면 흘러간 옛 정보가 될 가능성이 있다. 러시아는 자본주의체제로 전환한 이후 국가의 법체계와 사회의 모든 질서가 과도기적으로 급변하고 있기 때문이다. 끝으로 연해주에서 남·북·러 3국의 농업협력이 통일을 전제로 한 남북관계에 미칠 영향이 무엇인지는 앞으로 심도 있게 연구해야 할 중요한 과제로 남긴다.

참고문헌

강동원. 2009. 「연해주 농업개발의 현안문제와 비전」. 국제심포지엄 '발해, 고려
　　　인, 그리고 연해주' 발표 논문.

_____. 2010. 「남북의 식량자급을 위한 농업협력방안 연구」. 세계평화통일학회
　　　'동양평화론과 동북아의 평화와 발전' 발표 논문.

강명구. 2008. 「연해주지역 농업현황 및 효율적인 진출방안 연구」. 한양대 유라
　　　시아연구사업소.

고려대학교 기초학문연구팀. 2005. 『7.1조치와 북한』. 서울: 높이깊이.

고재남. 2008. 「한·러 정상회담의 평가 및 전망」. 『주요국제문제분석』. 외교안보
　　　연구원(2008.10.17).

국가정보원. 2005. 『미 국가정보위원회(NIC)의 2020년 미래세계 예측』. 서울: 국
　　　가정보원.

권태진. 2000. 「대북 농기자재 지원, 어떻게 할 것인가?」. 『한국농촌경제연구원논
　　　집 1』 4. 한국농촌경제연구원.

_____. 2005. 「북한의 농업개혁과 남북한 농업교류협력 과제」. 6·15 남북공동선
　　　언 5주년 기념 세미나. 경남대극동문제연구소.

권태진·김영훈·지인배. 2007. 『남북한 농업개발협력 추진방안 연구』. 서울: 한국
　　　농촌경제연구원.

권태진·남민지. 2010. 「식량안보체계 구축을 위한 해외농업개발과 자원 확보방
　　　안 관련 연해주 출장보고서」. 서울: 한국농촌경제연구원.

김경덕·허장·이대섭·김정승·우유진. 2009. 「러시아 연해주 경남농장개발 타당성
　　　조사 및 기본계획 수립」. 서울: 한국농촌경제연구원.

김경량. 2005. 「남북농업협력의 평가와 추진방향」. ≪수은북한경제≫, 봄호. 한국
　　수출입은행.

김문성·조춘성. 2010. 「한국의 대북정책 변동요인: 노무현 정부와 이명박 정부의
　　대북정책을 중심으로」. ≪평화학연구≫, 제11권 3호. 한국평화연구학회.

김민철. 2008. 「극동 지역 농업 진출현황과 가능성」. 정여천. 『러시아 극동 지역
　　의 경제개발 전망과 한국의 선택』. KIEP.

김성윤. 2003. 「극동러시아와 한·러 관계 협력에 관한 연구」. ≪한국정책과학회
　　보≫, 제7권 제1호. 한국정책과학회.

김영훈·권태진·지인배. 2007. 「남북 농업교류협력 10년, 평가와 과제」. 서울: 한
　　국농촌경제연구원.

김영훈·김운근·김정부. 2001. 「연해주 한·북·러 농업협력사업 추진 기본전략 연
　　구」. 서울: 한국농촌경제연구원.

김완배. 2004. 『통일한국의 농업』. 서울대학교 출판부.

＿＿＿. 2008. 「해외농업자원 개발의 현황과 제언」. 통일농수산사업단 조찬포럼.

김용택. 2008. 「해외농업개발 장기전략 및 실행계획」. 서울: 한국농촌경제연구원.

김용택·김배성. 2007. 「한국농업의 해외식량자원 확보 전략」. 서울: 한국농촌경
　　제연구원.

김운근. 1993. 「통일 후 남북한 식량수급 전망」. ≪농업경제연구≫, 제34집. 한국
　　농업경제학회.

김인광. 2008. "[추적] 金大中 정부, 연해주 벼 1만t 對北 비밀 지원說". ≪월간조
　　선≫, 2008년 7월 호.

김정부. 1997. 「러시아 연해주지역의 농업투자 관련 법령과 제도」. 서울: 한국농
　　촌경제연구원.

김정호·김배성·이용호. 2007. 「농업부문 비전 2030 중장기 지표 개발」. 서울: 한
　　국농촌경제연구원.

김홍균. 2007. "발해영농사업단 '연해주 프로젝트' 불발사태 顛末". ≪월간중앙≫,
　　제296호.

나희승. 2009. 「한반도 철도망 구축과 한·러 철도협력」. 연해주 고려인문화센터

준공 기념세미나. 러시아 한인이주 140주년기념관 건립추진위원회.

농림부. 1998a.『통일대비 동북아 농업기술협력 및 지역개발방안에 관한 연구(I)』. 서울: 농림부.

농림부. 1998b.『통일대비 동북아 농업기술협력 및 지역개발방안에 관한 연구(II)』. 서울: 농림부.

농림수산식품부·한국농어촌공사. 2009.「러시아 해외농업개발 사업계획서」. 서울: 농림수산식품부 주관 2009년도 해외농업개발 워크숍 자료집.

농림축산식품부. 2013.『FAO Yearbook 2013』. 서울: 농림축산식품부.

농수산물유통공사.『2005 대북식량차관 쌀 지원 백서』. 서울: 농수산물유통공사.

농촌진흥청. 1998.『남북한 통일대비 농업자원관리 정책수립연구』. 서울: 농촌진흥청.

대외경제정책연구원. 2003.『TSR-TKR 연결 사업에 대한 관련국의 참여방안』. 서울: 대외경제정책연구원.

대한무역투자진흥공사. 1994.「한국·북한·러시아 3각 경협 가능성 모색」.『북방통상정보』. 서울: 대한무역투자진흥공사.

동북아평화연대. 2008.「연해주 고려인 농업정착지원사업과 연해주농업」. ≪미르(mir)≫, 통권 제15호. 사단법인 동북아평화연대.

러시아 농업과학아카데미 극동과학센터. 2005.「연해주 토양 퇴화현상 분석」. 우수리스크(2005.7.9).

_____. 2009a.「극동 지역 농업과학 발전을 위한 당면 과제」.

_____. 2009b.「원원종 생산규정」. 우수리스크.

러시아연방정부. 2010.「제1부총리 업무보고」(2010.4.21).

러시아연방정부 통계청. 2011.「연해주 농업인구 추이」.

박 한. 2009.「대한민국 임시정부 터전으로서의 연해주 그리고 고려인」. 국제심포지엄 '발해, 고려인, 그리고 연해주' 발표 논문.

박시현 외. 2006.「농촌의 미래 모습, 농촌공간 2020」. 서울: 한국농촌경제연구원.

성경륭. 2008.「김대중, 노무현 정부와 이명박 정부의 대북정책 추진전략 비교: 한반도 평화와 공동 번영 정책의 전략, 성과, 미래과제」. ≪한국동북아논총≫, 제

48집. 한국동북아학회.

성원용. 2008. 「푸틴 정부의 신극동 지역 개발정책과 전망」. 정여천. 『러시아 극
　　동 지역의 경제개발 전망과 한국의 선택』. KIEP.

_____. 2009. 「러시아의 극동시베리아 개발과 남·북·러 삼각 경제협력」. 고재남·
　　엄구호. 『러시아의 미래와 한반도』. 한국학술정보.

세계농정연구원. 2006. 『해외농업진출 실태분석 및 해외농업 투자활성화 방안 연
　　구』. 서울: 세계농정연구원

신범식. 2007. 「남·북·러 삼각협력의 전망과 과제: 러시아 극동 및 북한 나진·선봉
　　개발과의 연관성을 중심으로」. ≪경제정책연구≫, 제7권 제3호. 상명대학교
　　경제정책연구소.

아그로-소유즈. 2009. 「No-Till(무경운)방식의 영농방법」. ≪아그로팍스 통신≫, 8월.

아무르주 농업국. 2009. 「콩: 아무르 주의 주요 농산물」. ≪아그로팍스 통신≫,
　　9월.

알렉산더 티모린. 1995. 「북·러 경제관계의 현황과 전망」. ≪통일경제≫, 7월 호.

_____. 1996. 「남한, 북한, 러시아 3국간의 경제협력 전망」. ≪통일경제≫, 1월 호.

연해주정부 농업식량국. 2010. 『연해주농업의 2009년 결산과 2010년 과제』. 연해
　　주정부(2010.3.10).

연현식. 2008. 『러시아 극동 지역의 경제개발 전망과 한국의 선택』(대외경제정책
　　연구원·외교통상부, 2008)

우바로브(B. A. Ybarov). 1998. 『극동러시아 농업: 경영혁신 방향』.

유병규. 2001. 「지자체 지원형 해외농업개발사업의 전개방향」. ≪농촌사회학회
　　지≫, 제11집 제1호. 한국농촌사회학회.

윤익중. 2008. 「연해주의 위상과 전략적 가치」. ≪시베리아극동연구≫, 제4호. 한
　　림대학교 러시아연구소.

윤재회·강명구. 2006. 「연해주지역 농업부문 진출 및 농산물 교역에 관한 연구」.
　　≪사회과학연구≫, 제12권. 안양대학교 사회과학연구소.

이광규. 2008. 『우리에게 연해주란 무엇인가』. 서울: 북코리아.

이상덕. 2000. 「러시아 연해주의 농업자원개발과 북한 노동력 이용방안」. ≪한국

국제농업개발학회지≫, 제12권 제1호. 한국국제농업개발학회.

이영형. 2008. 「이명박 정부의 대 러시아 전략구상과 북한의 편승 가능성 모색」.
≪한국시베리아연구≫, 제12집 제1호. 한국시베리아 센터.

이윤기·김익겸. 2008. 『연해주와 한민족의 미래』. 서울: 도서출판 오름.

이재영·한종만·성원용·이광우. 2007. 「한국의 주요국별·지역별·중장기 통상전
략 : 러시아」. 대외경제정책연구원.

임상철. 2000. 『북한농업』. 서울: 도서출판 서일.

임상철·강동원. 2008. 『통일농업 해법 찾기』. 서울: 북엑스프레스.

임영상·황영삼. 2005. 『고려인사회의 변화와 한민족(소련 해체 이후)』. 서울: 한
국외국어대학교출판부.

정여천. 2001. 「남북한, 러시아 3자간 철도협력의 논의동향과 정책과제」. 서울:
대외경제정책연구원.

_____. 2008. 「러시아 극동지역의 경제개발 전망과 한국의 선택」. 서울: 대외경제
정책연구원.

조명철. 2003. 「북한과 러시아 사이의 경제협력 현황과 남북경협에 주는 시사점」. 서
울: 대외경제정책연구원.

주 블라디보스토크 대한민국 총영사관. 2013. 「러시아 극동·동시베리아 지역별
개황」. 러시아: 주 블라디보스토크 대한민국 총영사관.

채경석. 2003. 「극동 러시아에서의 남·북한 농업협력에 대한 탐색연구」. ≪한국
동북아논총≫, 제29집. 한국동북아학회.

최문·배문숙. 2010. 「북한경제의 대중 의존 심화에 따른 한국의 대응과제」. ≪평화학
연구≫, 제11권 3호. 한국평화연구학회.

최수영. 2006. 『7·1조치 이후 북한의 농업개혁과 과제』. 서울: 통일연구원.

통계청. 2013a. 『남북한 경제 사회상 비교』. 서울: 통계청.

_____. 2013b. 『북한의 주요통계지표』. 서울: 통계청.

통일교육원. 2003. 『남북교류·협력과 북한의 변화: 중국과 대만의 경험을 중심으
로』. 서울: 통일부.

통일농수산사업단. 2004. 「농업부문 대북지원 및 협력모델개발 연구」. 서울: 통

일농수산사업단.

_____. 2007.「남북정상회담과 농업협력」. 서울: 통일농수산사업단.

통일문제연구협의회. 2007.「제2차 남북정상회담과 남북경제공동체 건설」. 서울: 통일문제연구협의회.

통일부.『남북교류협력 동향』, 각 호(2002~2014). 서울: 통일부.

_____. 2003.『남북교류협력과 북한의 변화』, 서울: 통일부.

_____. 2007.『남북농업협력위원회 회담 그 이후』. 서울: 통일부.

_____. 2009.『남북교류협력에 관한 법률 해설집』. 서울: 통일부.

_____. 2013.『통일백서』. 서울: 통일부.

통일연구원. 2004.「북한 내 농산물 비축기지 설치를 통한 남북교역 활성화 방안」. 농수산물유통공사 연구용역 보고서.

_____. 2007.『남북정상회담과 한반도 평화·번영: 평가와 전망』. 서울: 통일연구원.

페트로브(А.И. Петров). 2009.『시베리아 횡단철도와 한반도 종단철도 연결의 문제점과 전망』. 러시아과학원 극동민족 역사·고고학 및 인종학연구소.

한국경제연구원. ≪KDI 북한경제리뷰≫ 각 호(2002~2013). 서울: KDI.

한국농어촌공사. 1997.「해외농업환경정책조사보고서」. 서울: 한국농어촌공사.

_____. 2001.「해외농업환경정책조사보고서」. 서울: 한국농어촌공사.

_____. 2005.「러시아(연해주) 농업투자환경 보완조사보고서」. 서울: 한국농어촌공사.

_____. 2008.「해외곡물생산기지 건설을 위한 농업환경조사 출장보고서」. 서울: 한국농어촌공사.

한국농촌경제연구원. 1999.「남북한 공동 해외농업개발 추진방안」. 서울: 한국농촌경제연구원.

_____. 2007.「국제곡물가격 상승 영향과 대응전략」. 서울: 한국농촌경제연구원.

_____. 2007.『남북 농업교류협력 10년, 성과와 과제 토론회 결과』. 서울: 한국농촌경제연구원.

_____. 2009.「신 농업 비전과 전략」. 서울: 한국농촌경제연구원.

허장·김용택. 2008.「해외농업개발 지역별·대상작물별·유형별 실행계획」. 서울:

한국농촌경제연구원.

홍완석. 2009. 「러시아의 대한반도정책 전망과 한·러협력」. 고재남·엄구호. 『러시아의 미래와 한반도』. 한국학술정보.

홍익표. 2001. 『북한의 경제특구 확대가능성 및 발전방향』. 서울: 대외경제정책연구원.

홍현익. 2009. 「한국의 대북전략과 한·러 협력 방안」. ≪세종정책연구≫, 제5권 2호. 세종연구소.

(주)남양. 2009. 「러시아 해외농업개발 사업계획서」.

(주)바리의꿈. 2009. 「러시아 해외농업개발 사업계획서」.

FAO/WFP. 2013. 「OECD 국가별 곡물자급률」.

FAO/UNDP. 1998. "Agricultural Recovery and Environment Protection Program."

Alexandre Y. Mansourov. 2005. 「Strong Russia' Policy of the Putin IO Government and Prospects for Security on the Korean Peninsula」. ≪전략연구≫, 제12권 제2호.

Oleg Bagdamyan. 2006. 「Russia's Viewpoint toward Peace Forum on the Korean Peninsula」. 통일연구원.

Ольга Мальцева. 2004. *Вальс С Ким Чен Иром.* Владивосто к, Новая Волна-Пресс.

≪Vladivostok≫. 2009.9.18.

≪Zolotoy Rog≫. 2010.4.21.

지은이 강동원

1953년 전북 남원시 덕과면 사율리 602번지에서 출생했다. 덕과초등학교, 남원 용성중학교, 전주상업고등학교(현 전주제일고등학교)를 졸업하고 경기대학교에 서 정치학박사 학위를 받았다.

1985년 민추협 김대중 공동의장 비서, 1987년 평화민주당 재정국장, 1991년 전북 도의회 의원, 1998년 새정치국민회의 후원회 사무총장, 2001년 노무현 대통령후 보 호남담당 조직특보 겸 전북본부장, 2003년 개혁당 전북도당 상임대표, 2010년 국민참여당 종로지역위원장을 지냈다.

현재 19대 국회의원(전북 남원시·순창군 지역구, 새정치민주연합)이다. 국회 문 화체육관광방송통신위원, 미래창조과학방송통신위원, 국회운영위원, 예산결산 특별위원을 역임하고 지금은 국토교통위원회 소속이다. 한·니카라과 의원친선 협회 회장, (사)흥사단 고문, (사)희망래일 이사, (사)대륙으로 가는 길 이사를 맡고 있다.

2008년 러시아 우수리스크에서 아로-프리모리에 법인을 설립하고 2년간 농사를 지었다. 귀국 이후 2011년 통일부 신진학자, 상지대 북방농업연구소 책임연구원 을 역임하면서 남북농업문제를 연구했다. 논문으로 「남북이 상생하는 농업협력 방안 연구」, 「러시아 연해주에서의 남·북·러 농업협력 방안 연구」 등 다수가 있다. 2007년 농수산물유통공사 상임감사 시절 '전자감사시스템'을 개발하고 발명특 허를 출원해 정부의 공공기관에 도입시켜 공기업 혁신을 주도했다. 지은 책으로 는 『제가 바로 무능한 낙하산입니다』(2007), 『통일농업 해법 찾기』(2008, 공저), 『공기업 판도라의 상자 1, 2』(2009), 『철밥통 공기업』(2011)이 있다.

한울아카데미 1773

연해주 농업 진출의 전략적 접근

ⓒ 강동원, 2015

지은이 ┃ 강동원
펴낸이 ┃ 김종수
펴낸곳 ┃ 한울엠플러스(주)

편집 ┃ 김진경

초판 1쇄 발행 ┃ 2015년 4월 10일
초판 2쇄 발행 ┃ 2016년 5월 20일

주소 ┃ 10881 경기도 파주시 광인사길 153 한울시소빌딩 3층
전화 ┃ 031-955-0655
팩스 ┃ 031-955-0656
홈페이지 ┃ www.hanulmplus.kr
등록번호 ┃ 제406-2015-000143호

Printed in Korea.
ISBN 978-89-460-6174-3 93340

* 책값은 겉표지에 표시되어 있습니다.